ソーシャルワークの方法とスキル

～実践の本質的基盤～

カレン・ヒーリー 著

杉本 敏夫　監訳
熊谷 忠和

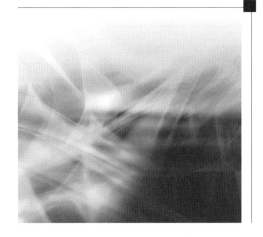

SOCIAL WORK METHODS AND SKILLS by Karen Healy

Copyright©2012 by Karen Healy

First published in English by Palgrave Macmillan, a division of Macmillan Publishers Limited under the title SOCIAL WORK METHODS AND SKILLS by Karen Healy

This edition has been translated and published under licence from Palgrave Macmillan through The English Agency (Japan) Ltd. The Authors has asserted his right to be identified as the author of this Work.

訳者まえがき

　本訳書は、Karen Healy, Social Work Methods and Skills, The Essential Foundations of Practice, PALGRAVE MACMILLAN, 2012を訳出したものである。原書の著者であるカレン・ヒーリー教授は、原書裏表紙にある紹介によると、オーストラリアのクイーンズランド大学のソーシャルワーク及びヒューマンサービス学部の教授である。

　ところで、我々が原書を訳出しようと思い立ったのは、原書がオーストラリアの研究者によって書かれたものであるからではなく、ゼネラリスト視点のソーシャルワークについて、それがどのようなソーシャルワークであるかを明確に説明していると思い、日本のソーシャルワークの学生や現場で働いているソーシャルワーカーの人たちが、それを理解するのに役立つに違いないと考えたからである。

　著者が原書を著した背景と目的に関しては、著者の前書きに明確に書かれていると思うが、一つはソーシャルワークが管理主義の流れに流されるなかで、本来の専門職としての役割を果たしていくための方向性を示すことである。もう一つは、ソーシャルワークが分野別、あるいは方法別にスペシャリスト化してきている傾向を見直し、ゼネラリストとしての役割を果たせるようにするために必要な枠組みを構築することである。

　そのような意味で、本訳書はゼネラリストとして仕事をしていくソーシャルワーカーは、どのような知識や援助の方法、そしてスキルを身に着けることが必要なのかを詳しく説明していることが特徴である。

　監訳者の一人、杉本の目から見ると、現代の我が国のソーシャルワークはいろいろな意味で危機的な状況にあると思われる。本訳書がそれらの危機状態から一日も早く脱出して、専門職としての地位を確立するための一助になれば幸いである。

　なお、本訳書では紙幅の関係もあり、各章末にある参考文献、原書最後に掲載されている文献は割愛されていますので、ご了承をお願いいたします。

　また、本訳書の出版にあたっては、（株）みらい、そして企画部の三浦敬太さんに多大なお世話になりました。感謝いたします。

2016年2月17日
監訳者を代表して
杉本　敏夫

もくじ

訳者まえがき　iii

謝辞　1

まえがき　3

パート1　専門職ソーシャルワーク実践の中核要素　……………… 7
第1章　脈絡を考慮に入れたソーシャルワークの方法：目的のある実践 ….. 9
第2章　専門的コミュニケーションのスキル …………………… 32

パート2　個人の援助 ……………………………………… 73
第3章　個人が生活問題を解決するための援助 ………………… 75
第4章　強制的に来させられた人への援助 ……………………… 112

パート3　家族とグループの援助 ………………………… 147
第5章　家族の援助 ………………………………………… 149
第6章　グループの援助 …………………………………… 177

パート4　コミュニティワーク、政策立案実践、そして組織変革 … 215
第7章　コミュニティワーク ………………………………… 217
第8章　政策立案実践 ……………………………………… 258
第9章　結論：改革の脈絡を作る …………………………… 295

索引　309

謝　辞

　中国人の哲学者の老子は次のように述べている。「数千マイルの旅も一歩目から始まる」。これは本書の執筆という私の旅にも反映している。私は専門職ソーシャルワーク実践の方法の基盤について包括的で、理解しやすい紹介をしたいという野望を持って本書の執筆を始めた。実践の方法に特別な関心を持つ研究者として、私はソーシャルワーク実践には多様な伝統と方法があることに気がついた。しかし、私はそれらが専門誌に分散して掲載されていることにしばしばイライラしてしまった。私にとって、それは専門職ソーシャルワーク実践には多様な基盤があるという現実とその重要性を否定されることであった。しかしながら、私はそれが一冊の本のなかで広範なソーシャルワークの方法を包括的に紹介しようとする本書にとって難題となることには十分に気づいていなかった。それが難題であることに気づくまで、マラソンになったこの仕事の質を大切にしてきた。そして、私は最初にイメージしていたよりも長い期間自分でペースを維持しなければならなかった。

　本書の執筆にあたっては多くの人々が私を支えてくれた。まず私はクイーンズランド大学とシドニー大学の同僚に感謝したい。私がこの旅を完成させるにあたって彼らの協力的な態度は重要であった。特に、ガブリエル・ミーガー教授の友情とソーシャルワークと社会政策に対する洞察に満ちた考えに感謝したい。私の親しい友人のジュリー・コンウェイさんには、この仕事をしている時に心身両面をよい状態に保つよう支えてくれたことに感謝したい。また、私は過去７年間にわたって教えてきた直接的実践コースの学生たちにも感謝したい。彼らはソーシャルワークのベストプラクティスに対する私の考えを明らかにするのを助けてくれた。私は数か所の政府、非政府セクターの働いている人々とのパートナーシップにも感謝したい。彼らは直接的な実践現場とのつながりを維持する機会を提供してくれた。それらの機関のなかには、ミカー・プ

ロジェクト、ベネボレント協会、クイーンズランド・ライフライン・コミュニティケア、クイーンズランドコミュニティ部も含まれている。これらの機関のなかで、私は特にブリ・スティーブンソン、シェリー・ネイルセン、アンネ・ハンプシャー、アネット・ミショー、ク・ジョーンズに感謝したい。また、私は国際的な私の同僚に感謝をしたい。彼らは数年間にわたってソーシャルワークのベストプラクティスについての我々の会話を支えてくれた。リズ・ベドウ、アイリーン・マンロ、アロン・スロンスキー、シブ・オルテダル、ロルブ・リングスタッド、ガン・ストランド・ハッチンソン、シノブ・カービネン－ニニコスキー、ミシェル・ロングスタッフ、マリー・サルナス、そしてトミー・ランドストロンに感謝する。

　この人たちがいなければ本書ができなかった人が4人いる。まず第一の人物は、パルグレイブ・マクミランの編集者であるキャサリン・グレイである。その忍耐力とこの仕事のあらゆる段階で適切なフィードバックくださったことに感謝する。第二の人物はミカー・プロジェクトのディレクターであるキャリン・ウオルシュである。あなたのすばらしい実践に感謝する。私は本書があなたから学んだこと、すなわち、人びとを孤立と脆弱性から救い出し、コミュニティに参加させ、評価され、活躍できるようにすることについて伝えたいと思っている。三番目の人物は私の姪のクロウ・ラーナッチ－ヒーリーである。彼女は私の生活を応援してくれた若者である。最後に、私の夫のデニス・ロングスタッフに感謝したい。彼はこの仕事の最終月に特別なサポートをしてくれた。2011年1月の大洪水が我が家と我々の市、すなわちクイーンズランドのブリスベンを襲った時には、私が著作を続けるよう励ましてくれる人が必要であった。そうしてくれたのは、デニス、あなたでした。私は本書をあなたに捧げます。

まえがき

　私が本書を執筆したのは、私がソーシャルワーク実践の多様な方法に関心を持ったからである。この専門職実践は多様で、広範なソーシャルワークの方法を包含している。すなわち、それは専門職ソーシャルワークの目的を達成するための個人に対する直接的援助、家族、グループ、そしてコミュニティの援助を包含しているのである。国際ソーシャルワーカー連盟（IFSW, 2000, p.1）は、専門職ソーシャルワークの目的を「人々のウエルビーングを高めるために、社会変革を行い、人間関係における問題解決をし、人々をエンパワメントし、解放すること」であると述べている。ソーシャルワーカーは個人の変革や、人びとの生活に影響を与えている家族、グループ、コミュニティ、公的な制度、社会システムの変革に取り組むことによって、人々と彼らの環境の間の相互作用を改善しようとしている。我々はソーシャルワーカーなので、援助しようとしている人々の生活に影響を与えている多様なシステムに効果的にインターベンションしようとするのであれば、広範な知識、方法とスキルの基盤を身につけておかなければならない。

　ソーシャルワークの教員や調査研究者として、私は広範な実践方法をしっかりと身に着けているソーシャルワーカーに多くの優れた点を見てきている。それは次のような点である。すなわち、広範な実践の基盤を身に着けていることで、我々は、サービス利用者やコミュニティと柔軟に、また創造的に対応できるようになるのである。これは限定的な実践基盤しか身に着けていないとできないことである。また、広範な実践基盤を持つことで、機関や実践者が行っているさまざまなアプローチの価値を認識できるようになるので、ソーシャルワーカー間でよりうまく協力できるようにもなるのである。例えば、このような広い基盤を身に着けていると、法定の仕事をしているソーシャルワーカーは、コミュニティワーカーが提供しているインターベンションが法律に基づくサー

ビスを利用している利用者に対していかに役立つかを理解できるようになる。また、広範なソーシャルワークの方法に関する基礎的知識を持っているコミュニティワーカーは、コミュニティのメンバーがケースワークやグループワークのインターベンションを役立てる時に理解できるであろう。我々が多様な基盤的方法の価値と実践について明確に示すことができると、ソーシャルワークが新しい公的な管理体制によって直面させられている攻撃のいくつかからソーシャルワーク専門職を防御できるようになるであろう。この点に関しては、本書を通じて管理主義として言及をしている。そのような攻撃のなかには、管理主義者によるソーシャルワーク実践をリスクマネジメントに主な焦点を当てた一連の活動として再概念化しようとしている取り組みも含まれている（Healy, 2009; Saario and Stepney, 2009）。これらの条件のもとで、ソーシャルワーカーは、ホリスティックで、批判的で、創造的な実践を展開するスペースを作り出すという難題に直面している（McDonald, 2006）。サービス利用者の生活にポジティブな変化を引き起こすために我々が活用できる多様な方法とスキルを正確に説明できることが重要である。それによって、我々はソーシャルワークを思慮深く、創造的に実践できる領域を拡大することができるようになるのである。

　ソーシャルワークにおける広範な実践基盤にはメリットがあるにもかかわらず、近年、私はソーシャルワーク実践の文献には専門分化に向かう傾向があることに気づいた。すなわち、実践方法に関するテキストを調べて、私は特定の方法に焦点を当てたスペシャリストの資料と、スペシャリストが選んだ方法と実践分野に基づいた資料が氾濫していることに気づいた。このようなスペシャリストの資料は読者に対して特定の方法のエキスパートや支持者から学ぶ機会を提供している。しかし、私はこのような方法の専門分化に向かう傾向は学生や資格を取得したばかりの現場実践者に対して何を伝えているのかに関心を持っている。それは、おそらくソーシャルワーカーの多様な実践方法のどれかをうまく使用するためにはスペシャリストにならなければならないというという考えを伝えているであろう。さらに、それは上級の実践はスペシャリストの実践であるということを意味している。そうすることで、それは広範な方法を包含する上級の実践の発展に対する認識の欠如や、支持につながったりするで

あろう。最後に、実践に関する文献が専門分化して行く傾向にあるということは、学生や新しく資格を取得したソーシャルワーカーは勉学の過程で専門分化した方法の領域を選ぶべきであるということを示唆している。すなわち、その選択は彼らが実践しようとしている特定の脈絡とニーズ、サービス利用者やコミュニティの問題や強さとは別に行われるかもしれないのである。例えば、ソーシャルワーク学生は卒業前に臨床援助か、コミュニティワークか、政策実践のどれにかかわるかを決めるよう期待されるであろう。このアプローチは、基礎的レベルであっても、ソーシャルワーカーが援助するサービス利用者やコミュニティのニーズと問題に最適の実践方法を用いる自信を限定してしまうであろう。IFSW（2000）が専門職ソーシャルワークの特徴は多様な方法の基盤を持っていることであると主張していることを考えても、専門分化に向かうこの傾向は奇妙な傾向である。

　専門職は広範な方法を知っているべきであると言うことと、すべてのソーシャルワーカーは広範な実践方法を行うべきであるということは別のことなのは当然である。一定レベルで分野と方法が専門分化することは、ますます複雑化している実践への対応策として専門職としても必要なことである。例えば、精神保健分野、児童保護、あるいはホームレスのサービスを行っているソーシャルワーカーには、リスクの指標、強さの兆候、そして特定分野のベストプラクティスのエビデンスといった事項についての詳しい知識が必要である。また、私は我々が実践している幅広く、多様な領域における方法のスペシャリストが必要なことは認識している。私は「方法のスペシャリスト」という用語を次のようなソーシャルワーカーを指して使っている。すなわち、それは特定の実践方法を深く理解し、使用する能力を高めることに仕事時間のかなり多くを使っているソーシャルワーカーである。ソーシャルワーク専門職は高度なスペシャリストを必要としているが、それと同時に、それは高度なゼネラリストの実践者を発展させることを認め、支援することとバランスを取っているべきである。高度なゼネラリストとは、サービス利用者とコミュニティのニーズ対応する方向で広範な方法を使用して洗練されたレベルで仕事ができる実践者のことである。

　実践者が専門分化を選択する場合には、そのような選択はソーシャルワーク

実践の多様な方法を包括的に理解したうえでなされるべきだと私は考えている。また、ソーシャルワーカーには、自分自身の利益よりもサービス利用者の利益を優先するべきであるという実践の原則があるので、私は方法についての選択は、我々がともに取り組むサービス利用者やコミュニティが直面しているニーズ、難題、そして持っている力に対して対応するという我々の実践の脈絡のなかで考えられるべきだと思っている。我々は次のように自問するべきである。すなわち、私はどうすれば私が使える広範な方法からサービス利用者に最善のサービスを提供できるのであろうか。さらに、もし我々が援助している人々に最も役立つ特定の方法のスキルを持っていないことに気づいたならば、我々はこの能力の空白を埋めるために、サービス利用者を他のサービスに送致するか、あるいは我々自身のスキル基盤を身に着けるかしなければならない。

　私は本書において、多様で広範なソーシャルワークの実践方法を紹介している。そのなかには、自発的サービスと法的サービスにおける個別的な援助活動、家族やグループとの実践、コミュニティワーク、そして政策実践が含まれている。私が意図しているのは、理論、価値、そして制度という脈絡の分析を基礎にして、首尾一貫したアプローチを行うなかで、多様な実践方法の歴史的基盤と適用方法を読者に身に着けてもらうことである。多様な方法の基盤を知ることで、私は、読者に対して援助するサービス利用者のニーズと力に最もマッチした実践方法に関して十分な情報に基づいた選択ができるようになってもらいたいと思っている。長期的に見て、読者がスペシャリストとして働くか、ゼネラリストとして働くかを選択する時、私は本書で提供している資料が専門職全体で多様な方法を今以上に尊重するようになり、我々、ソーシャルワーカーがサービス利用者の生活とコミュニティのポジティブな変化を作り出すために使用されることを期待する。

パート1　専門職ソーシャルワーク実践の中核要素

本書は次の図にあるように、4つのパートに分けられている。

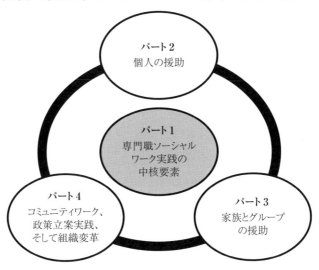

　パート1では、我々がさまざまなソーシャルワークの方法を利用する際に、それを支えているソーシャルワーク実践の専門的な中核的要素を紹介する。パート1は2章構成となっている。すなわち、第1章では、我々がどういう目的に関する意識を持ち、そして方法を利用するかは、サービス利用者とコミュニティのニーズと能力の間の相互作用、制度的脈絡、そして我々の専門職実践の基盤によって形成されていることを説明している。私は批判的熟考を明確にし、また、それが我々の専門的な目的の構築と、実践の方法の応用に適していることを明らかにしている。私は専門的なコミュニケーションのスキルに関する共通基盤と、本書で説明される広範な実践方法を支えている実践の諸局面のアウトラインを示している。

第2章は専門的なコミュニケーションのスキルを紹介している。私は、専門的なコミュニケーションのスキルは、我々が非専門的な場面で使用しているコミュニケーションのスキルといかに似ているかと、いかに異なっているかを議論している。さらに私はサービス利用者、コミュニティ、そして一緒に仕事をしているチームとともに我々の専門職としての目的の達成を支えるために、どうすれば我々が専門的なコミュニケーションのスキルを利用できるのかを考えていく。

第1章
脈絡を考慮に入れたソーシャルワークの方法：目的のある実践

　本書で、私はソーシャルワークの方法とスキルを総合的に紹介しようと思っている。本書はソーシャルワーク実践を学ぶ学生、専門的なソーシャルワーク実践の広範な方法とスキルに関する知識を身につけたり、強固なものにしたいと思っているソーシャルワーカーのために書いたものである。すなわち、私はソーシャルワークの実践方法の豊富な多様性を説明して、理論と実践をよく理解した上で、目的を持ってそれらの方法を利用するための基盤を構築することの重要性を証明する。

　本書で概略を述べているソーシャルワークの方法に対する統合的アプローチは、ミクロ、メゾ、マクロな方法がすべてソーシャルワークの専門的な実践の基盤の諸部分であることを認識している。「ミクロな方法」とは、自発的にソーシャルワーカーの援助を求めている個人や、法律によって強制的に援助を受けさせられている個人とともに行う実践である（パート2でカバーされている）。「メゾな方法」とは、家族やグループとともに行う直接的な援助活動である（パート3でカバーされている）。それに対して、「マクロな方法」とはコミュニティワーク、政策立案実践、そして組織改革のことである（パート4でカバーされている）。

　ミクロ、メゾ、マクロな方法とスキルを統合的に理解することはさまざまな理由で重要である。総合的で、統合的なアプローチは、我々が広範な実践の方法を支えているソーシャルワークのスキルの全体を理解するのに役立つ。第2章で見るように、効果的な傾聴や共感といった専門的なコミュニケーションスキルが広範な実践方法にあてはまる。さらに、ソーシャルワーカーがスペシャリストとして働いているのではない場合は、さらに多様な基盤が重要になる。例えば、家族支援サービスや高齢者ケアサービスを提供しているソーシャルワーカーは、個別のケースワークサービスを提供したり、グループワークを促

進したり、コミュニティディベロップメント活動に従事したりするかもしれない。我々がソーシャルワーカーとしてスペシャリストの役割に従事する場合でさえ、ソーシャルワークのスキルと方法の総合的な理解は、クライエントのニーズを充足するための多専門職協働のための選択肢を充実することにつながる。例えば、カウンセリングサービスを行っているソーシャルワーカーといえども、クライエントが社会的な支援の拡張といった目標を達成するのを手助けするためにコミュニティソーシャルワーカーと協働するかもしれないのである。

　本書で、私は我々の実践の目的と統合されたものとして、また実践の目的によって形成されたものとしてソーシャルワークの方法とスキルを紹介する。後で概略を説明するように、我々の目的理解は力動的なもので、またクライエントのニーズ、我々の置かれている制度的な立場、そして我々の専門職の基盤の影響を受ける。我々の目的は、実践を取り巻くあらゆる状況のなかで形成される。そのため、実践の方法とスキルの適用に際しては、考え方と実践力が影響する。言い換えると、ソーシャルワークには実際的な活動が含まれているが、それだけではなく、それには我々がともに実践するサービス利用者やコミュニティに最善の形で役立てる方向で我々の目的を組み立てる力が必要なのである。この章で、私はソーシャルワークの方法とスキルの使用に関する力動的アプローチの諸要素の概略を示し、本書の内容を概説する。

ソーシャルワークの方法とスキル：力動的アプローチ

　ソーシャルワークは方法とスキルを実際に適用することを伴っている。方法とスキルの利用に関する選択とそれらの適用方法は、必然的に、我々の専門職の目的意識によって影響を受ける。図1.1に示されているように、我々の専門職としての目的は、我々の実践分野によって形づけられるし、サービス利用者のニーズと期待、制度的要求、そして専門職としての実践の基盤という３つの源泉の影響を受ける。

　図1.1で、私は、我々の専門職の目的は、サービス利用者のニーズと期待、我々の置かれている制度的な脈絡、そして我々の専門職としての基盤によって形成されることと、また目的がそれらを形成することを示唆している。つまり、我々

第1章 脈絡を考慮に入れたソーシャルワークの方法：目的のある実践

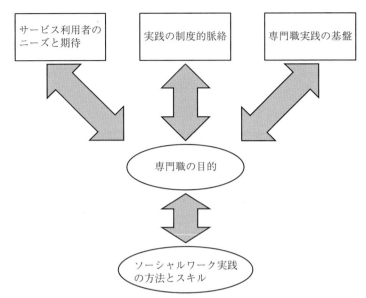

図1.1　ソーシャルワーク実践における方法とスキルの力動的モデル

の専門職実践とは、ソーシャルワーク実践へのアプローチに影響を与える理論、知識、価値観が結びついたものである。方法とスキルの力動的モデルは、すべての相互作用において、ソーシャルワーカーがサービス利用者、あるいはコミュニティのニーズと期待、我々の置かれている制度的脈絡、そして我々の専門職としての基盤の間の補足性と緊張関係を認識する方向で、その目的を積極的に意識し、構築しようとしている。しばしばこれは困難な仕事である。例えば、多くの英語圏の児童保護ソーシャルワーカーは、薬物乱用を管理するための援助を期待して表明された親のニーズと、子どものニーズばかりを優先し、親のニーズへの対応という役割はあまり理解しようとしない我々の制度的な脈絡の間の緊張した関係を体験するであろう（Healy and Oltedal, 2010）。ほとんどのソーシャルワーク実践においては、我々の目的理解に影響する多様な要因の間に緊張関係がある。そして、それは強固な目的意識を発展させるという課題を重要で、困難なものとしている。

この方法とスキルの力動的なモデルにおいて、私はソーシャルワークが概念的な活動でもあるし、実践的な活動でもあると考えている。すべての相互作用

において、ソーシャルワーカーは、ひとつひとつが違っていたり、矛盾さえしているかもしれない我々に対する期待があるなかで、それぞれの援助の目的を構築することが必要である。ここで方向を変えて、私は我々が方法とスキルを選択し、採用するに当たって不可欠である専門職の目的を構築する時に、批判的な熟考がいかに役立つかを考えたい。

批判的熟考を通じて目的を意識する

　ソーシャルワーカーとしての目的意識は、我々はもとより、政治家、政策立案者、雇用者、そしてサービス利用者を含む他者によって絶えず構築し続けられている。我々の目的意識は個人、グループ、コミュニティとの個々の相互作用のなかで変化するかもしれない。そして、ほとんどの実践状況のなかで時間を経るにしたがって変化する傾向にあることは確かである。例えば、グループの形成段階では、ソーシャルワーカーは明らかなリーダーシップをとるかもしれないが、時間が経つにつれ、グループメンバーがリーダーシップをとる割合が増えるかもしれない。このようにして、ソーシャルワーカーの目的は変化していくのである。

　ソーシャルワークの性質と目的に影響を与えるさまざまな情報があるなかで、我々はどのようにして目的を構築すればよいのであろうか。1つの選択肢は、受け身になって、我々の専門職の目的が自然に出現するのを待つことである。すなわち、他者に我々の目的を決めるのを委ねることである。しかしながら、我々は、例えば雇用者や資金供給団体の人物の強力な意見によって我々の実践の方向が完全に決められたくはない。資金供給団体や雇用機関の影響が我々の毎日の実践やサービス利用者の生活からある程度排除されたとしても、これは問題である。したがって、我々にとって必要なことは、どう実践するべきかを話し合うことである。そのような資金供給者、雇用者、そしてサービス利用者との話し合いは明確な目的意識を基盤にしているべきである。

　批判的熟考は、専門職者、特にケア専門職の人たちがそれによって専門職の目的意識を構築できる過程として確認をされている（Schon, 1983）。フックとガードナー（Fook and Gardner, 2007, p.51）は、批判的熟考を「別の実践の方法を見つけるために、専門職の実践のなかに暗に組まれている基本的な（支配的な）思考を不安定にさせる」ように考えられた構造的な過程として説明して

いる。批判的熟考はソーシャルワーク実践のすべての側面を社会的に構成されたものとみなしている。したがって、我々は、実践が我々や他の人々によってどのように構成されたのかを批判的に分析することによって我々の実践を改善できるのである。このような批判的熟考の過程を経ることによって、我々は、我々の目的がどのように構成されたのかをよりよく理解できるし、実践のなかで我々の目的を話し合う時により積極的な役割を果たすことができるようになる。このような見方は、先に紹介したソーシャルワークに対する脈絡から理解するアプローチと矛盾しない。すなわち、そのアプローチに関して、私は我々の目的意識はサービス利用者、コミュニティ、我々がそのなかで仕事をしている制度、そして我々の専門職実践の基盤の相互のやりとりのなかで構成されることを強調しているのである。

　また、批判的熟考アプローチは、実践経験が知識を身につけることの基盤であると理解している。批判的熟考の支持者は、知識が適用される脈絡やソーシャルワーカーと彼らがともに仕事をするサービス利用者とコミュニティの間の関係の性質を理解しないでも、科学的知識は適用できるという考え方を批判している。例えば、我々は自己の活用や役割の明確化に関する考え方は実践の脈絡によって変化することを知っている。また、サービス利用者が自発的に実践者とともに問題解決に取り組んでいるのかと、法律によってそうさせられているのによって、異なる難題が生じることも知っている。

　批判的熟考の支持者は、ソーシャルワーカーは（そしてその他のケア専門職者も）、ソーシャルワークを「行って」、その後、その実践経験について熟考することによって多くを学べることを知っている。批判的で熟考的なアプローチでは、ソーシャルワークについて学び、ソーシャルワーカーになるためには、刺激になるような「本当の」実践の経験をすることが重要である。本書では、あなたが批判的で、熟考的に方法とスキルを適用するのを手助けするための実践的な演習を提供している。

サービス利用者の見方

　ここまで、私は、ソーシャルワークにおける我々の目的意識が重要なのは、それがソーシャルワークの方法とスキルの使い方に影響を及ぼすからであると

示唆してきた。私はまた我々の目的意識は多数の情報源との話し合いから形成されることも概略を示してきた。ここで私は方向を転じて、これらの情報源の1つについて考えてみる。すなわち、ニーズについてのサービス利用者の見方と、彼らのソーシャルワークサービスへの期待についてである。本章の後のセクションでは、制度という脈絡からの要求と、我々の専門職実践の基盤とがいかに我々の目的意識を形成しているかを考えてみる。我々がまず最初にサービス利用者の見方を議論するのは、我々が実践の目的を決定する時に、サービス利用者の見方が持っている重要な位置を証明したいと思うからである。

　ソーシャルワーカーと、我々が所属している機関が我々の主要な目的はサービス利用者のニーズに対応することであるとしばしば主張している場合においても、ニーズを決定する際にサービス利用者の見方がよく軽視されたり、それには目が向けられなかったりしている。このような矛盾、すなわちサービス提供を決定する時に、サービス利用者のニーズに応えることがソーシャルワークの使命であるという考えと、サービス利用者の声がよく無視されることの間の矛盾が生じるのには少なくとも5つの理由がある。

- ソーシャルワークサービスの利用者はしばしば受けるサービスに対してお金を支払う力が限られている。多くのソーシャルワークと保健・福祉サービスは、サービス利用者から支払いを受けるよりも、むしろ政府資金や博愛事業者から支払いを受けている。これは「第三者資金調整制度」として知られているものである（Gibelman, 1999）。このような制度になっているので、サービスに資金を提供している人々や、サービス利用者の声を聞いてもらうために資金を提供している人々が特段の関与をしなくても、サービスを受けている人々の見方よりも、サービスに対して資金を提供している人々の意見が優先されるようになってしまうのかもしれない（Carr, 2004）。
- 自分たちの望みを合理的に整理し、表現する力を低下させるような、例えば精神疾患や認知症といった状態があるために、サービス利用者には自分たちで直接意見を表明する能力には限界があるのかもしれない。
- 資金提供者やサービス提供者には、特定のサービス利用者グループのニーズを認めることに迷いがあるかもしれない。例えば、英語圏の国々では、児童保

護サービスにおいて、両親をどの程度まで主要なクライエントとする、あるいは主要なクライエントとして認めるかについて議論がある（Dumbrill, 2010）。
- サービス利用者の意見は多様なので、それらを比較考量することは困難である。例えば、犯罪裁判の場においては、社会と、時には犯罪者は処罰されるべきだという被害者の思いと、助けてほしいというサービス利用者の思いのバランスをとることは困難である。1つの実践場面でさえも、サービス利用者はさまざまな意見を表明するかもしれない。例えば、児童保護サービスでは、児童や若者のなかには、彼らを危険な状況から逃れさせるのに時間をかけすぎだと思っている人もいるのに対して、家族という絆が彼らには重要であるという理由で、危ないかもしれないが、彼らをできるだけ家族のなかにとどめることを願っている人もいる。
- いくつかのサービスの強制的な特質がサービス利用者の意見を求めることを困難にしている。児童保護サービスや刑務所サービスのような法的なサービス提供の場面では、クライエントがサービス提供に対してアンビバレンスな気持ちを持っていたり、嫌がっていたとしても、サービスは展開していく。そうだとしても、サービス利用者の意見は求められるべきではないということではない。そうではなくて、それらのサービス機関はサービスを提供する時にサービス利用者の意見を探求する文化を発達させてきていないのかもしれないし、またサービス利用者が不満を持つことはサービス提供が強制的な性格を持っているので仕方のないことと考えているからかもしれない。

サービス利用者の声の無視につながる実践上の要因にはさまざまなものがあるにもかかわらず、サービス利用者がソーシャルワークサービスから何を望んでいるのかをソーシャルワーカーが理解することが重要である。サービス利用者の意見を理解することが自己決定を支援するという価値観を実現する第一の段階である。バンクス（Banks, 2006, p.48）によると、自己決定の支援には「どんな選択をすればよいかを考える力が持てる状態になるまで援助すること」が含まれるし、さらに彼らが自分の倫理観の枠組み、法的な責任、できることの限界に適切な考慮をしながら、自分の選んだ活動ができるように支援することも含まれる。さらに、効果的なソーシャルワーク実践ができるかどうかは、サー

ビス利用者との間に明確な目的があり、建設的な関係が確立できるかどうかにかかっている（Trotter, 2004）。すなわち、ワーカーとサービス利用者との協働が効果的なソーシャルワーク実践の核心なのである（Saleebey, 2006）。

ソーシャルワークサービスに関する利用者の体験についての調査研究は、主に自発的な場合と非自発的な場合の両方におけるソーシャルケースワークサービスに焦点を当ててきている。この調査研究は、サービス利用者はしばしばソーシャルワークサービスに対して恐怖感を抱いていたり、否定的な理解をしていることを示している。このような恐怖感のなかには、辱めを受けるのではないか、審判されるのではないか、自分たちの願いは無視されるのではないかといった恐怖感や、自分たちは見下されるのではないかといった気持ちが含まれている（Maiter et al., 2006; Trotter, 2002）。これらの恐怖感は法的な実践の場で特に強く現れている。というのは、そのような場では、ソーシャルワーカーは、サービス利用者にとっては、例えば子どもと離れなければならないとか、給付やサービスが受けられなくなるといった大きな脅威となる法律の実施にかかわることになるからである。ソーシャルワークサービスに対する恐怖感は、受けるサービスを決定する際に自分では決められないという、サービス利用者がしばしば経験している問題によって増幅されている。その理由は上に示したことであるが、それはサービスの特質を決定する際に資金提供機関が持っている強い力が働いているからである。

ソーシャルワークサービスに関する多くの研究は、多くのサービス利用者はワーカーに対して、オープンで、誠実で、暖かい態度で取り組んでほしいと思っているという共通の結論に達している。例えば、効果的なソーシャルワーク活動に関するエビデンスをレビューした、シェルドンとマクドナルド（Sheldon and Macdonald, 2009）は、サービス利用者はソーシャルワーカーに対して、次の点を示してほしがっていると報告をしている。

- **非支配的な暖かさ**：サービス利用者は、ワーカーは自分たちが好きだし、自分たち自身の選択をするのを支えてくれると思っている。言い換えると、ワーカーの暖かさはサービス利用者が言うことを聞くかどうかによるのではなく、サービス利用者に対する無条件の肯定的な関心から生まれているのである。

- **真実性**：サービス利用者は、ワーカーは自分たちとその状況を思いやってくれると思っている。
- **適切な共感**：サービス利用者は、ワーカーは自分たちの話に耳を傾けてくれ、自分たちが経験していることとからんで、サービス利用者の考えと気持ちを理解することができると思っている。

　別の研究者は、ソーシャルワーカーは非審判的で、進んでサービス利用者を援助し、またそれができると理解してもらうことが重要だと指摘している（Healy et al., 2011）。サービス利用者は、ソーシャルワーカーは喜んで「特別なこともしてくれる」、すなわちサービス利用者が喜ぶような形で非常に柔軟なやり方で援助をしてくれるものと考えているということをいくつかの研究が発見している（Frederick and Goddard, 2008; Maiter et al., 2006）。

　次に示しているのは、多くのソーシャルワークの役割に付随しているコントロールの側面を否定することなく、サービス利用者を尊重し、役に立てるやり方で取り組む実際的な方法である（Miller, 2009：Trotter, 2004）。

- 時間厳守する―これはサービス利用者に対して、彼らの時間を尊重していることを示す。
- 信頼されるようにする―もしあなたが何らかの仕事を引き受けるのであれば、お互いの責任感を作り出すために、その取り組みを称賛することが重要である。
- 礼儀正しくする。例えば、サービス利用者に対して、どのようにしてほしいかを尋ねる。
- 専門用語を含まない言葉によって明確にコミュニケーションする。
- あなたの役割の特質を明確にする。特に、もし役割のなかにケアもするし、コントロールもするといった緊張関係がある場合にはそうするべきである。そして、喜んで話し合いをするし、可能な場合には役割についての話し合いもするということを明らかにする。
- 専門職としての役割に強くこだわるよりも、あなた自身でいる。あなた自身でいることのなかには、ある程度は自己開示し、ヒューマンケアと、サービ

ス利用者への思いやりが伝わるようなやり方で実践する。適切な専門職の範囲内の取り組みを維持し、サービス利用者があなたの役割を理解できず、混乱してしまわないようにすることが重要なのは当然である。

実践の制度的脈絡

「実践の制度的脈絡」という用語は、「ソーシャルワーカーの基盤となっている法律、公的・組織的政策、そしてそのなかで認められている実践」を指している。ソーシャルワーカーはそのような状況のなかで働いているのである（Healy, 2005, p. 4）。我々の制度的脈絡が我々のソーシャルワーカーとしての目的、仕事、そして方法を形作っているのである。しかし、それらがすべてを決めているわけではない。制度的脈絡は、我々の法的責任を含むフォーマルな責任と、役割を委任する条件を定めている。このようなフォーマルな条件はしばしば我々の就業規定に示されている。しかしながら、専門職として、我々はこれらの責任を専門職実践の基盤、特に我々のサービス利用者に対する倫理責任という見地から解釈をしなければならない。いくつかの例では、ソーシャルワーカーが制度的脈絡と彼らの実践枠組みを両立させている。しかしながら、残念なことに、我々の制度的脈絡と、我々の専門知識、価値観、そしてクライエントのニーズといった影響力のある他の要因の間には緊張関係があるのが普通である。制度的脈絡と専門職の枠組みの間の緊張関係はソーシャルワーカーに固有のものではない。すなわち、そのような緊張関係は広範な専門職で頻繁に見られるものである。これは、特に、一部はほとんどのサービス状況において資源に限りがあるために、ケア関係の仕事によく見られる現象である。例えば、医療専門職は患者の命を救うためにできる限りのことをするという倫理責任と、薬と手術を制限する予算の束縛の間の緊張関係を経験するかもしれない。教育やソーシャルワークのようなケア職は人間関係が仕事の基盤であることと、ある程度まで結果が不確定な仕事であるという特徴を持っているために、緊張関係はより強いものとなる。エビデンス基盤の実践を重視する動きが起こってきているにもかかわらず、ソーシャルワーカーは、多くの形で行われる専門的なインターベンションのエビデンス基盤を証明できないでいる。また、政府の資金提供に強く依存しているという形で、多くのソーシャルワークサー

ビスが行われている政治の影響力が強い状況も緊張関係を作り出している。特に、受刑者や脆弱な家族のようにインターベンションの形が政治的によく知られていない場合には緊張関係が強くなっている。批判的ソーシャルワークの視点から見ると、我々の制度的脈絡とソーシャルワーク実践の枠組みに緊張関係が生じるのは必然的である。というのは、通常、我々の制度的脈絡が、個別的にサービス利用者の問題を枠づけるからである。そして、一方では、サービス利用者の被っている不利益に関与している社会的な要因、例えば社会的な不平等、差別的な制度があることを認めなかったり、それへの取り組みはさせなかったりしているのである（Dominelli, 2002; Healy, 2000; Mullaly, 2007）。

　ソーシャルワークの役割についての制度的な考えと、我々の専門職としての知識と価値基盤の間に緊張関係がある時に、明確な目的を示すことはなかなか困難である。新しい公的マネジメントとしても知られている管理主義が台頭してきている。それはソーシャルワーカーの役割をリスク管理に限定するようにプレッシャーをかけている。このようななかで、ソーシャルワーカーは、ソーシャルワークを思慮深く、全体的な視点を持ち、創造的な活動とみなす見方に対する抵抗に遭遇している（Healy, 2009）。例えば、過去10年間に、多くの児童保護当局はますます科学志向になった（Lonne et al., 2009）。同様の変化は保護観察サービスでも見られる。少なくとも、ソーシャルワーカーには管理主義の侵入が、ソーシャルワークサービスへの人々の期待をいかに変化させたかを考えることが必要である。さらに、どうすれば、ソーシャルワーカーは、雇用者やサービス利用者の期待、そして専門職実践の基盤をうまく統合できるかをも考えることが必要である。

我々の専門職の基盤

　我々の専門職の基盤は、専門職ソーシャルワークに影響を及ぼしている理論、知識、価値観、そしてスキルである。理論とは概念枠組みであり、それによって我々は我々の世界を理解している。そして、さまざまな理論がソーシャルワーク実践の特質についてのさまざまな考え方を提供している。知識とは、サービス利用者のニーズのアセスメントといった実践の側面を理解する時にワーカーが使用している情報やものの見方である。特定分野の実践でソーシャルワー

カーが使用している知識に関する一例は「精神障害についての診断と統計のマニュアル」といった診断に関する情報、人間の発達に関する知識、そして地域のサービスシステムに関する知識を含んでいる。

　他の分野と同じように、ソーシャルワークにおいても、実践に関する理論基盤と知識基盤は重複している。ソーシャルワーカーが依拠している理論と知識には2つの目立った特徴がある。1番目の特徴は、ソーシャルワーカーは実践の理論基盤と知識基盤に対して、幅広く、他分野から「受け取った考え」に依拠しているという点である（Rojek et al., 1988）。すなわち、ソーシャルワーカーが依拠している理論と知識の多くは、ソーシャルワーク実践のなかで発展してきたものではない。そのため、実践者はそれらを実践に応用しなければならないのである。2番目の特徴は、その多様性である。ケースワークから政策立案の仕事までを含むソーシャルワーク実践そのものの多様性という特性によって、我々の能力では、すべてに共通する理論と知識の基盤を発展させることができていない。

　ソーシャルワーク実践における理論と知識についての研究は、ソーシャルワーカーは実践において、あまり意識的に理論を使用していないということを繰り返し発見してきた（Fook et al., 2000参照）。とはいっても、ソーシャルワーカーは理論を使っていないわけではない。しかしながら、ソーシャルワーカーが頻繁に仕事を導いてくれる理論的枠組みについて明確に述べたり、それらを熟考したりはしていないであろう。このように、理論的な準拠枠を熟考していないことは問題である。というのは、そのことは我々がこのような考え方に責任を持っていないということであり、そのような考え方は発展しないままになっているということである。本書を通じて、私はソーシャルワーク実践の理論と、ミクロ、メゾ、マクロな方法の選択と適用の間をつなぎたいと考えている。ここで、私は方向を変えて、本書で議論される方法の使用に影響を及ぼす3つの理論的アプローチを説明する。

本書に影響している理論的視座

　本書に影響を及ぼしている理論的枠組みは批判的ソーシャルワーク理論、シ

ステム理論、そしてストレングス視点である。このような理論的な視座は、このセクションで概観されるさまざまな理由で選ばれたものである。このような視座はすべて実践のためのソーシャルワーク理論である。すなわち、それらは他の学問分野から受け入れた考えに依拠しているが、ソーシャルワークの実践のためにソーシャルワークの研究者や実践者によって発展させられてきたものである。

　本書と、そして私のこれまでの仕事を構成している第一の理論的枠組みは、批判的ソーシャルワークである（Healy, 2000, 2005; Fook, 2002も参照）。批判的ソーシャルワークは、ほとんどのサービス利用者は強い不利益と抑圧を経験しているということと、このことがサービス利用者のソーシャルワーク機関による支援なしにニーズに取り組む力を作り上げていると考えている。批判的ソーシャルワークの視座で書いているソーシャルワーカーだけでなく、多くのソーシャルワーカーは、ソーシャルワーカーの第一の目的は不利益を被っている市民を援助することだと考えている。シェルドンとマクドナルド（Sheldon and Macdonald, 2009, p.3）はそれを次のように定義しているが、これは適切である。

　　ソーシャルワークの学問領域としての対象は、貧困者、問題を抱えている人々、虐待や差別を受けている人々、ネグレクトされている人々、虚弱な人と高齢者、精神病者、学習障害者、薬物乱用者、非行者、あるいはその他、その人の社会環境のなかで社会的に周辺に追いやられている人々である。

　批判的ソーシャルワークの視座から見ると、ソーシャルワーカーは不利益を被っていたり、抑圧されている市民に慈悲深く、同情的に援助するだけでなく、より公正な社会を創造することも重要である。このような働き方には、サービス利用者が経験している問題につながっている不公正な社会状況にチャレンジすることも含まれている。

　批判的ソーシャルワークは、まずソーシャルワーカーに対して、社会的不利益と抑圧が実践者としての我々の目的意識を作り上げているのだということをよく考えるよう要求している。また、この視座はソーシャルワーカーに対して、

最低限、抑圧されたり、困難な状況で生活している個々人にどう対応するかについて批判的な理解をするように要求をしている。受容と平等というソーシャルワークの価値観を実践的に表現するためには、ソーシャルワーカーが、サービス利用者の経験している差別と抑圧につながっている広範な社会的態度を批判的に熟考することが必要である。理論は、ソーシャルワーカーが個人の病理を超えて、希望を与え、サービス利用者の強さを認め、変化の条件を作り出す方向でサービス利用者を援助するのに必要な考え方に変わるのに役立つ。

次はあなたの番です…

社会的不利益の理解と対応

ソーシャルワーカーは社会的不利益、マージナリゼーション、抑圧を経験している人々に対してサービスを提供しています。あなたは非審判的で、支援的なやり方で、また特にサービス利用者が直面している困難な状態を非難しないように彼らとともに援助活動に取り組むことが重要です。次の点について考えてみなさい。

1. どのような個人的、社会的要因が、ある人の貧困状態の生活や、ホームレス状態につながっているのでしょうか。
2. 不利益、マージナリゼーション、そして抑圧を説明する場合、あなたは既にどのような理論的枠組みを知っていますか。
3. それらの枠組みは、あなたが不利益を被っているクライエントを非審判的で、支援的なやり方で援助する時にどのように役立ちますか。

本書に影響を与えている2番目の視座はシステム理論である。システム理論の視座はこの専門職の理論と知識基盤に強力な影響を与えてきている。1960年代と70年代に、システム理論は専門職の間で広く受け入れられた。しかし、多くのシステム概念がこの時期以前に専門職のなかで既に確立していた（Healy, 2005）。そのなかで最も著名な人物はソーシャルワークのパイオニアであるメアリー・リッチモンドである。彼女は社会環境のなかで人を理解し、対応することの重要性を示していた。アメリカのノーサンプトンにあるスミスカレッジ

の社会学者で教育者でもあるフランク・ハンキンス（Frank Hankins）は、1930年代にこの専門職に「システム理論」を導入した功績が認められている（Woods and Hollis, 1990）。システム理論の幅広く、多様な学派がこの専門職に影響を与えてきている（この視座についてのさらに幅広い議論については、Healy, 2005, 第7章を参照のこと）。

　本書は、時に「エコシステム視座」と呼ばれるシステム理論の視座の影響を受けている。それは、1970年代に現れ、今日のソーシャルワーク専門職のなかで影響を持ち続けている。このシステム理論の視座の分枝は、個人と、家族、保健と福祉サービスシステムのように彼らに影響を与えているシステムの間の相互作用を理解し、高める取り組みにおけるソーシャルワーカーの役割に焦点を置いている。システム的アプローチを使用して、ピンカスとミナハン（Pincus and Minahan, 1973, p.9）はソーシャルワークの目的を次のように定義している。

　　ソーシャルワークは、人々と、生活課題を達成したり、困難を軽減したり、自分の希望と価値を実現する彼らの能力に影響を与える社会環境との間の相互作用に関心を持っている。それ故、ソーシャルワークの目的は、（1）人々の問題解決と対処能力を向上させること、（2）人々と、人々に資源、サービス、機会を提供するシステムとつなぐこと、（3）それらのシステムの効果的で、人間的な働きを向上させること、（4）社会政策の発展と改善に貢献することである。

エコシステムの視座とかかわっている他の多くの理論家と同じように、ピンカスとミナハンはサービス利用者が直面している難題と、ソーシャルワーカーの難題に取り組む責任の複合的な特質を強調している。この視座によると、家族やコミュニティといった1つの特定のシステムにかかわる実践を専門として選択しているソーシャルワーカーがいるかもしれないが、ソーシャルワーカーの役割はどれか1つのシステムにだけかかわることに限定されるものではない。エコシステムの視座は、それが社会的公正という中心的な価値観と合致しているため、多くのソーシャルワーカーが魅力を感じている。すなわち、その

視座によって我々は目を転じて、明らかにプライベートな問題のシステム的な脈絡を見ることができるのである。

ストレングスの視座は本書に影響を与えている3番目の視座である。この視座はサービス利用者の持っている力を強調し、それを基盤とすることを追及している。それは未来志向のアプローチで、「個人とコミュニティが自分たちの将来の希望を明確にし、それに向かって取り組んでいけるようにすることに集中する」(Healy, 2005, p.152)。ストレングスの視座は、ソーシャルワーカーとしての我々に対して次のことを奨励している。

- すべての人々(サービス利用者と仲間の人たち)は強さと力を持っている。そして、それらの資質は変化を作り出す上での助けとなる。
- サービス利用者に対する我々の取り組み、そしてニーズのアセスメントにおいて、我々が確実に、サービス利用者の欠陥に焦点を当てるのではなく、彼らの回復力と力を認識し、それを基盤にするようにする。
- サービス利用者が強さと資質を持っていることを認めさせるために、我々の同僚と、そして社会にも挑戦する。言い換えると、クライエントに対する問題にとらわれた見方に挑戦しなければならないのである。
- サービス利用者と協働的関係を作り援助に取り組む。そして、サービス利用者の自己決定能力を尊敬し、構築する。

ストレングスの視座の支持者はケースワーク実践に対して大きな貢献をしている一方で、第6章と第7章で検討するように、このアプローチはグループやコミュニティワーク実践にも浸透してきている(Green and Haines, 2002; Saleebey, 2006)。

実践における価値観

価値観は、我々がソーシャルワーカーとして専門職の目的をどう理解するかにとって重要である。ソーシャルワーク実践における価値観についてはかなりの議論が交わされてきているところであるが、いくつかの価値観は多くの国の専門職に共通している。例えば、イギリス、オーストラリア、アメリカを含む

第1章　脈絡を考慮に入れたソーシャルワークの方法：目的のある実践

　多くの国々におけるソーシャルワークの倫理綱領をレビューしたバンクス（Banks, 2006, p.47）は、それらの綱領は、少しずつ表現は異なるが、「人間の尊厳と価値；人間性への奉仕；そして社会的公正といった価値観」を共有していることを確認した（IFSW, 2004も参照）。しかしながら、これらの価値観をどう適用すればよいのかについては明確ではない。ソーシャルワーカーはしばしば実践において対立する価値観を検討しなければならない。例えば、「個人の尊厳を認めようとする一方で、よくなる可能性もあれば、悪くなる可能性もあるような状況で、自由の制限も含む難しい決定をしなければならない（QAA, 2008, p.7）」。我々の価値観は実践の方法の使用に影響を与える。それは、例えば、サービス利用者とコミュニティのメンバーは、彼らとともに、また彼らのために、彼らの尊厳性を最も高め、社会的公正の達成につながる実践方法を要求することで行われる。

　価値観は、我々とサービス利用者やコミュニティのメンバーとの関係の特質の形成につながる。ソーシャルワーカーの専門職倫理綱領は、他のケア関連職のものと同じように、ソーシャルワーカーとサービス利用者の間の関係の専門職としての特質を主張している。我々のソーシャルワークの倫理綱領と、他の多くのケア関連職の倫理綱領は、我々自身のニーズと利益よりも、サービス利用者のニーズを優先するよう求めている。IFSWとIAASWの原理法典（2004）において、「ソーシャルワーカーは、自分自身のニーズと利益のためにサービスを利用する人々のニーズと利益に軽視するべきではない」ということが示されている。専門職実践に関する文献では、ソーシャルワーカーと、彼らがサービスを提供する個人、グループ、コミュニティとの関係は変化の手段であると考えられている。さらに、ソーシャルワークの文献においては、平等と協働が強調され、伝統的な専門職のヒエラルキーが拒否されているので、関係の持ち方に関してサービス提供者とサービス利用者の両者ともが混乱する状態が生じている。それ故、我々が批判的に専門職関係の特質をよく考え、それらの関係をソーシャルワークの価値観、そして我々の専門職の目的と合致させることが重要である。また、我々は、サービス利用者やコミュニティメンバーと我々との関係の専門職としての特質について、我々自身でも、また我々が援助する人々との間においても明確にしておくことが必要である。

25

多様な方法を統合する

　ソーシャルワーク実践へ専門職としてアプローチをするためには、ソーシャルワーカーが個人、家族、グループ、そしてコミュニティとともに変化を達成するための広範な方法と、我々が実践する制度的脈絡についての基礎を身につけていることが必要である。当然であるが、広範な実践の基礎を身につけることは難題である。しかし、それができないと、我々が援助する人々の生活と、彼らの生活と我々の実践を形作る制度を作ったり、支援したりすることがしにくくなる。本書で、私はソーシャルワークの多様な方法の基盤を一連のコミュニケーションスキルとそれぞれの方法の使用への構造的なアプローチのなかにつなぎとめている。

　第2章で示すように、実践のあらゆる方法は共通する一連のコミュニケーションスキルによって支えられている。我々が専門職実践で使用しているコミュニケーションスキルには、我々が日常生活でコミュニケーションのために使用しているスキルの多くが含まれている。これらのスキルには、会話のスキル、観察のスキル、そして非言語的なスキルが含まれている。ソーシャルワーカーはミクロ実践とメゾ実践におけるこれらのスキルの使用に強い関心を持っているが、私はこれらのコミュニケーションスキルの目的に即した利用がすべての実践方法にとって重要だと主張するであろう。しかし、我々がこれらのスキルをどう利用するかは方法によって異なってはいるであろう。

　また、私は多様な実践方法を統合的な実践アプローチへと結びつけている。この統合的アプローチにおいて、私はミクロからマクロにわたるすべての実践方法は4つの段階によって支えられていると考えている。これらの段階は図1.2で示しているが、エンゲージメント、アセスメント、インターベンション、そして事後評価と終結である。

　私はすべての実践方法は図1.2で示す段階を含んでいることを示唆している。

- **エンゲージメント**とは、ソーシャルワーカーが個人、グループ、家族、コミュニティの組織化あるいは政策立案過程に取り組み始めるポイントを指している。
- **アセスメント**とは、通常は他者と協働して、取り組むべき問題の特質と、そ

第1章　脈絡を考慮に入れたソーシャルワークの方法：目的のある実践

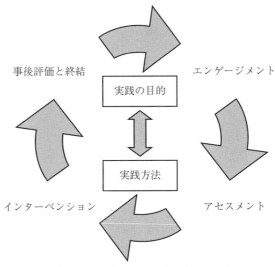

図1.2　ソーシャルワーク実践の段階

の状況下で、肯定的な変化を作り出すための力について理解を進めることを指している。
- **インターベンション**とは、確認された変化の目標を達成するのにソーシャルワーカーがかかわることを指している。
- **事後評価と終結**とは、インターベンションの過程によって目標とした変化がどの程度達成されたのかのアセスメントをし、達成されなかった目標の達成するための戦略を発展させることを指している。終結の段階では、専門職の取り組みの期間が終わる。

　私はソーシャルワーク実践のこれらの段階を、直線的ではなく、循環的なお互いの関係として概念化している。というのは、それぞれの段階は、本書で説明するすべての実践方法を適用する際にはぼやけさせることもできるし、しばしば実際にぼやけているからである。例えば、エンゲージメントの過程は事後評価と終結にかかわる要素を含んでいる。すなわち、ソーシャルワーカーは、この段階で個人やコミュニティが直面している問題について集めるべき情報の基準を設定するのである。そして、後に、それに沿って改善の状態がアセスメ

27

ントされるし、サービス利用者の生活やコミュニティにかかわる期間も明確にされるのである。実践についての我々の目的と方法に関する考えは図1.2の中心に示されている。そうなっていることについては本書全体を通じて考えることであるが、我々の目的と実践方法がそれぞれの段階における我々の仕事を形作るからである。

本書の全体像

　ここで、我々は方向を転換して、本書の内容の全体像を見てみることにする。今後、本書は広範なソーシャルワークの方法とスキルの紹介を順番に、そして総合的に行う。本書のユニークな特徴は、グループワークのような「メゾの」方法、コミュニティワークや政策立案活動のような「マクロな」方法と並んで、自発的及び非自発的な実践における個人の援助を含む「ミクロな」方法を含めていることである。できれば、本章で、私はこれらの方法のすべてがソーシャルワーク実践の基盤に属しているのかどうかを証明したいと思っている。基本的に、私は本章で確認された理論的、倫理的枠組みに基づいて、すべてのソーシャルワーカーは広範な形のインターベンションを批判的に理解する力を持つべきであるし、さらに少なくとも基本的なレベルでそれらの範囲のインターベンションはできるべきだと考えている。私は、これらの方法のすべてがソーシャルワーク特有のものだとは思っていない。実際に、幅広い実践者が本書で議論している方法に取り組んでいる。それにもかかわらず、私は、ソーシャルワーカーとして、我々は多様な実践のなかで我々の目標を達成するためにこれらの方法をどう使えばよいのかを議論するであろう。

　本書は4部に分かれている。パート1で、私はソーシャルワーク実践の専門職としての中核部分を紹介している。この最初の章で、私は本書で議論しているソーシャルワーク実践へのアプローチに影響を及ぼしている理論、考え、そして価値観についてその概略を説明してきた。第2章で、私は、我々は広範な実践方法を使って援助活動を行ったり、仕事上のチームや一般の人々とコミュニケーションをとるので、ソーシャルワーカーが使用する専門的なコミュニケーション戦略とスキルの概略を説明する。

第1章　脈絡を考慮に入れたソーシャルワークの方法：目的のある実践

　パート2で、私は個人に対するソーシャルワーク実践の方法を紹介する。このセクションは2つの章から構成されている。第3章で、私は個人が生活問題を解決するのを援助するのに使用できる方法について議論する。ここでの焦点は、自発的にソーシャルワークサービスを利用しようと考えてやって来たサービス利用者との人間関係実践である。つまり、彼らは法律によってソーシャルワークのサービスを利用するよう要求されたわけではないのである。第4章で、私は命令された個人との実践を紹介している。すなわち、このサービス利用者は法律によってソーシャルワークのサービスを利用するよう要求されている人である。私は、サービス利用者や家族やコミュニティが危機や抵抗に直面した時に、どうすればソーシャルワーカーが彼らとともに安全確保を達成するために援助の活動ができるのかに集中して議論をしている。読者は、対人関係実践を説明するために使用する用語が異論の多いものであったり、疑義のあるものであったりすることに気づかれるかもしれない。第3章で、私は、かつては対人関係実践を説明するために普通に使われた用語である「ソーシャルケースワーク」が、個人が問題を解決するためにソーシャルワーカーがどう実践するのかを説明するベストの方法であると述べている。第4章で、私は「法令に基づくソーシャルワーク」という用語が、他のよく使われている用語、例えば非自発的なクライエントとの実践よりもよい用語であることを主張する。すなわち、前者の用語は命令を受けてやって来る個人への援助という意味をよく伝えているからである。私は読者の人たちに、これらの用語には異論もあるが、我々の個人の援助活動を説明するために、これらの用語を使用することを許してほしいと願っている。

　パート3において、私は家族やグループとの実践を行うためのソーシャルワークの方法を、メゾ実践と呼んで紹介している。第5章で、私は、ソーシャルワーカーが家族を援助する時に使用するソーシャルワークの方法を紹介し、家族のニーズを充足し、意思決定に家族メンバーを巻き込む方法を説明する。第6章で、私はソーシャルワーク実践におけるグループワークの原則、ソーシャルワーカーが使用する多様な方法について議論し、ソーシャルワーカーがグループワークによって変化をもたらす方法を紹介する。

　パート4で、私はコミュニティ、政策立案業務、そして組織改革における実

践のためのソーシャルワークの方法を紹介する。第7章で、私はコミュニティワークをソーシャルワーク実践の方法として取り込む際の原則と、それをめぐる問題点を議論する。また、私は変化を作り出すためにコミュニティを援助するのに必要なスキルについて議論する。第8章で、私はソーシャルワーク実践の方法としての政策立案活動を議論し、さらに直接的な実践を行っているソーシャルワーカーがどうすれば政策立案活動に参加できるのかや、また、どうすればサービス利用者やコミュニティのメンバーのそこへの参加を発展させることができるのかを議論する。結論を示している第9章で、私はソーシャルワーク実践の多様な方法を支えているテーマをレビューし、どうすればソーシャルワーカーが組織改革に取り組むことができるようになるのかを議論する。

　各章の終わりには、学びを確実なものとするための振り返り問題と実践的演習を示している。また、注釈をつけて推薦図書も示している（訳者注：本訳書では省略しています）。復習問題を示している意図は、あなたが各章の中心的なメッセージをもう一度思い出すのを手助けするためである。実践的演習を通して、私は各章で議論された概念と方法を、特定分野でサービスを提供するあなた自身の実践にどう適用できるのか、あるいは適用されるのかをよく考えてもらいたいと思っている。

結論

　本章で、私は本書の基盤となっているソーシャルワーク実践の方法へのアプローチを紹介してきた。私の主張は、我々の専門職としての目的意識は我々の仕事の脈絡や置かれている状況によってさまざまであるが、それはソーシャルワーク実践において我々が使用する方法に影響を及ぼしているということである。私は実践における我々の専門職としての目的意識の発展に対する広範な影響力を確認してきた。そのなかには、サービス利用者とコミュニティメンバーのニーズと好み、我々の置かれている制度的環境、そして我々の専門職実践の基盤が含まれている。これらの要因の概略を示している私の意図は、実践において我々の専門職の目的がどのように形成されるのかと、その目的が実践の脈絡や状況によっていかに多様なのかをあなたが批判的に熟考するのを手助けし

たいからである。我々の専門職の目的がいかに多様で、変化し得るものかを知るにつれて、我々は我々の目的を達成するためには多様な方法の基盤を持つことが必要なことを認識するようになるであろう。本書の残りの部分は、このように多様な方法の基盤を紹介することに取り組み、多様で、しばしば挑戦的なソーシャルワーク実践の場において、専門職としての目的を達成するための基盤を提供したいと考えている。

振り返り問題

1. サービス利用者がソーシャルワーカーとの関係のなかで求めていることについて、本章の中心的なメッセージは何でしょうか。
2. ソーシャルワーク専門職はサービス利用者の自己決定を支え、社会的公正を推進することにかかわっています。これらの用語はどのような意味でしょうか。どのようにして、あなたは実践のなかで実際にこれらの価値観を達成しようとしていますか。特定分野の実践のことを念頭に置いて、これらの価値観を実行する際にあなたが直面している難題について考えてみてください。
3. ソーシャルワーカーの専門職としての目的意識は、サービス利用者のニーズと期待、制度からの要求、そして専門職としての実践基盤から形作られています。あなたの関心ある実践分野において、あなたは何がソーシャルワーカーの専門職としての目的だと思いますか。
4. あなたはソーシャルワーク実践の専門職としての範囲をどのように考えますか。あなたが援助活動を行う個人、グループ、コミュニティに対して、あなたの専門職としてできる範囲を伝える時、困難を感じるのはどのようなことですか。

第2章
専門的コミュニケーションのスキル

　ソーシャルワーカーという専門職者は、サービス利用者、コミュニティのメンバー、自分のチームのメンバーや一般の人々と多くの時間を費やしている。したがって、効果的なソーシャルワーカーになるためには、効果的なコミュニケーターでなければならない。ソーシャルワークにおける専門的コミュニケーションは、日常的な相互作用をスキルとして利用する。しかし、日々のコミュニケーションと専門的コミュニケーションには重要な違いがある。すなわち、専門職者のコミュニケーションでは、自分たちの目的を認識していることが必要であり、コミュニケーションスキルの活用がその目的を達成する上で役に立つ。

　私は、本章でまずコミュニケーションに対しての脈絡上のアプローチを概説することからはじめる。すなわち、私はまずソーシャルワーク専門職者としての目的がコミュニケーションのスキルの使い方を形作っていく道筋を考える。ここで、私はチーム内や一般の人々とのコミュニケーションの基盤にもなっており、また個人、家族、グループ、そしてコミュニティとの直接的な実践を支えているコミュニケーションスキルについて議論する。これには、傾聴、非言語的コミュニケーション、観察、そして言語的あるいは会話のスキルが含まれている。全体を通じて、私は我々の文化以外の文化的背景を持つ人々とのコミュニケーションにかかわる難題についても考える。

　ソーシャルワークの文献において、コミュニケーションスキルは大いに注目されている。アレンとラングフォード（Allen and Langford, 2008, p.53）は、次のように述べている。

　　コミュニケーションスキルとは、コミュニケーションが困難な人々や英語が母国語ではない幅広い人々に対して、ソーシャルワークの専門職者がはっ

きりと、また親切にコミュニケーションするために学ぶべき広範な技法である。

コミュニケーションについての文献の多くは、自発的にやって来たクライエントとの対人実践に基づいている。今でもなお、ソーシャルワーカーは、自発的な関係のなかでサービス利用者を援助している。我々の実践は、グループワーク、家族への援助、コミュニティディベロップメントの事業、チームでの仕事において、2人以上の人を含んで行われるであろう。そこで、私はここで、広範な実践場面で必要とされ、この本のなかで取り上げられている実践方法にとっても重要な一連のコミュニケーションスキルの概略を説明する。

傾聴のスキル

おそらく、ソーシャルワーカーが身につけている最も重要なスキルは話を上手に聞く力である。傾聴は、我々が援助している個人、家族、グループ、コミュニティ、そして一緒に働いているチームメンバーの意見を聞き、はっきりとさせる積極的な過程である。傾聴は、目的ある関係を構築したり、アセスメントを行い、効果的なインターベンションを進めるのに必要な理解をするためには不可欠のスキルである。

ソーシャルワークの専門職者の聞き方と、日常生活のなかでの話の聞き方には多くの類似性がある。例えば、専門職者であろうと、非専門職者であろうと、我々は話し手に気配りして傾聴していることは明らかである。しかし、それらには重要な違いもある。最も重要な点は、ソーシャルワークにおける傾聴は、目的のある活動だという点である。ソーシャルワーカーは傾聴している時でさえ、今直面している問題についてのアセスメントやインターベンションにとって重要な話題へと話し手を慎重に導く。ソーシャルワークの専門職者として、あなたは既に自分自身をどのような状況においても優れた聞き手であると考えているかもしれないが、専門職としての役割のなかで、傾聴に対する多くの難題に対応していくために、あなたの傾聴スキルをさらに向上させる可能性もあるであろう。

ほとんどのソーシャルワーク実践の状況において、ソーシャルワーカーは共感的に聞くことが重要である。*共感的傾聴*とは、発信する側の非言語的な行為、言葉のトーンや表現から「発信者の感情や考えていること」を受け取る側が正確に受け取り、正しく理解することである（Boyle et al., 2006, p.107）。傾聴していることを示すためには、我々がサービス利用者に対してすべての注意を向けることができる環境を作り出すことが必要である。しかし、多くの実践状況において、例えば、プライベートな会話のための物理的スペースの不足といったことが、それを現実に達成するための障壁となっている。同様に、サービス利用者との会話中、同僚との電話やポケベルなどによって、専念していた業務を中断させられることがある。しかし、我々はそれらの状況に慣れているため、それらの障壁に気づかないおそれがある。それにもかかわらず、それらの状況によって、我々がコミュニケーションをとっているサービス利用者には、我々には話を聞く時間がないということが伝わるであろう。

　共感的傾聴の別の要素は、話し手のものの見方を理解することである。しかし、会話についての我々自身の期待や我々自身の偏見が他者のものの見方を理解する時の障壁となる可能性がある。例えば、我々にはリスクアセスメントに焦点化すべきだという考えがあるために、今直面している問題についてのサービス利用者の考えを聞くことができなくなるかもしれない。そのため、グループワークやコミュニティディベロップメントなどにおいて人々の話を聞く時には、我々は最も大きな声や最も影響力のある声だけでなく、存在している幅広い考えを聞くことができるようになることが必要である。サービス利用者やコミュニティメンバーの多様な考えに焦点を当てるようにしないと、ラポールが形成できなくなったり、我々が援助活動を行っている時の状況を理解するのに必要となる重要な情報が得られなくなるおそれがある。

　ファシリテーションもまた、直接的実践のすべての方法における傾聴の重要な要素である。ファシリテーションとは、多くの場合、聞き手が慎重に、話し手に対して、彼らの考えや感情を表現させ、それによって彼らを援助したり、またワーカーが状況を理解したり、それに働きかけたりすることである。話し合いを促進するための重要な方法のなかには、「話を続けさせるための言葉かけ」「小さな励まし」、そして他者に話を続けさせるための短い発言もしくは非

言語的な合図を使用する方法がある（Harm, 2007, p.129）。言語的な小さな励ましの例としては「うーん」「はい」「そうですねぇ」などの言葉が考えられる。励ましは、例えば、「それは大変ですね」といった共感を示す簡潔な発言につなぐことができる。また「それについて詳しく教えてください」と話を広げていくこともできる。それは、より詳細な情報を得るための機会ともなり得る。非言語的な励ましのなかには、あなたが理解したり合意したことを表すうなずきや、話し手の考えや言葉に関心を持っていることを示す前がかりの姿勢などが含まれる。言語的であれ非言語的であれ、励ましのサインを示すことは、個人、家族、グループ、コミュニティ、そして一緒に仕事をしているチームとともに、アセスメントを行ったり、インターベンションの計画立案を行うのに必要な情報を開示してもらう方向に向けて会話の舵をとることに役立つであろう。

まとめると、我々は以下のことによって傾聴していることを示すことができるであろう。

- 会話するにあたって、気を散らすものや中断させるものを最小化すること。
- 広い心を持って会話にアプローチすること。そのなかには、我々の既存の考えを意識しておくことや、それを脇に置くことも含まれる。
- 話し手が自分自身を表現するように励ますこと。目的を持って励ます言葉を使用したり、焦点化した質問を意図的に使用して、サービス利用者や我々が焦点を当てている専門的な目的にとって重要と思われる語りに注意を向けさせる。

傾聴のための演習

1週間ほど、あなたがどのように会話をしているかのメモをとりましょう。その上で、この熟考的な演習では、ここ1週間であなたが行った会話のうち、3つの会話を選んでください。その場合、多様性を確保して例を選んでください。理想的には、あなたがよく聞けたと思える例、2つ目は、傾聴面で満足できなかったもの、3つ目は、満足度が2つの例の真ん中くらいのものを選んでください。このような多様性は、あなたが聞き

手として成長するために、あなたの持っている強さと、強化するべき領域をよく考えるのに役立つでしょう。よく考えて、次の表を完成させましょう。それぞれの列に、「友達との昼食についての会話」といった例を簡単に書きましょう。そして、次の点に関して1から5の評価（1はまったく基準にあてはまらない、5は完全にあてはまる）を行いましょう。

1. 私は完全に話し手に集中していた—何が焦点化に役立ったのかと、例えば、気を散らさせるものがあったなど、何が焦点化の妨げとなったかを考えてください。
2. 私は広い心を保てた—広い心を保つのに何が役立ったのか、そして広い心を保つ時に直面した課題は何であったのかを考えてください。
3. 私は話し手が自分自身を表現するよう励ました—あなたは、どのようにして話し手が自分自身を表現する機会を作り出したのか、あるいはそれを妨げたのかを考えてください。

　最後の欄に、あなたの傾聴方法のその他の側面や、会話のなかで傾聴する妨げとなったものについてよく考えてノートしておきなさい。

	話し手に完全に集中した	広い心を保てた	話し手に自分自身を表現するよう励ました	他によく考えたこと
例1	（評価1-5）	（評価1-5）	（評価1-5）	
例2	（評価1-5）	（評価1-5）	（評価1-5）	
例3	（評価1-5）	（評価1-5）	（評価1-5）	

　傾聴の演習を完了した後で、以下の質問を考えてください。
1. 聞き手としてのあなたの強さについて、何を学びましたか？
2. あなたがさらに成長すべき領域について、何を学びましたか？
3. あなたの傾聴のスキルを改善させるための戦略を2つ明らかにしてください。

2人以上の人の話を聞く

　多くのソーシャルワーク実践の状況では、2人以上の人の話を聞くことが必要となる。例えば、ファミリーワークの実践であれば、すべての家族メンバーの意見を聞くことが重要であり、グループワークやコミュニティワークにおいても、グループのメンバー全員、コミュニティメンバー全員の話を聞くことが

重要である。また、次のことを行うために、一人ひとりの話を十分に聞くことが重要である。

- あなたがすべての参加者の意見を聞いてくれる人物であるとして、彼らのあなたに対する信頼感を構築する。
- 家族、グループ、コミュニティのメンバーの意見の類似点と相違点を認識して全体像を把握する。

さらに、ソーシャルワーカーがさまざまな意見を公平に聞くために使用できる多数の戦略がある。

- 話し合いの初めに、全員が発言することを認め、それを推進するという根本的なルールと原則を設ける。
- さまざまな意見を聞くことに平等な時間を割り当てる。
- 慎重に、それぞれの人に対して適切な発言機会を提供する。例えば、ソーシャルワーカーは家族会議の場では、オープンクエスチョンを家族全体に対して用いるのではなく、むしろ特定の個人に対して用いる。
- 平等な発言機会を確保することをわかりやすく説明する。例えば、あるグループのメンバーには既に話したと伝えて、他の人に話してもらう。
- 家族、グループ、コミュニティのなかには話し合いに関する不平等なパターンがあることへの意識を強化して、グループが平等な話し合いをする責任を持てるよう導く。例えば、誰がグループのなかで最も頻繁に話しているかを示す視覚的な手がかりをグループのメンバーに対して提供することもできる。
- 話をする一人ひとりの安全を確保する。家族内での虐待や暴力といった状況においては、それぞれの家族メンバーに対して別々のミーティングをすることが必要になるかもしれない。

非言語的コミュニケーション

　次に、非言語的コミュニケーションに話題を変える。これは、我々の身体的な態度や行為を通したコミュニケーションを意味している。非言語的な行動とは、顔の表情、姿勢、言語を用いない合図、声の高さや口調等によるもの、さらにはうなずきなどの非言語的な合図、相手との距離などが含まれている。非言語的コミュニケーションについては、以下の2つの理由で、会話によるコミュニケーションと同じくらいの注意が必要である。1つ目の理由は、非言語的コミュニケーションが非常に大きな影響力をもつコミュニケーションの形だからである。コミュニケーションに関する研究によると、コミュニケーションのうち、85％程度が非言語的コミュニケーションによって伝えられていると示されている（Harms, 2007）。2つ目の理由は、非言語的コミュニケーションに注目することは、多くのサービス利用者がソーシャルワーカーや他の援助専門職者に対して感じているおそれや不信感、抵抗感に取り組み始めるためにも重要だからである。

　コミュニケーションをとっている相手との間で、非言語的コミュニケーションの一致が達成できれば、適切で専門的な関係を構築する助けとなるであろう。ソーシャルワーカーには、非言語的な行動の意味をよく考え、自分の行動をサービス利用者と、その特別な実践状況に適合させる力が必要となる。言語を用いないコミュニケーションの難題の1つは、この非言語的行動の多くが無意識的な行動だという点である。そのため、我々は実践の場面でサービス利用者にとっては、気を散らしてしまうことになる我々自身の習慣に気づかないかもしれないのである。また、我々がある脈絡で身につけた非言語コミュニケーションの習慣は、別の脈絡では不適切かもしれない。例えば、いくつかの実践の場面では、オープンで、笑顔で、魅力的な表情であることがふさわしいかもしれないが、他方で、司法の場面や突然のトラウマに襲われたクライエントに対応する場面では、そのような表情は不適切であろう。

　ソーシャルワーカーや他の援助専門職者が建設的で、意味のある相互作用を促進するために適切な非言語的コミュニケーションについてよく考え、また明

らかにするのを手助けするために、多くの非言語的コミュニケーションのモデルが開発されてきた。これらの手引きのほとんどは、カウンセリングとケースワークにおけるやりとりのために開発されてきたものであるが、それにもかかわらず、それは、ソーシャルワーカーが、もっと幅広く、他者とともに取り組むこと、他者への関心、そして共感を必要とするような状況での汎用性もある。そして、保健と社会的ケアの専門職者のための非言語的コミュニケーションの最もよく知られているモデルの1つがSOLERである。このモデルは、ジェラード・イーガン（Gerald Egan, 2010）によって、カウンセラーとケースワーカーのために開発されたものであるが、他の脈絡において我々の非言語的な行動を検討するための枠組みとしても用いられている。SOLERの頭字語の意味するところは、以下のとおりである。

S：Sitting squarely：**対面して座る**—すなわち、コミュニケーションをとっている人と向き合うこと。

O：Open body posture：**ゆったりとした姿勢**—これは体の前で腕を組んだり、ファイルなどの物を自分の体の前に持たないようにすることを含んでいる。足を組むことは、それがゆったりとした姿勢として認識され、受け入れられる限り許容される。

L：Leaning toward the other：**他者に入り込む**—我々がコミュニケーションしている相手が不快にならない程度に相手に対して関心を持っていることや取り組みを進めたいことを十分に示す。

E：Eye contact：**アイコンタクト**—アイコンタクトを適切なレベルで維持して、我々は相手に対して怖がらせようとしているのではなく、サービス利用者の語りを傾聴していることや、それに関心をもっていることを明らかにする。

R：Relaxed：**リラックス**—顔の表情や姿勢でリラックスしているのを示すことは、コミュニケーションしている人たちを安心させるためにも重要である。

イーガンのモデルは、いくつかのレベルで役立っている。SOLERは、非言語的行動の多くの側面をカバーしている。そして、またそれは実践中でも簡単

に思い出すことができ、我々の非言語的行動をすぐにアセスメントして、修正することもできる。さらに、このモデルは処方箋を示すモデルであると考える人もいるが、これは十分に幅の広いモデルであり、広範な専門的なコミュニケーションの脈絡に適合できる。

それにもかかわらず、このモデルは、効果的な非言語的コミュニケーションに影響を与えている文化的な違い、ジェンダーによる違い、そして脈絡の違いには焦点を当てていない。また、このモデルは非言語的コミュニケーションにおける顔の表情、対人距離、印象といった側面の重要性よりも、姿勢に関する側面により重点を置いている。次節では、非言語的コミュニケーションにおいて、我々が文化に対して繊細な気持ちを持っていることをどうすれば明らかにできるのかについて考えていくこととする。

文化的多様性と非言語的コミュニケーション

ソーシャルワーカーとして、我々が自分とは別の文化を持つサービス利用者を援助せざるを得ないのは当然である。文化とは、1つのグループによって共有され、特定の地理的、歴史的基盤を持っている一連の信念や価値である（Yan, 2008）。ある特定の文化グループのみと仕事をしているソーシャルワーカーもいるが、多くの実践の脈絡において、ソーシャルワーカーはさまざまな文化を持つサービス利用者と接している。したがって、我々が文化に気を配ってサービス利用者を援助しようとする時には、違いは認めるが、サービス利用者に対する固定観念にはとらわれないこと、個人の経験や文化的アイデンティティによる表現を否定しないことが重要である。バランスよくこれを行うには2つのやり方がある。1つ目は、コミュニケーションにおける文化的な違いに関するエビデンスを知ることである。そうすれば、我々は自分以外の文化を持つ人々との相互作用の場に現れるかもしれないコミュニケーションの違いに敏感になれるであろう。この点は、自分以外の特定の文化的コミュニティの人々を定期的に援助している場合には特に重要となる。さらに詳しく知る方法のなかには、そのコミュニティとのコミュニケーションに関連する勉強会に参加する方法、そのコミュニティのメンバーの助言を求める方法、そして、そのコミュニティとのコミュニケーションに関する調査研究を探す方法が含まれる。2つ目の方

法は、あなたが援助しているコミュニティの人々のコミュニケーション戦略に合わせる方法である。例えば、時間をかけて、コミュニケーションのスタイルや、自分たちとは異なる形のコミュニケーションへの反応を観察することができる。また、このためには、あなたのコミュニケーションを他者のコミュニケーションにうまく合わせられることも必要である。

　専門的コミュニケーションにおける文化的なコンピテンスに関しては多くの著作がある（Reynolds and Valentine, 2004）。特に、ソーシャルワークの分野では、文化的なコンピテンスという概念には多くの批判がある。例えば、文化的なコンピテンスを身に着けようとすると、文化のダイナミックで、多様な特性を見落としてしまうかもしれない。さらに、ジョンソンとムンチ（Johnson and Munch, 2009）は、文化的コンピテンスの概念を重視すると、個人の固有の経験を認め、クライエントから学び、個人の自己決定権を大切にするというソーシャルワーカーの責務の間に緊張を作り出すと主張している。

　要するに、文化の違いを理解する際には、グループの文化の違いを理解することと、その一方で、個人固有の経験を追求し、重視することをうまく両立することが重要なのである。非言語的コミュニケーションにおける文化的差異を考える時、我々は多文化にわたる調査研究や実践で観察された非言語的コミュニケーションにおける大きな違いだけに目を向けるであろう。チェンとハン（Chen and Han, 2001, p.18）が観察したように、「非言語的コミュニケーションは、言語的コミュニケーションよりも文化に縛られており、すぐに混乱といら立ちを生じさせ、人種的なステレオタイプ化につながる」ので、非言語的コミュニケーションにおいては文化的差異を認識することが特に重要である。その主要な差異について、コミュニケーションのパターンにおいて我々が焦点を当てる中心的な違いには、次の点が含まれている。

- アイコンタクトの使用
- 表情による表現のレベルと特徴
- 沈黙での安心感
- 対人距離
- 異性間の相互作用についての規範

アイコンタクトの使用に対する文化的規範は非常に異なっている。どの程度アイコンタクトするかは、サービス利用者との信頼関係の構築のために重要であるし、またサービス利用者の状況のアセスメントを行うためにも重要である。なお、ヨーロッパ、北アメリカ、カナダ、オーストラリア、ニュージーランドで支配的な西洋文化のなかで暮らしている人々は、対人関係において高度なレベルのアイコンタクトを好む傾向がある。さらに、ケースワークとカウンセリングのテキストの多くはこれらの国々のなかの支配的な文化に属する著者たちによって書かれているために、ケースワークの脈絡においては、効果的な援助を行うためには高度なレベルのアイコンタクトが重要であると考えられている。しかし、多くのアジア諸国とそれらの国々の固有の文化においては、高度なアイコンタクトは無礼で、侵略的で、威圧的だと思われている（Chen and Han, 2001）。したがって、このような文化的背景をもつサービス利用者にとっては、高度なアイコンタクトは不快に感じられる可能性があることに注意を払うことが重要である。しかしながら、「すべての」固有の文化を持つ人々やアジア文化を持つサービス利用者が限られたアイコンタクトを好むと決めてかかってはいけない。サービス利用者がアイコンタクトに不快感を感じているように見えた場合には、相互作用におけるアイコンタクトのレベルを下げる対策を講じることが重要となる。その対策のなかには次のような方法がある。例えば、座り方をVの形に変える。そうすれば、あなたはサービス利用者の正面に向き合うのではなく、正面をずらして座ることになる。また、意識的に他の方向を見ることを増やす。例えば、サービス利用者をまっすぐに見るのではなく、ノートへ視線を落としたり、あるいはサービス利用者の視線と同じ方向を見る方法がある。そして、サービス利用者の非言語的行為と真似することなどがあげられる。

　次に、アイコンタクトに関する規範と同じように、顔の表情に関する文化的規範も文化によって大きく異なっている。大量の調査研究に基づいた、バトラーら（Butler et al., 2007, p.31）は、「西欧には、自立と自己主張を重視する価値観があり、多くの状況においてオープンな感情表現が奨励されている」そして、それとは対照的に、「アジアでは、自立と関係性の調和が大切にされており、感情表現については抑制することが奨励されているであろう」と主張している。

第2章　専門的コミュニケーションのスキル

多くの西欧文化では、オープンで表現力の高い表情が魅力的だとみなされており、多くのカウンセリングとケースワークのテキストは、ラポール形成において、笑顔といったオープンな顔の表情を示すことの重要性を強調している。しかしながら、アジア文化のような文化では、顔の表情に出すことを抑制することを重視されている。他のすべての非言語的な表現形式と同じように、あなたは顔の表情の意味とその影響を意識していることが重要である。クライエントの顔の表情に、あなたの顔の表情をより細かく対応できることは、あらゆるコミュニケーションにおける重要な側面であるが、それは、特に文化に気を使う実践ではとりわけ重要であろう。

会話中の沈黙に関する考え方は、文化によってかなり異なっているようである。多くの西欧諸国の支配的な文化では、沈黙は不快、あるいは相手に話をしてもらうための誘いとみなされているかもしれない。一方、異文化間研究者は、沈黙が多くの非西洋文化の脈絡において重要な機能を果たしていると言っている。例えば、チェンとハン（Chen and Han, 2001）は、グループワーク実践について、アジア人の参加者は、グループ内での意見が不一致になることを避けるため、または目立たない態度を保つために沈黙しているのかもしれないと主張している。さらに、チェンとハン（Chen and Han, 2001, p.118）は、「このような場合、沈黙は必ずしも他者に会話を続けてもらうためのサインというわけではない」とも言っている。同様に、その地域で育ったソーシャルワーカーは、実践者に対して、サービス利用者との相互作用において沈黙の時間を確保することを促している。例えば、スクセ（Skuse, 2007, p.26）は、地域のクライエントとの児童福祉の取り組みを考えて、以下のように述べている。

　言語的コミュニケーションと非言語的コミュニケーション（例えば、アイコンタクト）の両方についてのさまざまな方法を理解することが重要である。彼ら〔クライエント〕は、あなたが言ったことについて考え続けながら座っているかもしれない。しかし、あなたは彼らが自分を無視していると思うかもしれない。そのような場合、彼らはあなたに対して回答することさえしないかもしれない。あるいは彼らは明日回答してくれるのかもしれない。

沈黙は、関係者が、ソーシャルワークの相互作用を含めて、あらゆる相互作用のなかで情報や感情を処理し、アイデアを収集するために非常に重要である。
　適切な対人距離についての考え方も文化的なグループの間で異なっている。スーとスー（Sue and Sue, 1977）は、西欧諸国の支配的な文化であるアングロ‐ケルト文化を持つ人々は、アフリカ及びアジア文化の人々よりも、大きい対人距離を求める傾向があることを示唆している。ここで問題となるのは、サービス利用者が心地よく感じられる行動に、ワーカーがよりきめ細かく自分の行動を和らげるということである。それと同時に、ワーカーは、相互作用において彼らが不快となることをして自分を傷つけないことも重要である。
　あらゆる文化は、同性間の、あるいは異性間の相互作用の規範にかかわるルールを持っている。同性間の相互作用もまた、しばしば認知されていないルールに左右されている。例えば、多くのアングロサクソン系の文化においては、女性同士の身体へのタッチは比較的によく見られることであるが、男性同士でそれをすることは不適切であるとみなされるであろう。また、ある土着の文化では、「女性の仕事」と「男性の仕事」を区別する厳格なルールがあり、例えば男性のソーシャルワーカーが女性の仕事の一部の側面について議論をすることは、不適切であると考えられている（Corporal, 2007, p.14）。もし、あなたが自分以外の特定の文化を背景としたグループと定期的に仕事をしているのであれば、同性、あるいは異性間の相互作用に関する規範をよく知り、それを尊重していることを示すことが重要である。他方で、もしあなたの仕事が多様な文化的背景を持つ人々と接触するものであるならば、適切な男女及び同性間の相互作用の形に関する文化的多様性のすべてを知ることは困難である。そのような場合には、あなたは男女及び同性間での相互作用における文化の違いに十分に注意を払い、可能な限り、文化的なしきたりについて反論しないことが重要である。これらのしきたりがはっきりと理解できるまでは、あなたは異性のサービス利用者への連絡において、礼儀正しく敬意を払うことによって慎重に対応することを勧める。それは、相手の不快感の兆候に注意を払い、敏感に対応することに役立つであろう。例えば、もし、あなたが異性の相手に握手の手を差し出した時、相手がそうするのを嫌がっているように見えたならば、相手が困ってしまわないように、すぐに手を引っこめるべきである。

外見、アイデンティティ、そしてコミュニケーション

　特に服装、身だしなみ、そして全般的な態度といった我々の身体的な外見は、自分自身のこと、とりわけアイデンティティを他者に対して多くのことを伝えている。このような情報は、サービス利用者が、我々を彼らにとって信用のできる援助資源であるかどうかを評価する上で重要であろう。我々自身のあらゆる側面と同様に、外見もまたソーシャルワークにおいて自己を利用する1つの側面である。そして、それは言語的・非言語的コミュニケーション以上に、批判的熟考の対象とするべきである。我々の外見は、我々のアイデンティティを反映している。また我々は自分の外見のアイデンティティを反映している部分を変えたくないであろう。あるいは、それらの部分は変えられないかもしれない。サービス利用者との相互作用における我々の外見とアイデンティティの処理方法は、服装や全般的な態度のような外見の処理方法とはまったく違っているようである。

　それでは、まず、変えることが可能で、サービス利用者の我々に対する理解と、彼らに役立つための我々の能力に重大な影響を与えると思われる我々の外見について検討しよう。これらの側面には、我々の服装、個人の身だしなみ、全般的な身体的外見と態度が含まれる。ところが、ソーシャルワークの論文では、これらの外見的側面にはほとんど注意が当てられていない。これは驚くべきことである。というのは、例えば、ビジネスのような他領域の多くの文献では、与える印象の効果的マネジメントとサービス利用者との取り組みに対する外見の重要性が認められているからである。また、保健サービスなどの実践の脈絡では、ソーシャルワーカーを含めたスタッフに広く適用されるフォーマルな服装の基準がある。しかし、これらの特別な実践の脈絡以外で、外見の問題が議論されることはめったにない。これは、我々の多くが、我々の「見せ方（presentation）」は、サービス利用者との関係や、サービス利用者の我々に対する能力評価にはほとんど影響がないと間違って決めつけているかのようである。

　ソーシャルワークのあらゆる側面と同様に、我々の外見も批判的熟考の対象とするべきである。ソーシャルワーカーは、言葉と行動によって自分たちの専

門職としての目的を明確に伝えるべきだからである。そして、その言葉と行動には、常に、我々がサービス利用者とコミュニティメンバーに対して助けになれることと、その意志があることが含まれているべきである（Sheldon and Macdonald, 2009）。我々の外見は個人としてのセルフケア能力を反映するので、我々の外見もまた我々のサービス利用者に対する支援能力へのサービス利用者の信頼感を高めることにつながる。

　清潔で控えめな外見は、サービス利用者の注意が散漫になる可能性を減らすのに役立つ。我々の服装や態度は、我々が雇用されているサービスの標準をかなっているだけでなく、多様なサービスや、我々が日々援助している人々によって受け入れられている標準にかなっているべきである。例えば、若者に対するサービスで働く時、我々は若者とかかわるだけでなく、おそらくは、彼らの家族、警察、学校、そして法律の専門家ともかかわることになるであろう。例えば、我々がサービス利用者を弁護したり、代弁をしたりする法廷や、そこで演説する際の服装に関する決まりを尊重することが必要である。これらの決まりを尊重しなければ、あなたへの信頼感は低下し、あなたのメッセージを伝える能力にも悪影響が及ぶかもしれない。

　次に、変えることが困難、あるいは不可能な外見の側面について検討しよう。変えられない、あるいは変えることが困難で、我々の外見に影響を与えるかもしれない側面には、年齢、性別、身長と体重、肌の色や顔の形、能力や障害を示す特徴が含まれている。我々の外見に関するこれらの要素は、我々の個人的、文化的アイデンティティとしてサービス利用者に影響を与え、彼らによる我々の肯定的、否定的評価の対象となるであろう。例えば、サービス利用者は、自分と異なる年齢、性別あるいは民族のソーシャルワーカーにお願いしたいと言うかもしれない。場合によっては、あなたは法律によってこれらの希望に応えることが必要になるかもしれない。例えば、いくつかのサービスでは、クライエントは同じ性別や同じ民族グループの人の援助を受ける権利を持っている。いつもではないが、時には、サービス利用者が自分と同じアイデンティティを持っているワーカーの方が相性がよいと言って、別のワーカーを要求した時に、その要求に対応できるような規模の大きさと多様性を持つワーカーがいるようなサービス組織のなかで働くかもしれないのである。

反抑圧的な実践理論は、実践者は自分のアイデンティティと、それがいかにサービス利用者と自分との相互作用の形の形成につながったかを批判的に熟考することができるべきであると強調している（Dominelli, 2002 ; Healya 2005）。したがって、あなたは自分の外見とアイデンティティを批判的に熟考し、必要に応じて、サービス利用者がそれらに対して関心を持つことについても探求することが重要である。例えば、児童保護サービスの利用者は、「子育てを終えた高齢のワーカー」や「若い、子どものいないワーカー」が担当することに不満を漏らすかもしれない。このような場合には、ソーシャルワーカーは、サービス利用者の気がかりな点があることを認め、それを探求することによって対応するべきである。例えば、このような気がかりが持たれる原因には、ワーカーが彼らを理解できないのではないだろうかとか、裁かれるのではないだろうかといった不安がある。もしソーシャルワーカーが、言葉と行動の両方で、これらの気がかりを探求し、サービス利用者がワーカーとの関係において期待している理解と非審判的態度を示したならば、ワーカーはサービス利用者の気がかりを克服できるであろう。我々のアイデンティティが疑問視された時に、我々が防衛的になるのは簡単であるが、もしサービス利用者の気がかりの原因を探索し、これらの気がかりに対処するための戦略を考えるのであれば、彼らに対する理解と非審判的態度を示す方が、彼らとの関係構築にはよりよい結果をもたらすことになるであろう。そうすることで、あなたは援助したいという真の意志を示せるであろう。さらに言えば、この態度はソーシャルワークサービスに対するクライエントの満足感にもつながるであろう（Maiter et al., 2006 ; Sheldon and Macdonald, 2009）。

観察のスキル

　観察とは、サービス利用者やコミュニティメンバーとの直接的な相互作用において、あるいは家族やコミュニティメンバーのような人々との相互作用のなかで彼らを観察する時に、我々が見たり、経験したりすることに注目し、それを分析することである。専門職者の観察についての重要性の認識は、歴史上の時点や、その専門職のグループによってさまざまである（Le Riche, 1998）。幼

児と子どもの観察、特に両親との相互作用の観察は、ソーシャルワークへの精神力動的アプローチの土台となってきている（Tanner, 1998）。精神力動的なアプローチでは、観察はサービス利用者への積極的な援助とは別物であり、ソーシャルワーカーはがマジックミラー越しにサービス利用者を観察することも含めて、距離をとって彼らを観察することである（Tanner, 1998に引用されているTrowell and Mites, 1991）。最近では、ハリー・フォグソン（Harry Ferguson, 2011, p.206）が「親密なソーシャルワーク実践」の一部として再認識した観察の役割を支持している。なお「親密なソーシャルワーク実践」とは、「ソーシャルワークを実施したり、経験したりする時に、ワーカーとサービス利用者が経験する感情や身体的変化や精神の動きを重視する実践である」。このセクションで、私は、ソーシャルワーカーである我々と、我々が援助する人々との間の積極的な取り組みの一部として観察に言及する。

　観察によって、我々には援助している人の感情の状態と反応に関する情報がもたらされる。そしてこの情報によって、多様な人々やコミュニティとコミュニケーションする我々の能力が高まる。例えば、若者と彼らの親との間に葛藤がある家族の援助においては、我々は若者が、我々の家族との話し合いに参加するかどうか、あるいはどのように参加するかについて意思決定できるように、できるだけ多くの時間をとるために、援助に対してあまり乗り気でない状態の観察を利用するであろう。

　観察結果の一部をサービス利用者と共有することで、我々は彼らの状況についての共通理解を構築することもできる。また、観察結果を共有することは、明確化の一形態だとも考えられる。そして、それによって、我々はサービス利用者に我々の観察結果に対するコメントを求めることができる。例えば、里親の家を出ようとしている若者に対するケースプランを作成する一部として、我々は若者がそのケアシステムを離れていくことで救われるように見える一方で、里親との関係が途切れることを悲しんでいるようにも見える事実を彼らと共有するであろう。このように考えることは、我々がサービス利用者のケアを受けた経験と、何があれば、彼らが里親やケアシステムを維持したいと思うのかを探求する助けになるであろう。

　異文化間の脈絡では、相互作用についての規範を観察することによって多く

の情報が得られる。例えば、あなたは、あらゆる相互作用において誰が最初に話し始めるかを決定する年齢によるヒエラルキーがあることを観察するかもしれない。あるいは、顔の表情や声のトーンが抑制されていることに気づくかもしれない。これらのパターンを観察し、よく考えることで、あなたは自分以外の文化の人々と効果的に通じ合うための能力を強化することになる。

サービス利用者とコミュニティメンバーの、ワーカーである我々に対する反応を観察することで、我々の実践に対する批判的熟考の基盤が形成されるであろう（Le Riche, 1998）。我々は、サービス利用者やコミュニティメンバーの予期しない、あるいは不愉快な反応を受けた状況をよく考えることで、そのような反応に対してどのようにかかわってきたのかについてもよく考えることができるであろう。サービス利用者の反応は、我々の役割にとって、またこの役割における我々のコミュニケーションを改善させる方法に関しての貴重な情報を提供してくれるであろう。例えば、我々がサービス利用者の怒りの反応を引き起こした状況についてよく考えてみると、難しい情報を十分に配慮して伝えられていなかったり、コミュニケーションしたタイミングがサービス利用者の反応の原因になっていたことに気づくであろう。ソーシャルワークの役割の特質そのものが、サービス利用者の否定的な反応を引き出していることも認めるべきである。例えば、法的なソーシャルワークサービスにおける役割のように、ソーシャルワークサービスのなかには、利用者個人の権利を奪う役割もあるのである。例えそうであったとしても、最もわかりやすく、気を配ってサービス利用者とコミュニケーションする方法をよく考えることで、我々は、そのような役割であっても、そのなかで効果的に仕事を進めるための関係を構築する能力を向上させられるであろう（Trotter, 2004, 2006; Miller, 2009も参照）。

我々が実践のなかで遭遇するさまざまな状況に対する我々自身の反応について観察することは、批判的熟考のためにも重要である。状況に対する我々の反応、特に強い反応は無視するべきでない。我々の反応を批判的に精査することで、我々は個人的な偏見を明らかにできるかもしれないが、同時に、さらなる探求が必要な問題もあることにも気づくかもしれない。例えば、児童保護のアセスメント時に出会った親に対して、あなたが非常にまずい「本能的な」反応をするのは、よく考えてみると、その親が以前に援助した虐待する親とよく似

た身体的な特徴を持っているからかもしれない。このような洞察をすることによって、我々はそれまでの実践での出会いが、現在の実践の状況に否定的な影響を与えるのを回避できるようになるであろう。あるいは、熟考することで、我々の対応は、親が子どもについての否定的な説明をしたことや、親が子どもに対して悲しい態度をしていることへの反応であったと結論づけるかもしれない。そして、さらなる状況のアセスメントが必要であると意思決定するかもしれない。

人間関係という脈絡における効果的な話し方

　ワーカーと我々が援助する人々との関係は、あらゆる形態のソーシャルワーク実践において変化を引き起こすための重要な手段である。対人関係を基盤にする実践に関する文献では、「援助」関係の特質に対して大きな注目が払われてきたが、ワーカーとクライエントの関係は、すべてのソーシャルワーク実践の方法にとっても重要である。我々の倫理的枠組みと最良の実践に関するエビデンスに基づくと、社会福祉の専門職者が発展させようとしている関係は次のような特徴を持っている関係である。

- サービス利用者やコミュニティメンバーの考えを理解することに焦点を当てた関係。
- 受容と非審判的な態度。
- サービス利用者やコミュニティメンバーに影響の及ぶ意思決定に参加する権利の尊重。

話の本題からそれずに、焦点化すること

　ソーシャルワーク実践の多くの脈絡で、我々はサービス利用者やコミュニティメンバーの考えについて、正確に、また詳細に把握することが必要になる。このような理解を進める過程には積極的な態度が必要となり、傾聴のスキル、ファシリテーションのスキル、そして我々が相互作用している人々とともにその精度をチェックできる能力も必要となる。日常会話において、我々は双方向

の表現を行っているのに対して、ソーシャルワーク実践における我々のコミュニケーション過程は、他者に対して自分自身を表現できるようにすることに焦点化するべきである。例えば、もしクライエントがパートナーとの関係が壊れていると悲しんでいると我々に話してくれたならば、類似した悲しい喪失経験を分かち合うよりも、彼らとともに、彼らの悲しみの経験を探求することがより重要となる。もちろん、類似の経験を分かち合うことも適切であるが、それは、それによってサービス利用者やコミュニティメンバーが彼ら自身を表現できる時のみのことである。専門職者の実践の脈絡においては、相互関係の焦点は、サービス利用者やコミュニティメンバーに当て続けるべきであり、ソーシャルワーカー自身の経験の表現や探求には当てられるべきではない。

　ここで、我々は、話の本題からそれないようにしながら、サービス利用者に対して、我々が彼らの考えを理解し始めていることを示し、彼らが誤解を訂正できるようにするコミュニケーションスキルに目を転じる。まず「言い換え」である。これには、サービス利用者やコミュニティメンバーが行ったことを支えていたり、そのなかに含まれていたり、彼らの態度のなかからも明らかになっている彼らの考えや感情を彼らにフィードバックする短い話が含まれている。例えば、ちょうど引っ越したアパートに幸せそうに話している若者に対して、我々は「新しい家が決まって、あなたはとても嬉しそうですね」と言うかもしれない。

　言い換えは、ケースワーカーが傾聴していることを証明する。言い換えは、我々の理解の正しさを確保するのに役立つ。それは、まるでサービス利用者に対して、我々の彼らに対する理解を訂正する機会を提供しているようなものである。言い換えは日常会話よりも、ケースワークとカウンセリングでより頻繁に使用されている。その理由は、言い換えの１つの機能が、話し合いの焦点を目の前の問題に当て続け、サービス利用者が自分の考えを表出できるようにすることだからである。これは日常会話を特徴づけるお互いの意見交換とは対照的である。

　「オウム返し」は、サービス利用者の言葉を正確にそのまま返すことによって、話のキーポイントを強調するために使用される。例えば次のように、「その知らせを聞いて、ショックだったわ」と言われれば、「ショックだったのですね」

と我々はオウム返しするであろう。このように、オウム返しは、サービス利用者の状況についての我々の理解と共感を示すことができる。

　話をそらさず、焦点化するための3つ目のスキルは「*明確化*」のスキルである。それはその人の状況のより完全な理解の追及も含んでいる。あなたがサービス利用者とコミュニティメンバーがどのような人で、彼らにとって何が重要なのかを確実に理解するためには明確化が重要である。明確化を追求する際には、詮索されているという感じを与えないことが大切である。例えば、さらなる情報を求める時には「もっと説明してください」という表現は避けることである。その代わりに、あなたの理解を明確にする質問として、例えば「確か……ジョニーさんはあなたの娘さんでしたよね？間違いないですか？」と尋ねるのがよい。明確化するための言葉と質問をすることで、サービス利用者は「ジョニー」との関係をはっきりさせることができるのである。また、我々は詳細な情報を尋ねるのに、例えば「もう少し私にジョニーさんとあなたの関係を話していただけますか」といった慎重な聞き方をすることで、相手に対して詮索されている感じを与えないこともできる。さらに、明確にする語句や質問は、サービス利用者が何らかの出来事に対してした経験に関係づけることもできる。例えば、地域の会議の場で、あなたは「その土地にマンションを建設する計画についての政府との協議がされていることを、コミュニティの人々には知らされていなかったのか、どなたか明らかにしていただけますか」と尋ねるかもしれない。明確化するための言葉には、回答者があなたの解釈を修正できることを示す選択肢を含めておくことも重要である。つまり「私はそれを正しく解釈していますか」といった明確化するための質問をすることによって、あなたが回答者に対して、彼らの意見を求めていることを示せるであろう。

　明確化するための質問、言い換え、そしてオウム返しは、話を本題からそらさないために、また我々の解釈とサービス利用者の意見を調整するために重要であるが、明確化は控えめに使用されることが必要である。というのは、明確化するための質問を過剰に使用すると、我々は注意深く聞いていない、あるいは、我々にはサービス利用者やコミュニティメンバーの話を理解する力がないという印象を与えてしまいかねないからである。サービス提供者は当然知っておくべきだと思っていることを、あまりに頻繁に説明するよう求められたり、

明らかにするよう求められたならば、我々であっても欲求不満に陥ってしまうであろう。例えば、コミュニティワーカーであれば、最近のイベント、特に地域が注目しているイベントや、フォーマル、あるいはインフォーマルなリーダーのようなコミュニティの主要なメンバーについては、当然知っているものと思われているものである。

　要約のスキルとは、取り上げられた重要な問題やポイントをまとめたりする言葉を使用するスキルであり、多くの場合、今後の進め方に対する意見が含まれている。そして、取り上げられる話題によっては、要約は言い換えよりも大幅に長くなる傾向がある。また、要約は、ケースワーク関係におけるパワーの共有を促進できる。すなわち、要約は、サービス利用者に対して、主要なテーマをケースワーカーがよく理解していること、今後の進め方の提案、そして誤解を解く機会が用意されていることを示せるからである。しかし、要約は控えめに使用されるべきである。というのは、要約が過剰に使用されると、サービス利用者の意見の表出を促進するよりも、ワーカーが相互作用の意味についてばかり考えるようになってしまうからである。

質問を用いる

　あらゆる形態のソーシャルワークにおいて、効果的に質問をすることはサービス利用者の状況をはっきりと理解するためにも重要である。しかし、質問が不適切に行われると、サービス利用者との関係に悪影響を及ぼすことがある。おそらく最も明らかなことであるが、閉ざされた質問を過剰に行うと、サービス利用者は尋問されているように感じるであろう。したがって、我々は実践のためのコミュニケーションスキルを高めようとする時には、さまざまな形の質問の仕方と、それらが専門的な関係に及ぼす影響を検討することが重要となる。

　開かれた質問は、クライエントに長く話してもらったり、物語風に話してもらうことを目的にしている。ボイルら（Boyle et al., 2006, p.123）によると「自由に回答してもらう形の質問をすることによって、クライエントは、思うがままに、自由に答えられるようになる。その際、どれだけ詳しく答えることが適切なのかは、クライエントがその状況をどう解釈しているのかによる」。自由に回答してもらう形の質問は、サービス利用者に対して、あなたが積極的にそ

の状況に対する彼らの意見を求めていることを示すのに役立つ。さらに、ラポールを構築したり、状況の理解を共有したりするためにも重要である。

自由に回答してもらう形の質問は、「何を（what）」「どのように（how）」「いつ（when）」「誰が（who）」といった言葉で始まるかもしれないし、あるいは、あなたが知りたいことについてのヒントを示すような質問で始まるかもしれない。例えば、我々は「ジョン君、家庭で何があって、そんなに不幸に感じるようになったのか、もう少し教えてもらえますか」と言うかもしれない。このようなヒントを与える形の質問の仕方は、サービス利用者に彼らの意見を話させようとする意図を持っている。それ故、この形の質問の仕方は、非西洋文化のサービス利用者を援助する時には特に重要になる。例えば、先住民のサービス利用者は、かなり威圧的な開かれた質問を含む単刀直入の質問をされていると思うであろう（Department of Justice and Attorney General, 2000）。

また、「なぜ」で始まる質問は避けることが重要である。というのは、そのような質問をするワーカーは詮索好きなように見られ、サービス利用者の意見を信じたり、理解したり、共感したりしていないように思われるからである。例えば、「その状況から離れなかったのはなぜですか」という質問の仕方は、サービス利用者にその状況から離れるべきであったのかと受け取られる可能性があるからである。同様に、「なぜ薬を飲んだのですか」という質問は、その人は薬を飲むべきではなかったとか、あるいは、ワーカーがその行動を理解し難いと思っていると受け取られる可能性があるからである。「薬」を飲もうと思った動機を探るのであれば、もっと率直に「あなたは薬を飲んだ時、どんな感じがしましたか」と尋ねることもできる。

自由に回答してもらう形の質問の仕方は、いくつかの状況で限界があり、問題を引き起こすこともある。また、この質問の仕方は、医学的に緊急な時やクライエントをサービス提供機関に送致する時のように、特別な情報を必要とする状況においては役に立たないかもしれない。例えば、クライエントが薬を過剰摂取している疑いがある状況では、あなたは適切な服薬量を知っておくことが必要である。同様に、クライエントにサービスを受給する資格があるかどうかを決定するのに必要な情報を得る時には、自由に回答してもらう形の質問の仕方は役に立たないかもしれない。また、クライエントが十分に自分を表現す

ることができないような感情状態にある時にも、この質問の仕方は役には立たないであろう。例えば、精神的にショックを受けている状態の人は、このような質問をすると、圧倒されてしまうかもしれない。さらに、クライエントの回答を聞くための時間が限られている状況では、このような質問の仕方は控えることも重要となる。あなたが時間に関して重大なプレッシャーを感じているのであれば、あなたの質問に彼らが答える時にサービス利用者を見放してしまうのではなく、そのことを彼らに伝える方が望ましい。

　閉ざされた質問は、「はい」「いいえ」のように、1つの単語で短い答えを求める質問である。閉ざされた質問は特定の情報の収集には役立つかもしれない。そのような情報が必要になるのは、サービス利用者の状況の全体像を知りたい時、サービスの受給資格を判定する時、あるいは特に懸念されることを調べる時である。これらの質問がサービス利用者との最初の取り組みの一部となる場合もある。例えば、それは「より詳細にあなたの問題について話し合う前に、いくつか質問させてください」といった形で始まる。

　ソーシャルワーク実践においては、閉ざされた質問は控えめに使うことが必要である。それは、閉ざされた質問は相互作用におけるワーカーの指導力を強化しすぎるという重要な問題があるからである。この理由で、閉ざされた質問を広く使用することは、サービス利用者の自己決定の能力を促進するという我々の価値観と矛盾することになる。また、閉ざされた質問を過度に使用すると、面接が尋問的な雰囲気になり、サービス利用者を遠ざけてしまう傾向もある。ボイルら（Boyle et al., 2006, p.124）も、閉ざされた質問の過剰に使用すると、専門家であるサービス提供者の意見を強化することになり、サービス利用者に対して、「すべての質問に答えたら、その後でソーシャルワーカーが問題を解決してくれる」と信じ込ませる誤りを犯すことになる。

　近年、実践において強さ基盤のアプローチ、ナラティブ・アプローチ、そして解決志向アプローチが進展し、アセスメントやインターベンションの過程の一部としての質問の仕方がますます発展してきている。これらは、それぞれの哲学的起源は異なっているにもかかわらず、すべてがサービスの成果をあげる上での言語の力を認識している。これらのアプローチは違いを超越して、言語を表現手段として認識するだけでなく、我々の可能性についての気づきにつな

げてくれるものと考えている。これらの異なるアプローチに共通する特徴の1つは、人の能力を楽観的に見ており、それ故に、それらの能力を明らかにしたり、探ったりする質問をすることが重要視されている。ここで、それらの質問のタイプの例をいくつかあげてみる。

- **コーピング・クエスチョン**は、クライエントが自らの状況に対してどのように対処してきているのかを調べる。例えば、サービス利用者が経験してきた問題のみを探る代わりに、ワーカーは「今まさにあなたに起こっていることをすべて考えて、あなたは毎日どのように何とか学校に子どもを届けましたか」と尋ねるであろう。コーピング・クエスチョンは、我々とサービス利用者の注意をサービス利用者の能力に焦点化することに役立つし、そうすることで、例えばリスクアセスメントのように、それは容易にソーシャルワークの相互作用を支配してしまう失敗や病理への焦点化に対抗できるであろう。また、コーピング・クエスチョンは、我々がサービス利用者の状況を理解したり、彼らと共感をしたいと思っているのを示すことにもつながる。
- **例外探しのクエスチョン**は、サービス利用者に対し焦点となっている問題を突破した経験、あるいは、少なくともそれがなかった経験を報告するよう求める。例えば、直近の5日間のうちの2日学校を欠席している若者を援助している時に、ワーカーは「学校に行けた3日間は、他の日と何が違いましたか」と尋ねるであろう。コーピングの質問と同様に、例外探しの質問は、個人が直面している問題に焦点を当てる方法にチャレンジし、その代わりにその問題の例外に注意を向ける。我々は人々が自分たちに役立つ解決策を身につけるのを手助けする方法として例外を使用できるのである。
- **スケーリング・クエスチョン**は、サービス利用者に自分の経験を採点するよう求める。例えば、ワーカーは「1点から10点の段階を作って、1点をとても不安に感じ、10点をとても穏やかな気持ちだとすれば、今日のあなたの不安は何点か教えていただけますか」と尋ねるかもしれない。スケーリング・クエスチョンは、問題を「外在化」できる。外在化とは、ワーカーも援助を受けている人も、問題をクライエントの外部にあるものと見るようにすることである。そして、そのことによって、我々はその問題が、その人の不可欠

な一部であるかのように見るよりも、より変えやすいものとして再概念化することがしやすくなるのである。例えば、我々は自分自身を「心配症な人」と見るのではなく、不安と闘い、時には不安を打ち負かしている人として再概念化するであろう。
- **ミラクル・クエスチョン**は、サービス利用者を何も問題がない状態に導く。「ミラクル」という用語は、ワーカーがクライエントに自分の問題を一歩ずつ分析させるのではなく、むしろ完全に異なる状況を想像させることを指して使われている。例えば、ワーカーは「明日、この悪夢が消えていたら、あなたの生活は今とどのように違っていますか」とか「今夜奇跡が起こったら、明日の生活はどうなりますか」と尋ねるかもしれない。ミラクル・クエスチョンは、コーピング・クエスチョンや例外を探す質問と同じく、病理や失敗への焦点化に対抗することを目的としている。またそれは、ワーカーとしての我々と、我々が援助している人々が、現在の問題を理解するのと同じように、今までとは異なる、より肯定的な未来を創造することに、多くの時間を費やせるようにすることを意図している。

同情と共感の表明

　多くのソーシャルワークの脈絡において、ワーカーによる同情と共感の表明は、サービス利用者に関心を持っていることを伝えたり、彼らの状況を理解するために重要である。このような考え方は、サービス利用者との間にラポールを構築するのに役立つ。
　同情とは他者の経験を認め、それによって心が動かされることである。例えば、若い母親から子どもを卒業させるための苦労話を聞いて、ソーシャルワーカーはその若者の苦労の大変さに対し「それは本当に大変だったでしょうね」といった言葉で同情的に意見を述べるかもしれない。同様に、サービス利用者が最近、死別したことを聞いて「ご愁傷さまです」と言うかもしれない。同情するとは、相手が体験したり、表明している困難を私は聞いていますよということを示すことである。同情は「受動的な理解である。というのは、同情は、同情する側が相手が体験し、表明したことを単に観察し、表明し返すだけのこ

とだからである」と説明されている（Trevithick, 2005, p.154)。例えそうだとしても、同情的な応答は、他者の体験を認めようとする我々の熱意を示すのに役立つであろう。一方で、過度の同情は有害かもしれない。というのは、そのようにされると、サービス利用者は、ソーシャルワーカーは彼らの状況を「本当には理解」していない、あるいは「確認できていない」と結論づけるかもしれないからである。

次に、共感するとは、積極的にサービス利用者の痛みや困難の経験を想像し、想像するなかで、それらを体験しようとすることである。共感することによって、我々は相手の立場に立って、我々が想像した彼らの経験を我々の体験として反映させるのである。共感は、しばしば、同情よりも能動的だとみなされている。というのは、共感するためには、我々はより深くサービス利用者の体験に入り込むことが必要だからである。共感の示し方には多数の要素がある。

- サービス利用者の体験を確認する。
- サービス利用者にとって、その体験はどのようなものかを想像する。言い換えると、サービス利用者の実体験に入り込む。
- 想像上でサービス利用者の世界に入り込んだことからわかった理解を言葉にする。
- その理解をさらに探求する機会をサービス利用者に提供する。

以下の例は、同情的対応と共感的対応の違いを示している。

実践例

サービス利用者：「診断を受けて以来、私は何もできないように感じています。モチベーションがありません。何もかも殺風景に見えます。」
実践者の同情的反応：「残念ながら、それは大変ですね。」
実践者の共感的反応：「そんな診断を受けたら、悲しいし、恐ろしいですね。どうなるかわからない未来に立ち向かっていくための理由を見つけることは、そんなに簡単なことではないですよね、違いますか。」

私が共感的対応を質問形式で終わらせているのは、サービス利用者が、あなたの状況に対する理解を修正する機会を提供することが重要だと考えているからである。このことは、話の終わりに、修正は歓迎されることを示すために声の調子に変化をつけたり、「私はあなたのことを正しく理解できていますか」というような直接的な質問をすることで達成される。

次はあなたの番です…

同情的対応と共感的対応の展開

　以下のサービス利用者の話を考え、その話に対する同情的対応と共感的対応の展開を考えてみましょう。

- 夫の敵対的な言葉がますます激しくなってきている若い女性の話

　「ロブは最近ますます本当に怒るようになってきています。そして、昨夜、暴力を受けた後、私は家に帰るのが恐ろしくなってしまいました。」

　同情的な対応：

　共感的な対応：

- 団地に住むコミュニティメンバーの話

　「この団地は住むには絶好の場所でしたが、今は安らぎが得られません。私は、10代の子どものいるすべての新しい家族に出て行ってほしいと思っています。彼らは近隣を台無しにしています。」

　同情的な対応：

　共感的な対応：

強さと共感の限界

　共感を示すことは効果的なソーシャルワーク実践の基盤であると広くみなされている。というのは、それはサービス利用者への思いやりを示し、ラポールを構築し、そしてサービス利用者の体験を他者がどう見ているのかについての

サービス利用者の洞察を促進できる可能性があるからである。トレビシック（Trevithic, 2005, p.155）は次のように述べている。

　　自己理解につながる可能性が大いにあるので、他者に理解されることは非常に重要なことである。自己理解は生涯続く課題であろう。すなわち、それは、我々が専門職としてかかわるわずかな時間よりも長い。しかし、それは束の間のことかもしれない。いずれにせよ、この自己探索の過程における我々の役割は非常に重要なものであろう。

　多くのソーシャルワーカーは、特に個別実践とグループワークの実践において、共感を示すことが変化を達成するために不可欠であると考えている。我々が共感をしている時に、サービス利用者やコミュニティメンバーは直面している難題を探求できる安全な空間を作られているのである。
　共感を示すことは、コミュニティ実践や政策立案の脈絡においても重要である。しかしながら、マクロ実践の脈絡で共感について書かれたものはかなり少ない。しかし、共感は、政策立案の過程において、コミュニティメンバーやその他の参加者に対して、あなたが彼らの意見のポイントを理解していることを示すためにも、マクロな実践の脈絡においても重要なのである。実際、コミュニティワーカーや政策立案者が問題に関する広範な立場に対して共感が示せなかったら、特定の利益追求グループや特定のコミュニティの「まわし者」と感じさせてしまう危険性がある。共感は、コミュニティ内の違いや、政策の成果についての意見の違いといった違い間の交渉をする上でも重要である。つまり、共感は、コミュニティや政策の問題に対して実行可能な解決を達成するためにも重要なのである。
　ワーカーが共感を示すための能力を持っていることが、提供されたサービスに対してサービス利用者が満足するかどうかを決める重要な要因であることが示されている（Maiter et al., 2006; Trotter, 2002）。ワーカーによる共感の使用は児童保護における肯定的な成果につながっている。例えば、子どもが短期間の保護を受けると、家族はより前進できるのである（Trotter, 2004参照）。一方、家族や個人に対して審判的な話をするワーカーに見られる共感の欠如は、少年

犯罪者の間で、ケースヒストリーを見て予想できるよりも、かなり高いレベルで犯罪が続いているという否定的な結果につながっている（Trotter, 2006）。

　共感を示す能力の重要性は十分に認められているが、調査研究は、共感の使用に関していくつかの問題を指摘している。1つ目は、ワーカーによる共感の不適切な使用は、一部の状況でサービスの否定的な結果につながっているということである。例えば、少年犯罪の研究について、トロッター（Trotter, 2006）は、高いレベルの共感を示すワーカーは、サービス利用者に対して、反社会的な行動も含めて、サービス利用者の行動を理解しているだけでなく、支持しているとの誤解を与えてしまうかもしれないと結論づけた。トロッター（Trotter, 2002）は、ワーカーはサービス利用者に対して、共感的なアプローチと肯定的なアプローチを組み合わせ、明確な期待と意思を持って、穏やかに虐待やネグレクトの疑いのある家族に向き合うことが必要であると述べている。

　さらに、トロッター（Trotter, 2004, p.137）は、共感は、サービス提供者側の持っている明確な目的と、さらには「社会のためになる（prosocial）」視点とつながっているべきであると述べている。社会のためになる視点とは、あなたがサービス利用者とともに達成しようとしている目標と一致した行動や態度を強化すること、例えば、暴力の減少、学校への出席の増加、それから反社会的、犯罪的な発言や行為の抑制を意味している。トロッター（Trotter, 2004）は、サービス利用者とのコミュニケーションにおいて、社会のためになる態度を促進するための4つのステップを明らかにしている。

1. ワーカーが、例えば、子育てグループ活動に参加するといった、サービス利用者やコミュニティメンバーによる社会のためになる態度や行為を明らかにする。
2. ワーカーが、例えば、社会のためになる態度や行動に気づかせたり、賞賛したりすることによって、それらに報いたり、奨励したりする。
3. ワーカーが、例えば、敬意を表したり、時間をきちんと守ったりして、社会のためになる行動のモデルを示したり、彼らがサービス利用者に対してどうかかわっているのかについて話をする。

4. ワーカーが、例えば、「みんなやってることだ」「誰も傷つかないからいい」というような反社会的、あるいは犯罪を進めるような発言に立ち向かう。

　共感のさらなる限界は、共感には、我々がサービス利用者に対して過剰に同一視することにつながる可能性があること、そして、そうすることで、我々は他者へ危害を加えるかもしれないサービス利用者のそぶりや行動に対処できなくなるかもしれないことである。児童保護の仕事における過剰な同一視の問題について記述したキレン（Killen, 1996, p.793）は、過剰な同一視を次のように定義している。

　　それは投射的同一視の一形態である。すなわち、そのような状況では、我々は我々自身の感情や資質を両親に投射したり、あるいは我々が持っていると信じている我々自身の感情や資質を子どもに投影することである。その結果、両親や児童の現実に共感しなくなったり、それに直面しなくなったりするのである。

　過剰な同一視を回避することは特別な難題である。というのは、共感を示せるかどうかは、本質的に、サービス利用者の履いている靴で歩いたら、どのような状態なのかを想像する我々の能力次第だからである。我々がサービス利用者と同じ状況に直面したら、どのように感じ、どのように反応するかを考えておくと、我々自身のものとはまったく異なるサービス利用者の動機づけや態度をわざわざ理解しなくてもよくなる。言い換えると、我々は、実際以上に、我々自身とサービス利用者がより積極的な動機づけを持っていると考える傾向にある。最も問題となるところであるが、過剰な同一視をすると、我々は、不注意であれ、故意であれ、サービス利用者がどのようにして、他者を傷つける態度を保持したり、そのような行動をする行為に関与したりしているのかを理解できなくなる。例えば、もし我々が適切な環境が与えられていれば、すべての親たちはきちんと子どもを世話するものであるという信念を持っているとすると、子どもを本当に危険な目にあわせている少数の親もいることは理解できなくなるであろう。同様に、少年犯罪者の暴力行為は彼らの絶望的な状況の表現

だと信じてしまうと、被害者の体験を軽く見てしまい、さらに加害者に暴力的な意図があったことも軽視してしまう可能性がある。同僚や専門職のスーパーバイザーとともに批判的に熟考することは、サービス利用者と過剰に同一視し始めた時を認識するのに役立つであろう。そして、それは我々が想像している利用者の現実ではなく、彼らの本当の「現実」に直面するのに役立つであろう。そして、当然のことではあるが、スーパーバイザーは自分自身が実践の状況に巻き込まれない能力を持っていることが重要である。スーパーバイザーも同じ実践の状況にかかわっていたり、それに対して意見を持っている場合に、この点が問題となる。したがって、外部のスーパービジョンを求めることが必要な場合もあるであろう。

チームにおけるコミュニケーション

　ここまで、私はサービス利用者やコミュニティメンバーとの直接的な実践におけるコミュニケーションスキルについて考えてきた。ここからは、チーム環境におけるコミュニケーションに話題を変えたい。ソーシャルワーカーがしばしばチームで働くことを考えると、チームのなかでうまくコミュニケーションできることは極めて重要である（Martin and Rogers, 2004）。共通の学問基盤を持っているチームもあるが、多くの保健福祉サービスの脈絡においては、チームは多職種で形成されている。「多職種（multidisciplinary）」と「学際的（interdisciplinary）」という用語は「共通の目的を共有しているが」、それらの目的を達成するために「別々ではあるが、補足的な貢献をする、異なる教育的背景を有する個人からなるチーム」を表している。（Leathard, 2003, p.5 に引用された Marshall et al., 1979）。

　直接的な実践の成果を高めるのに、チームには多くのよい点がある。チームはメンバーが実践の状況を批判的に熟考するための機会を提供し、さらに、多職種チームのなかで、補完的な専門的知識やスキルを実践に適用する機会を提供する（Anning et al., 2006; Leathard, 2003; Martin and Rogers, 2004）。しかし、チームには多くの難題もある。それらの難題には、チームメンバー間における目的意識の違いへの対応、目的達成へのチームメンバーの貢献を平等に認める

こと、権限と権威についての葛藤、そしてチームメンバー間の負担の分担に関する葛藤が含まれる（Anning et al., 2006; Leathard, 2003）。これらの難題があるにもかかわらず、ソーシャルワーカーとして、我々はチームのなかで働くことが多い。そして、チームのなかでコミュニケーションをとる我々の能力は、個人としての我々に影響を及ぼすだけでなく、我々が援助するクライエントとともに働き、またクライエントのために援助する我々の能力にも影響を及ぼすであろう。

　チーム内で効果的にコミュニケーションするには、我々がチームの目的をはっきりと意識しておくことが必要である。これらの目的の性質は、組織間または組織内で異なる傾向がある。（Anning et al., 2006）。例えば、児童保護サービスにおけるチームの目的は、精神保健サービスのものとは異なるであろう。それ故、あなたがチームの一員に加わる時には、あなたが実習生であるかワーカーであるかにかかわらず、組織の使命をよく知り、組織のどういうところがその使命にかなっているかもよく理解しておくことが重要である。そうするためには、組織の使命、政策、そして使命を達成するための手順について、その組織のフォーマルな表明をよく見ておくことも重要である。しかしながら、これらのフォーマルな表明は全体の一部のみを示しているにすぎない。あなたの組織とチームの目的を理解するためには、所属する組織やチームメンバーをよく観察し、彼らに対して、彼らが組織とチームの使命をどう理解しているかについて話すことが必要である。

　チームにおける我々の役割についての明確な意識を持つことは、チームとの効果的なコミュニケーションのためにも重要である（Quinney, 2006）。もしあなたがチームの実習生か新人ワーカーであるならば、役割は確立され、チーム内には、あなたがソーシャルワーカーとしてチームのために果たすべき役割についての合意が何らかの形で形成されていることが多いであろう。あなたの役割についてはフォーマルな形で示されているかもしれない。それは、時に職務分担表とも言われている。役割の具体的な要素がはっきりと示されているかもしれないが、明確には示されていない具体的内容もあるであろう。それらは、期待はされているが、具体的には示されていない役割である。例えば、いくつかのチームでは、ソーシャルワーカーに対して、精神的にきつい業務について

いるチームメンバーの精神的な支援に関するニーズに対応することが期待されているかもしれない。我々は、実践の脈絡内で、他のソーシャルワーカーを観察することによって、また我々の役割への期待についてチームメンバーと話し合いをすることによって、ソーシャルワーカーの役割に暗に含まれている具体的内容に対応できるようになるであろう。

　チームにおける我々の役割を明確化することに加えて、我々は我々の役割の具体的内容について交渉をする必要があるかもしれない。特に、役割に関する交渉はしばしば緊張の源となる。特に、多職種間における交渉は大変である（Leathard, 2003）。しかし、チームメンバーが分担している目的の達成に最大限の貢献ができるようにするためには、交渉が必要となる。例えば、ソーシャルワーカーとして、我々も我々の役割について交渉をする必要がある。というのは、我々の役割に関する既存の役割規定が、役割に関連して我々が身に着けているすべてのスキルを反映していないかもしれないし、その規定のままでは、我々のスキルを行使することができないこともあるからである。我々の役割について交渉する際には、我々がチームメンバーとともに我々の役割に対する期待を明確に知り、さらに我々が他のチームメンバーの役割を理解しておくことが必要である（Quinney, 2006）。役割についての交渉には、ソーシャルワーカーとして、あなたが持っている知識やスキルの範囲についてチームメンバーを教育することも含まれているかもしれない。例えば、我々はソーシャルワーカーとして、広範な実践方法を使用する力を持っていることをチームメンバーに示すことも含まれるであろう。

　役割の明確化以外に、我々が働いているチーム内でのコミュニケーションを高める方法がある。それらの方法のなかには、我々が実践しているチーム内でのコミュニケーションの規範に気づくことと、それに対応することも含まれる。ほとんどのチームは知識基盤の共有を発展させ、チーム内でのみ認識されている言葉、例えば略語を持つ傾向がある。ソーシャルワーカーはしばしば他の専門職の言説が支配している組織で働いている。そして、そのような脈絡では、我々はチームとコミュニケーションをとるために、新たに専門用語を学ぶことが必要になる。例えば、保健の場で働いているソーシャルワーカーは、しばしば生物医学の専門用語に習熟しておくことが必要になる。そうすることで、ワー

カーは患者や家族にそれらの用語をわかりやすく説明することができるし、チームとも確実にコミュニケーションできるようになるのである（Opie, 1995）。

　我々は、チームミーティング、ケースカンファレンス、そして書面のケース記録を含む、チームにおけるコミュニケーションのさまざまな点に注意を払うことが必要である（Opie, 1995）。これらの脈絡のそれぞれにおいて、我々がチームで共有されている目的を理解していることを示したり、コミュニケーションを通じて、例えば、情報を提供したり、意思決定の過程を支援したりすることで、我々が目的の達成を支援していることを確実に示すことによって、チームとのコミュニケーションを促進することができる。専門職チームとのコミュニケーションにおいては、我々は我々の仕事の専門職としての特性を傷つける用語は使わないようにするべきである。例えば、サービス利用者の家族との相互作用をチームメンバーに説明する際には「おしゃべり」よりも「面接」や「会話」という表現を用いるようにするべきである。

　最もよい状態のチームであれば、非難されることのない環境のなかでチームメンバーの意見を再検討する機会を提供したり、チームの集団的な洞察に基づいて知識を構築する機会を提供することによって、実践についてよく考えることに貢献ができる。しかし、チームとはオープンなコミュニケーションを維持することが困難な脈絡である。というのは、専門職が異なる意見を持ち、衝突することや、チームにかかわる制度的な取り決めがチームメンバーを取り巻くそれぞれ専門職による制度的取り決めが異なっていることによって、チームメンバー間の競争が促進されたり、一部の専門職が他の専門職を支配するようになる可能性があるからである（Leathard, 2003; Quinney, 2006）。これらの難題は保健や福祉サービス制度の避けられない特徴であると考えられるが、チームでの効果的なコミュニケーションを支援するために、我々にできることは他にも多くある。ソーシャルワーカーとして我々が貢献できることを明らかにする一方で、オープンで、丁寧なチーム内コミュニケーションを支援するために使用できる戦略とスキルには次のものが含まれる。

● チームと適切に話し合い、適切な情報をオープンにして共有する。例えば、

ケース記録はタイムリー、かつ正確に書き終えられるべきであり、直接的な実践を通して得られた情報と知見は、ケースカンファレンスのような意思決定の場に持ち込まれなければならない。

- チームミーティングのために十分に準備し、時間を厳守することで、またチームの成果の達成を確実に支えることによって、我々がチーム内の役割を果たす上で十分に頼りになることを示す。例えば、我々の役割にサービス利用者の家族と連携することが含まれているのであれば、チーム内で意思決定するのを援助するために、サービス利用者の家族の状況について、チームに必要な情報を入手しておくべきである。
- 他のチームメンバーの意見を聞き、また他者に他のメンバーの意見を聞くように促す。それは他者の邪魔をしないようにしたり、彼らが提示している情報や彼らの意思決定の過程をよく調べることによって行える。
- 身近な実践におけるエビデンスを基盤にして、また利用可能な最善のエビデンスに基づいて、自分の意見を主張し、さらに敬意を持ってそれを実行する準備をしておく。
- チームメンバーの対立した意見に直面した時には、我々自身の立場を修正するための準備をしておく。よりよい意志決定ができるのは、非審判的な状況のなかで、個人が自分の実践を合理的な精査にかけられる場合であるということが繰り返し示されている（Munro, 2008）。
- 妥協することでチームが目的を達成することができると思った場合には、チームメンバーと妥協する準備をしておく。
- 専門用語、特にチームメンバーになじみのない専門用語の使用を制限すること、またチームメンバーに実践上の詳細な問題について常に情報が伝わるようにしておくことによって、排他的でないコミュニケーションを促進する。
- チームの目的の達成のために、既存のコミュニケーションのチャンネルの効果をよく考える取り組みを始める。例えば、我々はチームメンバーとともに、どうすれば、ケース記録の質を改善し、このコミュニケーションの方法でチームメンバー間の意思決定をするに際してよりよい情報を提供できるのかを話し合うであろう。

公的な脈絡での効果的な話の仕方

　多くのソーシャルワーカーは、法廷に出廷したり、市民集会で情報を提示したり、助成団体に対して資金助成を要望するといった公的な脈絡で話をするために呼ばれている。後になって、メディアに出るよう求められるかもしれない。しかしながら、本書はソーシャルワーク実践の基礎的なスキルに焦点を当てているものなので、ここでは多くの資格を取得したばかりのソーシャルワーカーに必要となる話し方のスキルの例を示すにとどめる。例えば、法廷での話し方や市民集会での情報の提示の仕方である。ソーシャルワーカーとして、あなたが話すことを要求される公的な脈絡はさまざまであるが、すべての場面にわたって効果的に話をするための共通するルールがいくつかある。

　公的な脈絡において効果的に話をする方法には、聴衆が信用できる明確なメッセージを示すことが含まれる。準備は効果的なコミュニケーションにとって不可欠であり、3つの要素が含まれる。まず1つ目の要素は、聴衆のことを理解しておくことである。この際の中心的な疑問は「我々の話を聞いてくれる主な聴衆はどのような人か」ということである。例えば、法廷であれば、主な聴衆は判事や裁判官であろう。自分たちの聴衆が明確になれば、次に、彼らは何を知っているのか、また彼らが我々に期待しているのは何であるかをよく考えることが必要になる。例えば、法廷において、判事は関連する法律を知っており、判事が法的な判断をするのに役立つようなサービス利用者と彼らの状況に関する質問に答えてくれることを期待しているであろう。公的な会議の脈絡では、我々は会議に出席する可能性が高いのは誰かや、彼らにとって最大の問題は何かについて検討しておくことが必要である。我々が聴衆と彼らの関心を理解していることを示すことが、彼らと効果的に取り組むための基盤となる。

　次に、2つ目の要素は、聴衆に対し我々のメッセージの可視化を促進することである。写真の使用、（地域の問題に影響を受ける人々の実際の人数などの）数値化された情報、比喩は役に立つ。法律上の脈絡においては、法廷で我々の仕事の脈絡とサービス利用者の脈絡を簡潔かつ明瞭に伝えられることが重要である。法廷で必要となるサービス利用者についての重要な情報には、現在の生

第2章 専門的コミュニケーションのスキル

活状況や家族の状況、また彼らの直面している問題の特質、それらの問題に対処するために、サービス利用者とともに我々が進めてきたステップ、うまく行った領域と継続している問題、そして現在のインターベンションの計画が含まれているであろう。

　我々は、法廷の場よりも、市民集会で聴衆に対して視覚イメージを提示する機会をより多く持つ傾向がある。コミュニティの関心となっている場所の写真、人口統計のデータ、そして研究結果のような視覚イメージによる情報の提供は、参加者間で議論するための共通基盤を構築するのに役立つ。イメージや調査研究のデータを使用すると、議論を刺激することができるが、あまりに多くの情報によって参加者を圧倒しないことが重要である。

　公的な場で話をする際の効果的なコミュニケーションに関する3つ目の要素は、話しをする過程に注意することである。コミュニケーションの過程は、脈絡に対して適切である必要がある。法廷では、事例の使用が制限されており、尋ねられた質問に直接答えることが重要である。必要に応じて、判事／裁判官、あるいは弁護士が、さらに重要な点を説明することを要求することもある。これとは対照的に、市民集会では、聴衆を巻き込むことが効果的である。これを行うための方法をいくつか以下に示す。

- 会議の参加者に会議にどのような期待を持っているかを尋ねる。大規模な会議では、人々に期待を話してもらうための戦略を検討しておくことが必要であろう。例えば、会議に先立って調査したり、期待をノートに書いてもらうようにお願いをする。そして、それらをミーティング時に公開するために郵送してもらえばよい。
- 会議で質問する特定のポイントを作成する。会議中に一定の間隔を置いてそのようなポイントとなる質問をするとよいことが多い。特に、1時間以上の会議の場合はそれが役に立つ。また、グループ全体から質問を募る前に、参加者に対して、それらの質問についてお互いに話し合うように求めることも役に立つ。小さなグループで話し合おうとするこのアプローチは、人々が参加者にとって最も建設的な方法で質問を考えるのにも役立つ。
- 会議の一部としてパネルディスカッションを行う。そして、そこでは、さま

69

ざまな意見を代表するパネラーを選ぶ。これは、さまざまな意見に基づく議論を刺激する助けとなるであろう。

結論

ソーシャルワーカーは、個々のサービス利用者、家族、グループ、コミュニティメンバー、チームメンバーや一般市民を含む広範囲の人々と話し合う。あらゆる形態のソーシャルワークは、コミュニケーションのスキルを共通の基盤としている。しかしながら、我々がこれらのスキルをどのように使用するかは、我々が働いている脈絡、目的、実践方法に応じてさまざまである。ここで説明をしてきたコミュニケーションスキルは、私がこの本の残りの部分で紹介するさまざまな実践方法の基盤となる。

振り返り問題

1. ソーシャルワーカーが実践において上手に傾聴することが重要なのはなぜですか。
2. 非言語的コミュニケーションは、多様な文化グループの人々を効果的に援助するためのソーシャルワーカーの能力にどのように影響しますか。
3. 観察がソーシャルワークにおけるコミュニケーションにとって重要な一部分なのはなぜですか。
4. チームで働くことの利点と難題は何ですか。チーム内において、オープンかつ敬意のあるコミュニケーションを促進するための３つの戦略を示してください。

批判的熟考問題

1. あなたがうまく話を聞ける状況と、あなたの聞く能力が損なわれる状況について考えてください。それらの状況の違いは何ですか。ソーシャルワーク実践において、あなたが上手に話を聞けるようになるために、あなたには何が

できますか。
2. ソーシャルワーカーとして働くかもしれない実践の場面を考えてください。この実践の脈絡において、サービス利用者に共感する際に、あなたはどのような難題に直面するでしょうか。どのような状況だと、あなたはサービス利用者と過剰な同一視しやすいでしょうか。どのようにすれば、実践において肯定的な成果を達成するのに役立つ方向で共感できるようになりますか。

実践的演習

1. さまざまなタイプの質問の仕方を体験するために、次のような状況のロールプレイをしてみましょう。

コミュニティに戻るためには健康上に問題がある人々を援助することがあなたの役割に含まれています。病院のリハビリテーション病棟であなたが働いている状況をイメージしてください。あなたの役割の一部には、患者が自宅とコミュニティで受けられる支援のレベルを評価することも含まれています。このロールプレイでは、在宅生活を送っている75歳の寡婦、ベティ・ミラーさんをイメージしてください。彼女は、自宅で転倒し、股関節骨折の治療を受け、2週間後に帰宅することになっています。転倒の後、彼女は、移動できず、助けを求める電話にもたどり着けないまま一晩を自宅のフロアで過ごしました。リハビリテーションチームは、いつでも身に着けることのできる緊急アラームを用意し、住宅改修の計画も立てましたが、ミラーさんは自宅に戻るのが不安でした。チームの他のメンバーは、彼女は社会的に孤立しているように見えるので、単に転倒に対してだけでなく、独居の生活に戻ることにも不安を感じているのではないかと考えています。

このロールプレイにおけるあなたの目的は、ミラーさんとともに自宅に戻ることに伴う問題を探求することです。まず第一に、閉ざされた質問を使用してこれらの問題を探求してみましょう。閉ざされた質問の使用が相互作用にどのような影響を及ぼすかに注目します。次に、開かれた質問をより多く使用して、さらに次のタイプの質問を少なくとも2つ使用して、再度ロールプレイを行ってください。質問のタイプは、コーピング・クエスチョン、例外探しのクエスチョン、スケーリング・クエスチョン、ミラクル・ク

エスチョンです。これらの質問は、ミラーさんとの相互作用にどのような影響を与えるでしょうか。

2. あなたはコミュニティソーシャルワーカーとして働いています。隣保館のコミュニティグループのためのコミュニティガーデンを作るために、小区画を購入する可能性について話し合うコミュニティ・ミーティングを実施するようあなたに依頼があったことをイメージしてください。あなたは、コミュニティガーデン委員会の会長から、このプロジェクトの由来とさらなる協議計画の概要を説明するために、10分間の開会の講演を準備してほしいと依頼されました。あなたの開会の講演を有益で、魅力的なものにするために、あなたはどのような段階を踏んでいきますか。

パート2　個人の援助

　多くのソーシャルワーカーは個人を援助している。また、一般の人々は、ソーシャルワーカーは自宅、あるいは、ソーシャルワーカーのオフィスで面談をしていると思っている。パート2では、個人への実践方法に焦点を当てている。図で示されているように、これらの実践の方法は、ソーシャルワークという専門職の中核要素を形成するものであるが、メゾ、マクロの実践方法ともつながっている。しかし、それらとは異なるものである。

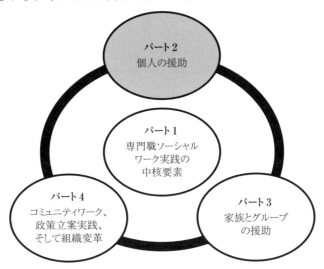

　パート2は2つの章から構成されている。第3章で、ソーシャルワーカーがどのように個人の生活問題を解決するために個人を援助しているかについて概要を述べる。私が着眼した点は、法律で強制されているが故にソーシャルワークサービスを利用した個人ではなく、自発的にソーシャルワークサービスを利用する個人への実践である。私がここで言及する実践方法はソーシャルケース

ワークとカウンセリングである。これらの方法を明確にし、ケースマネジメントや臨床ソーシャルワーク実践といった他の形式の人間関係援助との類似点及び相違点を説明する。

　第4章では、法律で強制されているが故にソーシャルワークサービスを利用する個人への実践について要点を述べる。ここでは強制される個人（法律で強制されたが故にソーシャルワークサービスを受ける個人）への援助を行うというソーシャルワーカーの役割の二面性と、ソーシャルワーカーが法律で定められた援助的な側面と社会統制的側面のバランスを保つために用いることのできる方法論について述べる。加えて、ソーシャルワーカーがリスクや、サービス利用者の生活にインターベンションすることに対するサービス利用者の抵抗を扱う一方で、ソーシャルワーカーがサービス利用者の安全を確保するために、どのような取り組みをしているのかについて考察する。また、2つの章で、私は第1章で説明したエンゲージメント、アセスメント、インターベンション、事後評価そして終結の段階が、本書のこの部分で説明する人間関係実践の方法にどのように適用されるのかについて説明する。

第3章
個人が生活問題を解決するための援助

　多くのソーシャルワーカーは、人々が生活上の難題に取り組むのを手助けするためにそれぞれの個人を援助している。これらの難題は、人生の節目、個人的な危機に対処すること、あるいは病気のような慢性的に困難な状態に直面しながらも何とか生活していくことなど多岐にわたる。本章では、ケースワークの援助を受けることを強制されていない個人への人間関係援助を考察する。本章で焦点を当てた人間関係援助の具体的な方法は、ソーシャルケースワークとカウンセリングである。ソーシャルワーカーはこれらの方法を悲しみや喪失などの生活問題に対処するために専門職者からの援助を自発的に求める個人を含め、さまざまな状況で活用している。サービス利用者はソーシャルケースワーク、あるいはカウンセリングのサービスを、保健福祉サービスの脈絡に位置する多職種チームによって提供される一連のサービスの一部として受けることも可能である。本章で、私はソーシャルケースワークを明確にし、ソーシャルワーカーや他の援助を行う専門職が携わるその他の形式の人間関係実践との比較を行う。ソーシャルケースワークの歴史とソーシャルワークの実践方法としてのケースワークに関する重要な議論も考察する。次に、ソーシャルケースワークとカウンセリングの方法の遂行についての概要を述べ考察する。

ソーシャルケースワークとカウンセリングとは何か

　本章では、社会環境における個人への理解と対応にかかわる実践方法であるソーシャルケースワークとカウンセリングに焦点を当てたい。ソーシャルケースワークもカウンセリングも意図的かつ計画的な個人への援助アプローチを含んでいる。ソーシャルケースワークは最初に明確にされたソーシャルワークの実践方法である。メアリー・リッチモンド（1861-1928）は、彼女の代表作で

ある『*社会診断*』（Social Diagnosis, 1917）のなかで、ケースワーク実践のための「科学的」枠組みをまとめた。メアリー・リッチモンドは個人と家族への直接的な実践を指して、「ソーシャルケースワーク」という言葉を用いた。現在では、家族との実践は「ファミリーソーシャルワーク」あるいは「家族援助実践」と一般的に呼ばれることが多く、この実践へのアプローチについては第5章で考察する。また、今日では、個人との実践についての「ソーシャルケースワーク実践」という用語にも異議が唱えられている。シェルドンとマクドナルド（Sheldon and Macdonald, 2009, p.112）は「ソーシャルケースワーク」という用語は「ソーシャルワーカーが過去、長きにわたってしてきたことのエッセンスを示してきた。例えば、彼らは人々や彼らの問題（ケース）に取り組んできたし、それは今でも変わらない。しかし「ソーシャルケースワーク」という用語は、現在ではほとんど耳にすることはなくなった」と述べている。本章では、ソーシャルケースワークという言葉がいまだに多くの保健や社会的ケアにおいて、ソーシャルワーカーの個人への援助の取り組みを表す最適な用語であり、「カウンセリング」や「臨床ソーシャルワーク」といった用語と単純に置き換えることはできないことについて、その根拠を述べる。

　ソーシャルケースワークは、ソーシャルワーカーが生活問題の解決において個人を支援するためにソーシャルワーカー自身によって考案された人間関係実践の方法である。ソーシャルケースワークの焦点は主に、個人にかかわることである。つまり、ソーシャルケースワークの焦点は、個人の社会環境とのかかわり方を変えることによって、個人と社会環境との接点の状態を改善し、また、彼らを取り巻く社会環境にも変化をもたらすことである（Christensen et al., 1999; Fook, 1993; Perlman, 1968も参照）。ケースワーカーは、一般的に、個人と社会環境の相互作用を理解し、改善することを心理学的アプローチと呼んでいる（see Fook, 1993; Germain, 1970; Reid, 1978; Woods and Hollis, 1990参照）。ソーシャルケースワークを、例えばカウンセリングのような人間関係実践と密接なかかわりのある分野と区別するものは、必要に応じて、社会環境を理解し、そこにインターベンションすることに焦点を当てている点である。多くのカウンセラーや心理療法家がサービス利用者の社会環境を理解しようとしていることは確かであるが、彼らのインターベンションの焦点は、環境そのものへのイ

ンターベンションではなく、むしろサービス利用者の環境へのアプローチを変えることである。ソーシャルケースワークとカウンセリングを区別する点で、シェルドン（Sheldon, 1999, p.14）は「カウンセラーは、サービスの提供に取り組んだり、クライエントの社会環境に直接的に取り組むことはない」と述べているが、ソーシャルワーカーはそれをしている。

　ソーシャルケースワークも、カウンセリングも広範な理論の影響を受けている。現代のソーシャルケースワーク実践は、精神力動理論（Woods and Hollis, 1990）、認知行動理論（Reid, 1978）、問題解決理論（Perlman, 1957）、急進的理論（Fook, 1993）、そして解決志向やナラティブ理論（Christensen et al., 1999）を含む多岐にわたる理論的アプローチの影響を受けている。これらのすべての理論は多様な影響を与えているが、その一方で、広範なソーシャルケースワークアプローチ全体で認められているいくつかの共通原則を支持している。

- 取り組むべき問題や懸念への包括的な分析から開始される、ソーシャルケースワークに対する段階的なアプローチを重視している。
- サービス利用者と協働して、関係を持つ目的と、インターベンションの特質についてのはっきりした理解の共有を確立する。
- 直面している問題に自分自身で取り組むサービス利用者の能力を確認し、向上させる。

　しかしながら、多様なソーシャルケースワーク実践の学派を支えている理論的な考え方には重要な違いがある。ケースワークへのこれらの多様なアプローチが異なっている重要な点は、ソーシャルケースワークの「心理社会的」志向性についての解釈のなかにある。例えば、精神力動的ケースワークが心理的な変化、つまり個々のサービス利用者が経験している世界に対する解釈を変化させることに重点を置いているが、ケースワークの批判的アプローチはサービス利用者と彼らの環境間の変化を助長することによりいっそうの重点を置いている（Fook, 1993）。

　ソーシャルケースワークは、多くの人間関係援助の方法と技術を含んでいる。それらの方法と技術は、他の保健福祉サービスの専門職者にもより広く活用さ

れている。そして、ソーシャルケースワークはソーシャルワーク実践の専門的な分野としてみなされているかもしれない。

- **カウンセリング**：「クライエントに対して、より豊かに、そしてさらなるウエルビーングに向かって、生活する方法を探索し、発見し、そして明らかにする機会」を与える人間関係実践の一形態である（British counselling Association cited in Seden, 1999 p.14）。
- **心理療法**：しばしば「治療」と呼ばれているインターベンションである。治療的カウンセリングのような言語的技法や、芸術療法のような創造的技法を用いる。そして、サービス利用者の精神的、感情的あるいは行動的なウエルビーング状態の改善を達成しようとしている（Mojtabai and Olfson, 2008）。
- **ケースマネジメント**：「クライエントを適切なサービスにつなぎ、それらのサービスの利用を調整することを目的とした実践」（Sheafor and Horejsi, 2006, p.60）。ケースマネジメントの目的は、サービス利用者に適切なサービスを包括的に提供することである。ケースマネジャーとしてのソーシャルワーカーには、利用者のニーズと目標をアセスメントし、目標の達成のための計画を立て、サービスの利用をコーディネートし、モニタリングそしてサービス利用を事後評価する責任がある（Roberts-DeGennaro, 2008）。

ソーシャルケースワークと他の人間関係実践

「ソーシャルケースワーク」という用語は「カウンセリング」「直接的な実践」「臨床ソーシャルワーク」を含む他の用語としばしば互換的に使われる。既に述べたように、ソーシャルケースワークはカウンセリング、心理療法またはケースマネジメントを伴うこともあるが、これらのいずれの用語もソーシャルケースワークを十分に説明することはできない。カウンセリングは独立した形式の実践であり得るが、同時にソーシャルケースワーク実践に導入された技法でもあり得る。例えば、ケアサービスで身体的に衰えた高齢者のために働くソーシャルワーカーは悲しみや喪失へのカウンセリングを行い、このような高齢者が自分の状態を知るのを助け、ホステルまたはナーシングホームでケアを受けるた

めの手助けをするであろう。さらに、心理士や看護師といったさまざまな保健福祉サービスの専門職者もまたカウンセリングの方法や技法を使う。一方で、「ソーシャルケースワーク」という用語はソーシャルワーカーによってのみ使われる傾向がある。著者のなかには、「直接的実践」（Boyle et al., 2006参照）という用語を個人、夫婦、家族への実践を指して使っている人もいる。しかしながら、コミュニティワークを含めて、サービス利用者とのあらゆる直接的な取り組みもまた直接的な実践であることを考えると、このような用語の使い方は狭すぎるように思われる。

　臨床ソーシャルワークとケースワークの類似点に関してはいくつかの議論がある。私の見解では、臨床ソーシャルワークは、ソーシャルケースワークと多くの類似点はあるが、重要な相違点もあるソーシャルワークの専門分野である。国際ソーシャルワーカー連盟（NASW, 2005, p.7）は次のように定義している。

　　臨床ソーシャルワークは個人、夫婦、家族、そしてグループの精神的、感情的そして行動的なウエルビーングに第一の焦点を当てる。臨床ソーシャルワークは、心理療法とクライエントの環境との関係に対してホリスティックなアプローチをする。臨床ソーシャルワークはクライエントと環境との関係を治療計画の基本だと考えている。

　臨床ソーシャルワークとソーシャルケースワークの主な類似点はソーシャルワークに取り組むレベルである。すなわち、両者とも、ソーシャルワーク実践は、主に個人、夫婦、そして家族とともに行うものであると説明している。主な相違点は実践の方向性にある。すなわち、心理療法は臨床ソーシャルワーク実践にとって不可欠であるが、必ずしもソーシャルケースワークの一部ではないということである。実際に、「臨床ソーシャルワーカー」という用語はしばしば心理療法士と互換的に使われている。例えば、スペクトとコートニー（Specht and Courtney, 1994, p.125）によると、ほぼすべての個人開業の実践を行っている臨床ソーシャルワーカーは自分自身の仕事のことをソーシャルワークではなく、心理療法と呼んでいる。その上、臨床ソーシャルワーカーは自分のインターベンションを治療と呼ぶので、個人または人間関係の変化に対

する志向性がよりいっそう強調されている（NASW, 2005, p.7）。なお、現在では、他の実践方法にかかわるソーシャルケースワーカーあるいはソーシャルワーカーは、治療という用語をめったに使わない。

　臨床ソーシャルワーカーとは対照的に、ソーシャルケースワークのインターベンションを行うソーシャルワーカーは、サービス利用者の精神内部、あるいは人間関係の世界を変えることに焦点を当てるよりも、むしろサービス利用者の社会的あるいは構造的な環境の変化に焦点を当てるであろう。例えば、病院のソーシャルワーカーは、サービス利用者が彼らのコミュニティにあるホームケアサービスやコミュニティケアサービスをより利用しやすくするために、ケースワークのアプローチを使うであろう。それは、サービス利用者がコミュニティ内で生活の質をより高められるようにするためである。急進的ケースワーカーはケースワークへの心理療法的アプローチを拒絶するように見受けられる。彼らは個人が自分の現状を批判的に分析し、自分の人間関係の環境や幅広い社会構造上の状況を自ら変えられるよう支援することに焦点を置いている（Fook, 1993参照）。

　その他の重要な相違点の1つは、ソーシャルケースワークは多様な実践の場でソーシャルワーク実践者が使う実践の方法であるのに対して、臨床ソーシャルワークは、「臨床ソーシャルワーカー」という特別な職業的アイデンティティにつながっている。例えば、コミュニティソーシャルワーカーや専門職ソーシャルワーカーは、コミュニティメンバーがサービスを利用するのを援助したり、懸念される問題を探求するためにケースワークに携わるであろう。しかし、ワーカーがこの仕事を臨床ソーシャルワーク実践や心理療法と表現することはないであろう。さらに、ケースワークやカウンセリングとは異なり、臨床ソーシャルワークは特別な教育や訓練を受けている実践家とみなされているであろう。例えば、アメリカでは、「臨床ソーシャルワーカー」という用語は臨床ソーシャルワークの免許を有する人を指している。臨床の免許を取得するためには、ソーシャルワーカーは臨床ソーシャルワークを専攻し、大学院以上の課程を修了しなければならず、さらに、この方法に関する資格取得後のスーパービジョンつきの実践経験が課せられる（Gibelman, 1995）。これとは対照的に、多くの国で公認されているソーシャルワークのプログラムには、個人に対する直接的実

践の基本教育を含むことが要求されている。すなわち、すべての有資格ソーシャルワーカーは基本的なケースワークスキルを身に着けているべきなのである。

中心的議論：エビデンス基盤の実践を重視する動向とソーシャルケースワーク

　他のソーシャルワークの実践方法以上に、ソーシャルケースワークの方法はエビデンス基盤に関して多くの挑戦を受けてきた。フィッシャー（Fischer, 1973）によると、ソーシャルケースワークの実践がエビデンス基盤に焦点を当てていること、あるいはそれが欠如していることがよく取り上げられているのは、ソーシャルケースワークがその専門職の最も一般的に使う方法であるという理由からである。また、他の方法以上に、真の科学的な基盤を築き上げたいというソーシャルワーク専門職の希望を持ち続けてきたのもケースワークである。専門職ソーシャルワークの出現過程を熟考して、ジャーメイン（Germin, 1970, p.8）は次のように述べている。

　　慈善組織化運動は、施しを科学的、効率的、予防的にするための手段として1870年代後半に始まった。そして、慈善組織化協会（COS）は次の25年間にわたって発展した。そして、その子孫である現代のソーシャルケースワークはその運動を科学化したいという熱望を20世紀に引き継いだ。

　メアリー・リッチモンド（Mary Richmond, 1917）は、ソーシャルケースワーク実践の「科学的」基盤のアウトラインを示した。そして、ジャーメイン（Germin, 1970, p.10）は、現在では有名になっているメアリー・リッチモンドの著書である『社会診断』は「19世紀の科学と科学尊重主義を反映した前提である『原因の発見が治療方法を明らかにする』」という考え方を基盤にしていると主張した。

　1920年代から1950年代にかけて、精神力動的な考えがソーシャルワークと関連分野を支配した。その最たるものは精神医学であった。例えば、子どもと家族へのソーシャルワーク実践は、この時代の精神力動的精神医学の主要な研究施設であったロンドンのタヴィストッククリニックの仕事に強い影響を受け

た。しかしながら、1950年代になると、ソーシャルワークや、心理学と精神医学といった精神保健サービスといった関連分野でエビデンス基盤の動きが台頭し始め、このような考え方は疑問視されるようになった。1960年台後半までに、過去数十年間にわたって支配的な形式であった精神力動的なケースワークは、ソーシャルワーク実践への科学的な取り組みを行う研究者からの、その正当性に対する重大なチャレンジを受けることになった。1950年代、60年代のケースワーク実践に対する一連の調査研究を熟考した、ジョエル・フィッシャー（Joel Fischer, 1973, p.14）は次のように警鐘を鳴らした。

　研究に取り上げられたケースワークの有効性についての統制されたすべての研究、11件中9の研究が、専門職ケースワーカーは、特別なインターベンション・プログラムがない状態で引き起こされた変化や、あまり徹底したサービスもないなかで、非専門職者が同様のクライエントを援助して引き起こされた変化以上に肯定的で、重要で、測定可能な変化を引き起こすことはできなかったことを明確に示した。……つまり、専門職ソーシャルワークはケースワークの有効性を実証できなかっただけでなく、有効性のなさは、クライエント、問題状況、そしてケースワークのタイプといった複数の領域にわたり、例外というよりもむしろ標準であるように思われることを示した。

フィッシャーの批評が世間一般に知られるようになる前の少なくとも10年の間、ソーシャルワークの科学的な方法に関与してきた人々は、ソーシャルケースワークのエビデンス基盤に対して懐疑的な声をますます高めていった。偶然であるが、このような考えは急進的ソーシャルワークという完全に異なる方向からの疑問と交差していた。すなわち、急進的ソーシャルワークもソーシャルワークの実践方法の1つとしてのソーシャルケースワークの正当性に対して疑問を持っていたのであった。ヘレン・ハリス・パールマン（Helen Harris Perlman, 1968, p.235）の「過去5年ほどの間、ケースワークはソーシャルワークの身代わりになってきた」という宣言からも、1960年代に台頭してきたソーシャルケースワークに対して議論が高まっていたことがわかるであろう。
　多くの急進的ソーシャルワーカーがケースワークの正当性に疑問を投げかけ

る一方で、フィッシャーと、今日ではエビデンス基盤実践の流れ、あるいは経験的実践の流れに属すると見られている学者たちは、ケースワーク実践のための科学的な基盤を築き上げることに取り組んだ（そして、現在も取り組んでいる）。実際に、ケースワークの課題中心アプローチの創始者の一人であるウィリアム J. リード（William J. Reid, 1978, p.5）は、「実践から得られた知恵、あるいは立証されていない理論のような他の情報源から得られた知識よりも、調査研究を基盤にした知識の方が優れている」と主張した。今日でも、エビデンス基盤の実践を重視する流れはソーシャルワーク実践に対して影響力を持ち続けており、多くの研究がケースワークや臨床型のソーシャルワーク実践の有効性に焦点を当ててきている（Fischer and Corcoran, 2007; Sheldon, 1995参照）。この流れは知識の構築への科学的なアプローチに重点がおかれ、とりわけ「実験に基づく方法、無作為に行う臨床試験、シングル・システム・デザイン、そして調査研究の体系的な再考」を好んでいる（Plath, 2006, p.63）。それにもかかわらず、知るための適切な方法を探求しようとする動きのなかには、例えば、効果的なソーシャルワーク実践における質的研究や専門職の知恵の妥当性を認めようとする動きもいくつかある。

　ケースワークとカウンセリング実践に対するエビデンス基盤の実践を重視する流れからの永きにわたる遺産は少なくとも2つある。1つ目は、ケースワークとカウンセリング実践に対する体系的なアプローチが出現し、幅広く受け入れられていることである。ソーシャルケースワークへの初期のアプローチの特徴である終了時期を決めないアプローチ、あるいはクライエント中心のアプローチとは対照的に、ソーシャルワーカーによって行われている今日のケースワークとカウンセリングは、時間を限定しており、アセスメントやインターベンションと関連させた明確な課題をめぐって構成されている。このような方向性になっているのは、一部は、資源の制約に基づくものであり、それがソーシャルワーカー実践を形成しているのである。しかしながら、このような方向性がとられているのは、時間限定的なインターベンションに、比較的、費用面で効果的だということを実証している調査研究のエビデンスにも基づいている（Reid and Shyne, 1969; Reid and Epstein, 1972）。2つ目のエビデンス基盤実践の重大な影響は、すべての実践にとって評価と調査研究が不可欠であること

が強調されている点である。ソーシャルワーク実践にとっての調査研究によるエビデンスが持っている性質とその利用についての議論が続く一方で、現在では、多くのソーシャルワーカーと彼らの雇用主たちは実践の成果を体系的に評価する必要性を認識している。

ソーシャルケースワークへの急進的な立場からの批判

　1960年代から、ソーシャルワーク専門職のなかで、ケースワーク、カウンセリングそして臨床ソーシャルワークに対する急進的な立場からの批判が出現してきた。ソーシャルワークの現代史を通して、人々はケースワークの方法がソーシャルワーク実践の支配的な方法であるとして批判をしてきたのは当然である。例えば、1930年から1940年の間に、バーサ・カペン・レイノルド（Bertha Capen Reynold）が疑問を投げかけたのは、サービス利用者がその時代に直面していた社会、経済的な困難に対する精神分析志向のソーシャルケースワークの適切性に対してであった（Specht and Courtney, 1994）。しかしながら、内容のある急進的批判が各国のソーシャルワークの批評家の間で現れ始めたのは1960年代になってからであった。すなわち、彼らはケースワークの性質と正当性、そして、ソーシャルワーク実践の個人志向の形態の両方に疑問を投げかけたのであった。ケースワークに対する急進的な批判が出現してきたのは、ソーシャルワークに対する社会学的な見地の影響力が再び強まってきたことと、ソーシャルワークの学者の間で、コミュニティとソーシャルワークにおけるソーシャルアクションの方法への関心が高まってきたことと関係しているであろう（Healy, 2005）。ソーシャルケースワーク実践に対する急進的批評家は、フェミニズムや反人種主義運動等の社会運動と同時に、特にマルクス主義や批判的な社会理論のような広範な社会学的な考えを基盤にしている。そして、その目的はソーシャルケースワークと臨床ソーシャルワークの実践に支配的な方法に関する中心的な考えや実践に挑戦することである。

　急進的ソーシャルワーカーは、ソーシャルケースワークや、その他の個人志向型の実践は個人を病気とみなす可能性があることに懸念を抱いている。最大の懸念は、援助活動の第一のポイントとして個人に焦点が置かれるために、あまりにも簡単に、個人や彼らの属する社会環境が問題を生み出したり、それを

解決するための土台と考えられるようになり、そこに焦点が置かれてしまうことである。そのようにして、サービス利用者の生活にかかわっている広範な社会的、構造的な脈絡が無視されてしまうのである（Fook, 1993）。このような共通の懸念の他に、急進的な批判者は2つに分けられる。すなわち、ケースワーク実践の個人志向に疑問を投げかけ、より急進的な見方のケースワーク実践を導入していこうとしている人々と、ケースワークを（そして、個別的なサービス提供の形態を）ソーシャルワークの支配的な形態とみなす考え方の正当性に疑問を呈している人々である。

　1つ目の形の急進的批判者は、ケースワーカー（そして、個別サービスに携わっているその他の人々）がケースワークの心理社会的な土台の「社会的」な側面を軽視したり、無視したりしてきた問題に集中して取り組んでいる。例えば、フック（Fook, 1993, p.19）が主張するのは「ソーシャルワーカーがケースワークの二重の志向性を持つ（心理社会的な）特質を失ってしまった点」である。その結果として、我々は過度に心理療法やカウンセリングの技術のみに依存するようになり、社会的側面をほとんど重視しなくなってしまっている。ケースワークに対する急進的批判は、ケースワーク実践は、過去100年のほとんどの間、実践アプローチの開発において心理学的な考えを優先した結果、方向性を見失ってしまったと考えている（Specht and Courtney, 1994参照）。実は、急進的学派に属さない批評家でさえ、ケースワーク理論の開発において精神分析的な考えが優勢であることに対して疑問を投げかけている。この考え方の土台は、ソーシャルワーカーがこのような考え方に焦点を当てたことが、本来のクライエントである貧困者や深刻な困難を抱えた人々の離反につながったという考えである（Sheldon and Macdonald, 2009, p.23）。改革主義者の急進的な見地からすると、ソーシャルケースワーク実践の問題は取り組みのレベル、すなわち個人にあるのではなく、むしろ個人が取り組みを進める方向にかかわっているのである。この考え方によると、ソーシャルケースワークは、急進的あるいはフェミニスト理論の信条のような批判的な社会科学の考え方を導入することによって改革が可能になる。また、そうすることで、サービス利用者の生活の社会的脈絡へのアプローチをより完全に発展させることを可能にする。

　2つ目の形の急進的批判者は、ケースワークや他の形の個別実践がソーシャ

ルワーク実践の方法として正当なのかと、疑問を投げかけている。これらの批判は、ソーシャルワークを個人志向の援助専門職と区別している「環境の中の人」に焦点化することで、我々は社会志向型の活動により完全に取り組むことができるようになると主張している。例えば、スペクトやコートニー（Specht and Courtney, 1994, p.171）は、ソーシャルワーク実践の主要な目的は、コミュニティの支援を受けている人のサービスを開発し、強化すること、そして参加者が利用できる社会資源を利用できるようにすることであり、したがって、ソーシャルワーカーの主要な働きは、人々を社会集団やコミュニティの活動に引き込むことであると主張している。ソーシャルケースワークがこのような挑戦を受けることになったのは、1960年代の急進的、批判的なソーシャルワークの文献に出現してきたソーシャルアクションの重視と関係している。また、コミュニティディベロップメントがソーシャルワークのますます重要な方法として認められるようになったこととも関連している。とりわけ、この時代では、この専門職にかかわっている多くの人々が、多様な実践方法があることが妥当であると認識するようになってきた。指導的なケースワークの理論家であるパールマン（Perlman, 1968, p.437）は、「ケースワークはソーシャルワークの１つの過程である。すなわち、それは１つの過程にすぎないということである。ソーシャルワークがその目的を実行に移すためのその他の主要な過程は、グループワークとコミュニティワークである」と述べている。

ソーシャルケースワークと新自由主義の台頭

　ケースワーク実践についての第三の議論は、ソーシャルワーク実践の脈絡を改革することである。コミュニティサービスのための公共サービスや公的資金に対する管理主義者的な考えの影響が強まったことにより、サービス提供の仕組みの再編成が進んできている（MacDonald, 2006）。シェルドンとマクドナルド（Sheldon and Macdonald, 2009, p.32）によると、実践に対する官僚的な要求に対応することがますます多くなり、サービス利用者との接触の機会が大幅に減少している。例えば「現在の訪問率は、勤務時間の20パーセント以下になっている」。顔と顔を合わせる実践は行われているとはいうものの、ケースマネジメントに重点を置かなければならず、治療的な関係を深めていく作業や、

第3章　個人が生活問題を解決するための援助

心理社会的な変化を達成するといったソーシャルケースワークの重要な部分にかかわるための機会が減少している。セデン（Seden, 1999, p.2）は「準市場、委託者、サービス提供者、資源、そして成果が過度に重視された結果、現在の関係者はケースワークやカウンセリングといったスキルはもはや必要ではない」と結論づけるようになってしまうかもしれないと述べている。

　要するに、今日のソーシャルワーカーは、ソーシャルケースワークの方法の実行に関して多くの難題に直面しているのである。他のソーシャルワークの実践方法以上に、ソーシャルケースワークは、専門職内部でも批判の対象になってきている。専門職内でもソーシャルワークの実践方法としてのケースワークの性質や正当性に関して合意は形成されていないが、ケースワークに対する議論にはいくつかの共通のトピックがある。例えば、

- ケースワークは個人を援助するための心理社会的アプローチであり、個人と社会環境との間の相互作用を改善することを目指していると定義されており、ケースワークは今でもソーシャルワーク実践の重要な方法である。
- ケースワークはカウンセリング、ケースマネジメント、そして臨床的実践と特徴や技法を共有はしているが、ケースワークという用語をこれらの用語と置き換えて使うことはできない。
- 広範な理論的影響を受けて、現在のケースワーク実践が形成されており、もはや精神力動的枠組みは、この伝統に対して支配的な影響力を持っていない。
- ほとんどの現代ケースワークのアプローチはケースワークに対する構造的なアプローチを含んでいる。そして、ケースワークに不可欠な構成要素として、エンゲージメント、アセスメント、インターベンションや事後評価を行っている。
- ケースワーク実践は時間や資源の制限の影響を受けている。こういった制限があるなかで、ケースワークは実行可能なのかという議論がある一方で、ケースワーク実践で達成できることへの現実的な理解を深めてもらうためにも、ソーシャルワーカーがこういった制限に気づき、サービス利用者に伝えることが必要なことは明らかである。

ソーシャルケースワークとカウンセリングの枠組み

　次に、我々は個人との援助実践について述べてみようと思う。ここで述べるアプローチは、ソーシャルワーク実践の場面でのソーシャルケースワークとカウンセリングの両者と関連性がある。このアプローチの適用範囲は、人生における決断を手助けしてもらうために自発的にカウンセリングを利用する人の援助、クライエントに対してソーシャルワークサービスが保健や社会的なケアの一環として提供される病院や保健の場で行われるソーシャルワーク実践におけるケースワークである。なお、このような場合の実践の目標の一部は保健ケアチームの期待によって決定されるであろう。

　そのためのアプローチは、問題解決アプローチ、ストレングス基盤アプローチ、解決志向アプローチ、そして批判的ソーシャルワーク実践に基づいている。

- **問題解決アプローチ**：特にリード（Reid, 1978）の課題中心ワーク。このアプローチは明確な目的、実践目標の協働的構築、実践目標と期限にしたがった構造化されたインターベンション、そして実践の事後評価の重要性を認識している。
- **ストレングス基盤と解決志向アプローチ**：このアプローチは、問題の探究と、サービス利用者の強さや直面している難題を解決する能力の認識をバランスよく行うことと、将来への実際的な目標と同時に、サービス利用者の希望にも敬意を払うことの重要性を認識している。
- **批判的ソーシャルワークの伝統**：このアプローチは急進的、批判的なポストモダン理論の両方に基づいている。また、このアプローチはソーシャルケースワークの「社会的」側面を重視する。そして、サービス利用者が直面している難題に対して社会的な条件が寄与していることと、サービス利用者が抱えている難題の社会的、構造的な脈絡に取り組むことの重要性をワーカーとサービス利用者が批判的に熟考し、認識することを奨励している。(Fook, 1993; Healy 2000)。フック（Fook, 1993, p.83）が明確にしているように、急進的ケースワークの目的は、「主に、社会構造が問題の状況に影響を与えて

いることを認識させることによって、個人を変化させ、自律させ、そしてパワーを身に着けてもらうことである」。急進的ケースワークアプローチは、実践者に対して、明白な個人的問題と、それらの問題を基盤となり、あるいは助長している社会構造の側面との間のつながりに注意を向けさせるようにしている（Fook, 1993）。

本章で説明しているアプローチは、ソーシャルケースワークとカウンセリングの実践には4つの段階があることを認識している。そして、それらの段階は第1章（図1.2参照）にて説明されている。これらの段階は、エンゲージメント、アセスメント、インターベンション、事後評価と終結である。ケースワークを最初の面談から終了まで続くいくつかの段階に分けて考える方法は、現代のケースワークとカウンセリングの大半の文献において見られるものである。リードとエプスタイン（Reid and Epstein, 1972）は、ケースワーク実践に対する課題中心アプローチの説明のなかで、ケースワーク関係を構成し、目標に焦点化し、合意された結果を確実に達成するために、明確に構造化する過程が重要なことを強調している。リードとエプスタイン（1972）は、事後評価をケースワーク関係の明確な段階の1つとして導入すべきことを主張した初期のソーシャルワークの著者の一人であった。高度なスキルを基盤にした援助に関するイーガンの著作（Egan, 2010）のように、現代の多くのカウンセリングに関する文献は人間関係実践過程における別々の段階を想定している。

サービス利用者にかかわる：ケースワーク／カウンセリング関係の確立

ケースワーク関係の最初の段階には、サービス利用者にかかわっていくことが含まれる。この段階の中心的な目的は、ケースワーカーとサービス利用者の間に目的のある効果的な援助関係を築くことである。ケースワーク実践においてワーカー／クライエント関係が重要だとすると、ワーカーはサービス利用者とかかわるすべての段階で、目的のある効果的な援助関係を維持することに注意を払わなければならない。そうであったとしても、この最初の段階のかかわりは、実践関係の雰囲気を決める上で重要であり、それ故に、この段階がケースワーク実践の残りの段階に大きく影響する傾向にある。

それでは、我々はどのようにして目的のある効果的な援助関係をサービス利用者との間に築けばよいのであろうか。第2章で述べたように、既に、複数の研究が効果的なケースワーク関係の確立とかかわるケースワーカーの行動を明らかにしている。これらの研究は、ソーシャルワーカーが個人的な暖かさ、共感、真実性、そして有用性を示すことの重要性を指摘している（Healy and Darlington, 2009; Healy et al., 2011; Sheldon and Macdonald, 2009）。暖かさ、共感、真実性、有用性／柔軟性を、単に性格や性質としてではなく、具体的な行動として認識することによって、ソーシャルワーカーは必要な時には、このような重要な行動を示すことを学べるのである。このような場合に問題となることの1つはワーカー自身の個人的な性質である。例えば、ワーカーは控えめなやり方を身に着けているかもしれないし、一定の状況ではサービス利用者に対して否定的な反応をしてしまう傾向を持っているかもしれない。ソーシャルワーク実践の価値観の枠組み、特に非審判的な考え方と受容の重視が、暖かく、誠実な取り組みをするための我々の力の強化に役立つが、我々がサービス利用者に対して否定的な感情的反応をしてしまう状況があるかもしれない（事実、そのような傾向がある）。その上、何がそのような感情を引き起こすのかを知ることは困難である。サービス利用者と治療的な関係を深め、維持するためには、ソーシャルワーカーがサービス利用者に対して強い感情の表出を抑えることが重要である。特にエンゲージメントの段階では、それが重要である（Crago, 2008）。スーパービジョンのような感情的に安全な環境のなかでサービス利用者に対する我々の反応を探求することで、我々はこういった反応をしやすい状況を予期することを学び、焦点をサービス利用者の最善の利益に置き続けるために、感情をマネジメントする方法を身に着けることができるようになる。

　数人のソーシャルワーク研究者、特に伝統的な問題解決アプローチを使用して働いている人々（Reid and Epstein, 1972; Reid, 1978; Trotter, 2002, 2004）は、次のような方向性を持っているケースワーカーが効果的なケースワーク関係を形成していると主張している。

- 専門職としての目的を明確にしている。
- 一番の焦点をサービス利用者のニーズと目標に当てている。

● 時間の期限等、関係における制限事項を明確にしている。

　我々は、多くのサービス利用者が好む暖かく、安心できる関係と、ケースワーカーがケースワーク関係において専門職としての限界を設定したいというニーズの間にはバランスが必要なことを理解している。我々には、サービス利用者のニーズに焦点を置くという倫理的な責任があるため、関係は完全に相互的なものではなく、ワーカーにはサービス利用者に対して感情的に巻き込まれないようにする責任がある。例えば、専門職の倫理綱領では、ケースワーカーがサービス利用者に対して性的にかかわることは、サービス利用者に対して不適切で、害を与えるものだと認識されている。

　サービス提供者とサービス利用者の協働という原則は、ほとんどの現代のケースワーク理論や実践において重視されている原則である（Reid, 1978; Saleebey, 2006参照）。ケースワーク実践への批判的アプローチは、これをさらに進めて、ワーカーはケースワーク関係につきものの力の不均衡を認識し、それに取り組むべきだと指摘している。フック（Fook, 1993, p.103）によると「最善の急進的ケースワークの関係は、一人の人の解釈を他者に押しつけるのではなく、印象の交換を通してともに学ぶような関係のなかに見られる」。平等を達成する方法のなかには、関係のなかにある権力を認めること、考えを共有する準備をしておくこと、それらをサービス利用者と話し合うこと、専門用語を避けること、そして自己開示をすることである。そして、まずサービス利用者のニーズに焦点を当てることについては妥協することなく、サービス利用者との共通点を明らかにするような方向で、これらを行うことである（Fook, 1993）。

　それでは、我々はケースワーカーとして、どのようにしてサービス利用者と適切かつ建設的な関係を築けばよいのであろうか。

● まず自分自身で関係の特質をよく理解しておくこと。特に、かかわることのできる時間には限度があること、他の人や機関に対しても責任があることをよく理解しておくこと。そして、それらの限界をきめ細かくサービス利用者に伝えること。時間の限界には、機関が定めている時間の制限や、ケースワーカーの退職によって、ケースワーク関係はいずれ終わるという事実だけでな

く、あなたがサービス利用者にかかわることのできる毎日の時間の限度も含まれている。例えば、あなたの役割は勤務時間中に対応することであろうし、あなたの担当になっている別のサービス利用者のニーズも考慮に入れることも必要であろう。また、我々は裁判所への報告といった第三者に対して責任を持っていることを認めるのも重要である。さらに、我々は、どのようにして、これらの責任についてサービス利用者や第三者と話し合うかも重要である。例えば、我々がサービス利用者に対して報告書についての意見を求めることができる場合もあるであろうし、サービス利用者が追加のコメントが言えるような時間を設定することもできるであろう。

- 適切な言葉を用いて、あなたが行う実践、あるいは取り組みについて説明すること。その際には、暖かさを示しながら、あなたのフォーマルな役割を認識してもらうことと、サービス利用者と協働して取り組みを進めていくことの間のバランスをとって説明することが重要である。例えば、サービス利用者に対して「ちょっとお話しに来ました」と言うことは、あなたの仕事の公的な性格を軽視してしまっているかもしれないし、彼らの生活におけるあなたの役割をも軽視しているかもしれない。したがって、もう少しフォーマルな説明で始めることが適切である。例えば、「私はあなたが退院した後のケアの必要性について、あなたと話し合いたいのです」といった説明が望ましいであろう。

- 理解しやすい言葉を使うこと。例えば、平易な英語を使い、専門用語の使用は避ける。

次はあなたの番です…

あなたは大きな公共団地で家族支援サービスをしていると想像してください。あなたはこれからジョディさんに会うところです。ジョディさんは22歳のシングルマザーで、２人の小さな子どもがいます。ジョディさんは受付係に対して、「もう限界です」と言っていて、彼女が抱えているストレスについて誰かと話したいと頼んでいます。

このサービス利用者とともに取り組みを進める時、あなたは、ケースワーク／カウンセリング関係において、専門職として目的を明確にした上で、暖かく、誠実な共感と、

第3章　個人が生活問題を解決するための援助

有用性／柔軟性をどのようにして伝えますか。

1. あなたはどのような言葉を使って自己紹介しますか。
2. あなたは専門職の目的として、どのようなことを理解していますか。
3. あなたは自分の目的についての考えを、どのように伝えますか（どのような言葉を使いますか）。
4. あなたの外見はどうですか。顔の表情、姿勢や衣服について考えてください。
5. あなたはエンゲージメントの最初の段階で、その他に何を伝えたいですか。
6. あなたはそれをどのように伝えますか。

もし次のようなことがあれば、取り組みへのあなたのアプローチはどのように違ってきますか。

1. サービス利用者の年齢が違っていた場合（このケーススタディの場合だと、ジョディさんよりはるかに年上または年下であった場合）。
2. サービス利用者が女性ではなく男性であった場合。
3. サービス利用者があなたとは違う文化的あるいは言語的地域の出身であった場合。

アセスメント

　アセスメント段階の目的は、サービス利用者とともに、サービス利用者の状況を共通理解し、インターベンションの段階で行う行動の基礎を作り上げることである。環境の中の人というソーシャルケースワークの視点によって要求される人の状況に関するホリスティックな理解には時間が必要になるし、その人が自分の置かれている状況をどう理解しているかと、彼らの社会的な脈絡に目を向けることが必要になる。ケースワーカーには、サービス利用者とともに、ホリスティックなアセスメントを行う以前に、早く問題を解決しなければならないという個人的あるいは組織的な圧力がしばしばかかる。しかし、包括的なアセスメントを行わなければ、ケースワーカーはサービス利用者の状況に対して、不正確で不適切な理解を深めてしまい、サービス利用者を遠ざけ、彼らが直面している問題の解決に十分に取り組めなくなってしまう危険性がある。

アセスメント段階は、普通、ケースワークの場で取り組むべき「問題」や「懸念」を話すことから始まる。当初の問題を明確にすることが、サービス利用者との協働的な関係の基盤の一部となる。その際、ワーカーとサービス利用者の両者が、問題に対して共通の理解をしているとは考えるべきではない。問題に対する共通理解は、ワーカーとサービス利用者の間で常に発展させることが必要である。個人的な問題のためにカウンセリングを求めている自発的なサービス利用者のケースでは、共通理解は「どのように援助していきましょうか」といった開かれた質問から始まるであろう。多くの場合、ケースワークの目標は、少なくとも部分的には制度上の責任あるいは期待によって決定される。エンゲージメントの段階では、ソーシャルワーカーが彼らの役割に含まれている制度上の責任をよく知っていることが重要である。例えば、病院という脈絡では、ソーシャルワーカーは、患者をタイムリーに退院させる責任を担っているであろう。またこの脈絡では、ソーシャルワーカーには、サービス利用者をタイムリーに退院させ、また彼らの保健と社会的ケアに最も適したコミュニティケア計画立案に参加させる責任を持っていることを彼らに知らせなければならない。このことも彼らに知らせなければならない。この例でいうと、ソーシャルワーカーは「ラン医師から術後の経過はよいことを確認しており、あなたはまもなく家に帰ることができると思います。私が今日ここに来た理由は、あなたは退院後どこに行きたいのかということや、順調な回復に向けて、退院後どのような支援が必要なのかを話し合うためです」といったように自分の考えを患者に説明するかもしれない。

問題と強さの探索

　サービス利用者の問題や能力の探索は、彼が問題を説明し始めた後から始まり、またその説明から引き出される。伝統的に、ケースワークのアセスメント段階は問題の探索に焦点を当てる傾向がある（Perlman, 1957;Reid and Epstein, 1972）。過去20年以上にわたり、このような問題への焦点化は、以下の2つの方向から挑戦を受けてきた。

1. ソーシャルワーカーには、これまで以上にリスクのアセスメントを行うこと

が期待されている。リスクアセスメントへの焦点化は、ソーシャルワーク実践の多くの脈絡で顕著になってきている一方で、法律に基づくケースワークでもその傾向が強くなってきている。そのため、我々は第４章でリスクアセスメントに焦点を当てる。
2. ストレングス基盤、解決志向、そしてナラティブの理論家が参入してきた結果、ケースワークやカウンセリングの文献では、サービス利用者が直面している問題よりも、彼らの強さ、能力、そして問題を克服したことのアセスメントをますます重視するようになってきている。

　多くの伝統的なケースワークのテキストでみられる「問題の探索」という考えは、部分的にケースワークの精神力動の伝統から引き出されたものである。この立場では、「顕在化」している問題は、しばしばより深いところにある心理的な問題を隠しているし、さらに、より深い問題に取り組むことがサービス利用者のためになるとも信じられていた（Woods and Hollis, 1990参照）。今日、ケースワーカーが精神力動的な考えを持たない場合であっても、ケースワークはこの問題の探索という考え方を重要視し続けている。問題の探索は、協働的で建設的な関係をサービス利用者との間に築くために重要であり、また問題に寄与している広範な要因の包括的な分析を通して、ケースワークのインターベンションを行うための強固な基盤を形成するためにも重要である。さらに、ストレングス基盤の見地から見ると、この段階はケースワーカーがサービス利用者の直面している問題に取り組むために、彼らの強さと問題解決能力を理解する機会を提供している。

　伝統的に、問題の探索はケースワーカーが問題の「歴史」を理解しようとするところから始まる。この段階で、ケースワーカーはサービス利用者が問題とそれが生活へ及ぼしている影響について包括的な説明をするように促す。問題の探索のために重要な点は次のとおりである。

- サービス利用者の生活において、いつ頃から問題が顕在化していたか。
- 問題のパターン、例えば、問題が多少でも深刻になった時点、そしてサービス利用者の目から見て、問題の引き金となった出来事が出現した時はいつか。

- 肯定的な面も、否定的な面も含めて、その問題のサービス利用者の生活への実際的な影響。
- その問題がサービス利用者の生活に関して家族やコミュニティとどのように関係しているのか。例えば、その問題はサービス利用者の出身家族と関係した問題なのか、それとも現在の家族と関係した問題なのか、あるいは、家族支援サービスのような資源が利用できないといったコミュニティの問題とつながっているのか。
- どのような問題への対応や解決策が既に試されたのか。どの程度そのような対応や解決策はどの程度まで成功し、失敗したのか。

他の人が問題を、部分的にではあっても、明らかにしているような時には、既に述べた問題探索のための質問に加えて、問題のアセスメントのために、次のような別の探索的質問をすることが適切である。このような質問には次のようなものが含まれるであろう。

- サービス利用者はどのように問題を理解しているのであろうか。特に、彼らの目から見て、何が問題だと思っているのであろうか。
- もしあるとすれば、サービス利用者の問題や懸念に対する見方は、問題を明らかにしている第三者のそれとどのように異なっているのであろうか。例えば、股関節の手術のために入院している高齢者は、支援が受けられる生活の場へ移るべきだという医学的アセスメントに合意しないで、その代わり、自宅へ帰るために、ソーシャルワーカーの援助を求めるかもしれない。

既に述べたようにワーカーには標準化されたリスクアセスメントのツールを用いて、フォーマルなリスクアセスメントを行うことを求められるかもしれない。ケースワークのリスクアセスメントの構成要素に関しては第4章で述べる。

ストレングス基盤、解決志向、そして、ナラティブの伝統からの洞察

　ストレングス基盤、解決志向、そしてナラティブの伝統の提唱者は、問題を探索することを、バランスがとれておらず、サービス利用者の状況を、全体的

に否定的かつ落胆的に見てしまうことにつながるとして批判してきている。(Berg and Kelly, 2000; Turnell and Edwards, 1999参照)。これらの理論家たちは、サービス利用者の強さや、直面した難題に対応する能力の検討とバランスをとって、問題や難題、そして懸念を検討しなければならないと主張している。問題の性質を探求することに加えて、ストレングス基盤、解決志向、そしてナラティブに焦点を当てる実践者は以下のような質問をするであろう。

- サービス利用者は、どのようにして問題に打ち勝ってきたのか。例えば、サービス利用者がうつ状態になっていることを感じ、気持ちも低下していたにもかかわらず、何とか生活をしてきた時はあったのか。
- サービス利用者が、生活のなかで最も誇りに思っていることは何か。この質問はサービス利用者に対して、問題にばかりとらわれない考え方をしてもらうことを目指している。
- サービス利用者には、問題解決に際してどのような資源が利用可能なのか。
- サービス利用者の家族や友達のネットワークにおいて、誰が彼らを支援してくれたり、彼らに対して肯定的で、生活を支援しようとする考えをもっているのか。

ストレングス基盤、解決志向、そしてナラティブの伝統における共通の考え方は、人と問題を切り離すことを重要視している点である。「人が問題ではなく、問題は問題である」というスローガンは、この伝統を基盤にしている著者たちによってしばしば主張されている。問題の「外在化」は、アセスメントの調査段階において、人と問題を切り離すために使われる1つの技法である。外在化には二段階の過程がある。1つ目は、人と問題を切り離し、問題に名前をつけることである。例えば、ビルさんは統合失調症であるというよりも、我々は、ビルは統合失調症を体験している人、あるいは他の人には聞くことのできない声が聞こえる人と呼ぶであろう。重要なことであるが、このことは、ビルさんのアイデンティティを精神保健の状態から決めつけることに疑問を投げ掛けているのである。そして、他の人には聞くことができない声が聞こえる人という言い方をするのは、統合失調症が他人よりも劣った状態であるというスティグ

マに挑戦して、他者とは異なる状態の人とするためである。

　特にナラティブの伝統では、ワーカーとサービス利用者は問題に名前をつける。例えば、怒りの状態を「ドラゴン」、幻聴を「声」というように名前をつける。問題に名前をつけることは、ワーカーとサービス利用者が、問題をサービス利用者のアイデンティティとは異なるものとみなすことに一役を買うであろう。外在化の過程の2つ目は、「ドラゴン」あるいは「声」という問題の分析を、打ち負かされているに違いない問題としてではなく、好奇心の対象として行うことである。例えば、「声」でいうと、我々は、「声」が最後に訪問してきた時のことを話してくれるようにビルさんに頼むであろう。

　ストレングス基盤、解決志向、そしてナラティブの伝統において共有されている他のテーマの1つは、サービス利用者に、問題がなくなった、あるいは、少なくとも問題が彼らの人生のなかの一番のテーマにはなっていない未来をイメージさせるというテーマである。問題の分析に主に焦点を当てる伝統的な問題志向のケースワーク・アプローチとは対照的に、ストレングス、解決志向、そしてナラティブの伝統の提唱者が焦点を当てるのは、サービス利用者とともに、彼らの生活にもし問題がなければどうであろうかという包括的な描写を作り上げることである。ミラクル・クエスチョンは、このような結果を得るために、これらの伝統のなかで使われる一般的な技法である。ミラクル・クエスチョンは、例えば、サービス利用者に対して、もし「奇跡」が起こり、問題が完全になくなったなら、彼らの人生はどのようになっているのかを尋ねることである。より具体的な例としては、もし今晩、寝ている間に奇跡が起こり、うつ状態が消えたなら、明日からの人生はどのようになるかと質問することである。この質問の別の形は、サービス利用者に対して、どうすれば、その声があなたの生活からいなくなったことがわかりますかと尋ねる方法である。このような質問は、我々が問題にではなく、解決策に焦点を置くことを可能にする。そして、それによって、サービス利用者は彼らの生活のなかで既に身に着けている解決策に気づいたり、それをもとに回復していけるようになったりする。

急進的ケースワークアプローチからの洞察

　急進的ケースワークアプローチは、アセスメント過程において2つの方向で

サービス利用者をエンパワメントすることを目指している。1つは、問題を普遍化し、またサービス利用者の強さと能力を認識することによって、サービス利用者のストレスを軽減する方向である。「普遍化」とは、サービス利用者が直面している問題や難題が、他の多くの人々に共有されていることを明らかにすることである。とりわけ、ここでいう他の人々とは、サービス利用者が経験しているのと同様の社会的圧力を経験している人々である。例えば、先に取り上げた若いシングルマザーのジョディさんのケーススタディについて言うと、我々は多くの親が難題を抱えているし、ひとり親は子どもを1人で育てなければならないというさらに強い難題に直面しているということを強調するであろう。ストレングス視座の実践者と同様に、急進的ケースワーカーもまた、そのクライエントが難題に直面しているという脈絡のなかで達成してきたことを認めることによってクライエントの強さを示すことを強調している。

　アセスメント段階において、急進的ケースワーカーもまたサービス利用者の状況をアセスメントする時に「個人」と「政治」とのつながりを見つけようとする（Fook, 1993, p.47）。「政治」という用語をここで用いているのは、資本主義、家父長制、植民地主義に関連した社会の構造が、多くのサービス利用者に対する抑圧的な態度や機会の不足とつながっていることを示したいからである。アセスメント過程のなかで、ワーカーは抑圧的な態度と機会の不足が、サービス利用者の直面している難題を作り出していることを批判的に意識させようとする。例えば、ジョディさんを援助する際、我々は、困難な問題に直面しているが、何とかそれに対処するべきだと考えるように彼女を導くことによって、彼女自身の態度と、周囲の人々の態度が絡み合って現在彼女が経験しているストレスが生じている状況を理解しようとするであろう。

アセスメント段階で用いる技法

　ソーシャルケースワーカーの間には、アセスメントへのアプローチについての哲学的な相違はあるが、アセスメント段階では広範な技法が問題や能力を探っていくために共通して使われている。ソーシャルケースワーカーは、第2章で述べたコミュニケーションスキルを使い、サービス利用者とともに問題の性質や、問題を解決するために必要で、彼らが保持している資源についての共

通理解を構築する。

　アセスメント段階では、多くの情報が明らかにされる。情報が何らかの形でまとめられないと、議論は混乱し、サービス提供者とサービス利用者にとって方向性のないものになる可能性がある。家族関係、社会的関係、あるいはサービス利用者が利用可能な資源に関する情報を管理するために一般的に使われる２つの技法は、「ジェノグラム」と「エコマップ」であり、それらはしばしばソシオグラムと呼ばれることもある。ジェノグラムは、少なくとも二世代（あるいはそれ以上の）の家族関係や家族力動を図で示す。これらの関係は階層的に示され、前の世代になるほどジェノグラムの上に、今の世代になるほどジェノグラムの下に表示される。ジェノグラムは、保健や社会的ケアの場面で広く使われている。ジェノグラムは個人や家族とのケースワークでも使用されている。なお、ジェノグラムを展開するための技法に関しては第５章で見ていく。エコマップは、家族関係を含む重要な社会関係と、サービス利用者の生活のシステムを視覚的に示す。ジェノグラムと同様に、エコマップは関係性のパターンを見ることに役立つ。加えて、サービス利用者が直面している社会資源の問題点、例えばサービスの利用しやすさ、しにくさを確認するのに役立つ（Hartman, 1995参照）。

　サービス利用者の強さと能力と問題を同時にバランスよく探求することで、ケースワーカーとサービス利用者に、扱いにくいかもしれないが、問題に対する包括的な見方ができるようになる。また、問題解決のための初期の洞察が得られるかもしれない。アセスメント過程の最後の部分はアセスメントを行動計画へと絞っていくことを含んでいる。ケースワークの課題中心モデルは、ケースワーカーやサービス利用者が実行可能な計画を立てていくために、どのように協働できるかに関して役に立つ指標を示してくれている。例えば、

- **インターベンション過程に期限を設ける**。リードとエプスタイン（Reid and Epstein, 1972）は、時間制限は、サービス提供者に対して現実的な目標を立て、それらの目標を成し遂げようとする作業に焦点を当てさせることによって、変化を動機づけるのに役立つことを主張した。
- **解決するべき問題の範囲を狭める**。解決するべき問題の範囲を、決められた

時間内と実践の脈絡内で対応できるものに狭めること。リードとエプスタイン（1972, p.151）は「3つのルール」を主張した。すなわち、彼らはケースワークのインターベンションは、多くても3つ以内の問題に焦点を当てるべきであると主張した。どの問題に焦点を当てるか決めるために、サービス利用者とともに援助活動をする時には、我々はケースワークの役割において持っている制度的な義務を考慮に入れ、実践の脈絡で何が現実的に達成し得るかを検討し、サービス利用者が最も取り組む動機を持っている問題や、サービス利用者が直面している難題に最も大きな影響を与えると思われる問題を確認するべきである。

- **一連の明確な成果目標を立てること。**これらの目標は、我々がサービス利用者と取り組むことを合意した問題の解決に直接的に関連したことであるべきである。

次はあなたの番です…

　本章で紹介したジョディさんのケーススタディに戻り、アセスメントのロールプレイをしてください。このロールプレイでは、本章で取り上げた3つのケースワークの考え方（問題解決、急進的、そしてストレングス基盤のアプローチ）の要素を使うことを試みてください。理想的には、このロールプレイを記録して、アセスメントの過程を分析してください。アセスメントのロールプレイが完成したら、次の点を考えてください。

1. アセスメントへの異なるアプローチから、あなたと「ジョディさん」にはどのようなことがわかりましたか。
2. ワーカーとしてのあなたと、「ジョディさん」を演じた人にとって、アセスメントのために最も役に立つ情報を明らかにしてくれた質問やアプローチはありましたか。
3. 「ジョディさん」役をした人にとって、ロールプレイは他にどのような影響を与えましたか。過程のなかで、彼女に多少エンパワメントされたと感じさせたり、尊重されていると感じさせたアセスメントの要素はありましたか。彼女が直面している難題に取り組むために、彼女が進んでいきたいと思っている方向性を意識させた質問はあり

ましたか。

インターベンション

　インターベンション段階には、合意されたインターベンションの目標の達成を目指すワーカーとサービス利用者の行動が含まれる。これらの変化の目標は複数のレベルに分けることが可能であり、ネットワークや資源へのアクセスと利用方法を改善することによって、サービス利用者の難題、行動、そして社会的環境に対する見方を考えることも含まれている。

　全体的に言えば、ケースワーカーはサービス利用者が明確な目標や戦略も含めて変化の枠組みを設定することを援助するべきである。さらに、サービス利用者が目標の達成状況をモニタリングすることも援助するべてある。ここでは、我々は小範囲の基本的なケースワークインターベンション戦略を検討していく。私はケースワークやカウンセリングのインターベンションに対する特定のアプローチを示した文献が多くあることは認識している。また、主要なインターベンション・アプローチをさらに検討していくための文献などの資源リストを本章の最後に用意している（訳者注：本訳書では省略しています）。なお、詳細なインターベンション戦略に関する指針を示すのはこの本の範囲外である。我々のここでの目的は、スペシャリストのケースワークの役割ではなく、ゼネラリストのそれにかかわるケースワークインターベンションの基礎知識を示すことである。

　ケースワーク関係は思考や行動の変化を直接的にもたらすための脈絡を提供することができる。すなわち、それは「治療」技法、とりわけ認知行動技法を通じて、サービス利用者や周囲の人々が持っている自己限定的で、抑圧的な態度に挑戦したり、新たな行動を繰り返し練習できる機会を提供する。また、急進的な伝統は、ケースワーカーにすべてのインターベンション活動において、ケースワークに対する心理社会的アプローチの社会的側面を認識するよう奨励し、サービス利用者の生活における社会的変化を促進するよう奨励している。ここで我々は、3つの種類の変化（考え方や見解の変化、行動の変化、そして、

資源の利用しやすさの改革）がどのようにインターベンション段階で達成可能であるかを検討していく。

　１つ目の変化は、クライエントの考え方の変化である。求められる変化のタイプは比較的小さなものであり、サービス利用者にとっては乗り越えることができないようにみえる問題の解決策への取り組みを援助することである。例えば、計画外に妊娠して、出産することを決めた若者は、家族にその状況と次に何をするかを伝えることになるであろう。この若者をサポートするカウンセリングの過程では、サービス提供者はその若者が前進できるようにエンパワメントする方向で、自分の状況を再構成するように彼らがした決定の意味をしっかり考えるための援助を行う。サービス提供者は家族への現状の伝え方を「繰り返し練習」する形の援助をすることもできる。

　ときどき、人々は自分の状況についての考え方を根本的に変えることが必要な問題に対してソーシャルワーカーの援助を求めることがある。例えば、自分の子どもの行動に重大な問題がある親は、その状況にうまく対処するための援助だけでなく、そのような状況に対する反応を変えるための援助も求めるかもしれない。問題があまりにも根深く、専門職者による援助が必要な場合もあるであろう。例えば、広場恐怖症のある人は、臨床ソーシャルワーカーや心理士の援助が最適かもしれない。しかしながら、問題があまり根深くない状況では、ケースワーカーでも、サービス利用者が目標達成の妨げとなっている考え方を確認することを援助できるかもしれない。これらの側面は、その人の問題の現実的な評価を進めることに焦点を当てて、批判的な精査の対象とすることもできる。また、必要な場合には、「最悪」の結果が起きた場合の行動計画を立てることもできる。例えば、社交的な場に参加することに恐怖を感じる人は、イベント会場で何が起こることをおそれているのか、例えば無視されるのか、困惑させられるのかについて話すよう求められる。ケースワーカーはサービス利用者がこれらの恐怖感に取り組めるようにエンパワメントする。そのために、彼はまず初めに、サービス利用者がこのような結果が起こる可能性について判断をすることを援助し、次にサービス利用者がネガティブな結果が発生する可能性を減らすために知識やスキルを身につけることを援助する。そして、３つ目に最悪の恐怖感が現実化しても、そのような状況に対応できるようにエンパワメント

する。

　2つ目の種類の変化である*行動の変化*は、ケースワークのインターベンションによって支援される。シェルドンとマクドナルド（Sheldon and Macdonald, 2009, p.149）によると、サービス利用者が援助を求めている広範な人間関係上の問題は「概して、自然に身に着けられなかったり、長く使っていない間に衰えてしまった社会的スキルの問題である」。例えば、本章であげたケーススタディのジョディさんは、子どもが生まれた時からずっと孤立していたのかもしれないし、そのことで友達を作る自信をなくしてしまったのかもしれない。

　ケースワーカーは、いくつかの方法で新しいスキルを身につけさせるための援助ができる。その方法には、例えば、行動を模倣する、行動を繰り返し練習するための機会を与える、そして積極的に新しい行動を強化していく方法がある。行動の模倣とは、ケースワーカーが行動やスキルを示し、サービス利用者がそれらを身につけるのを援助するということである。例えば、サービス利用者に他人に対する望ましい態度を身につけさせるために、我々はケースワーカーとして、我々自身の行動を通して、それらの態度のモデルを示すべきである。例えば、時間を守り、礼儀正しくすることである（Trotter, 2006）。モデリングは、サービス利用者が、今後、社会環境と建設的にかかわっていくための行動を身に着けることを手助けするのに役立つ。このような行動は、アサーティブネスであり、消極的、あるいは攻撃的な態度ではない。

　ケースワーカーが、サービス利用者が新しいスキルを身につけるために援助できる2つ目の方法は、サービス利用者がこれらのスキルを繰り返し練習するための機会をケースワーク関係のなかで作ることであり、理想的には、情緒の安定した関係である。例えば、計画していない妊娠で子どもを生む決断をした若者のケーススタディに戻ってみると、ケースワーカーはその若い女性が、そのことを家族に話す方法についてさまざまなアプローチを繰り返し練習するための援助ができ、家族の反応にどう対応するかを検討するための援助もできる。リハーサルは他の人の見解から状況をみるための機会を与え、他の人の考えに感情移入する能力を高め、他の人がどのような反応を示すかを予期する能力を高めるための機会も与えてくれる。

　ケースワーカーはサービス利用者の目標と一致した行動上の変化に気づき、

強化することによって新しいスキルを支援することもできる。これが重要な理由は、サービス利用者は新しい行動に関して、他人から支持が得られないこともあるからである。例えば、例の若い女性は家族から出産を決めたことに関して支持が得られないかもしれない。ケースワーカーが行動変化に気づき、支援していくことも重要である。その理由は、他者は行動変化の重大性がわからないこともあるからである。特に、サービス利用者が成し遂げてきた全体的な目標に対して、それが小さく見える行動の変化の場合はなおさらである。

　ケースワーカーが変化を援助する3つ目の方法は、*サービス利用者が社会的ネットワークや資源を利用しやすくしたり、利用を増やすことである*。ネットワークとは人々の間の関係のことである。例えば、ジョディさんには他の若い親たちのネットワークや意気投合できるコミュニティを利用できることで助けとなるかもしれない。資源とは、サービス利用者に対して、物質的な利益を作り出す知識やサービスの源のことである。例えば、ジョディさんが子どものしつけについて、どのようにすればよいかわからずストレスを感じているとすると、彼女は子育てスキルの教材やプログラムを使うことで利益が得られるかもしれない。しばしば、ケースワークサービスの利用者は、社会経済上のストレスを経験しており、サービス利用者の物質的な難題を解決できるようなサービス、例えば、住宅、雇用、教育そして経済的な給付をするサービスが利用できることは、ケースワークインターベンションにおける重要な部分である。実際、ケースワークがカウンセリングと区別される1つの点は、ケースワークはサービス利用者が経験している社会的不利を軽減することを目的としたサービスへの利便性を高めていくことに焦点を置いていることである。

　サービス利用者のネットワークやサービスへの利便性を高めるために、ケースワーカーには最低限サービス利用者に関係のある現行のネットワークやサービスに対して包括的な理解が必要であり、サービス利用者とともに彼らに関係がある広範なネットワークとサービスを確認できるよう援助していく能力が必要である。しかしながら、急進的ケースワークの考えからすると、ケースワーカーはサービス利用者に利用可能なネットワークやサービスの範囲を積極的に増やしていくことに積極的に取り組むことが重要であるとしている。このなかには、ケースワーカーがサービス利用者のサービスの利便性を高めようと取り

組んでいる彼ら自身のサービスや他のサービス機関の政策を批判的に見直すことも含まれている。またこれには、受給資格条件を変更する取り組みを支援することも含まれている。例えば、ある特定のサービス利用条件に一定グループのサービス利用者の利用を断るような条件がついていれば、ケースワーカーはそういった条件を変更するように主張していくことになるであろう (Mullaly, 2007)。

終結と事後評価

　ここでは、ソーシャルケースワークの終結と事後評価の段階に話を移す。この段階は、ケースワーカーとサービス利用者がともに行ってきた作業を統合し、目標や未解決の難題に関連した行動計画を立て、サービス利用を援助するケースワーク過程の効果を事後評価していく点で重要である。終結段階は、サービス利用者が得てきたことを認識し、それを基礎に行動できるようにし、達成されたこと（あるいは達成されていないこと）に関して満足ができない分野に取り組む機会を提供する上でも重要である。サービス提供者とサービス利用者の両者にとって、終結段階はケースワーカーとサービス利用者の専門的な関係が終わる段階であるため、喪失感や悲しみといった感情を刺激することがある。きちんと管理された終結段階は、サービス利用者が達成してきたことに対する現実的で、希望に満ちた肯定的な事後評価を行って、ケースワーク関係を離れるのを手助けする。

　きちんと管理された終結段階には次のような特徴がある。

- サービス利用者は、ケースワーク関係がいずれ終わることを予想し、期待している。サービス利用者と取り組みを始める時から、我々は、彼らとのかかわりには時間制限、及びその他の制限があることを確実に知らすべきである。例えば、ソーシャルワークの実習生は、実習がいつ終わるのかを利用者に確実に知らすべきである。
- サービス利用者には、さらなる行動が必要な領域と同時に、達成できたことを熟考する機会が与えられる。そして、必要な場合には、彼らが前進してくために必要な資源を利用するための計画も提供される。
- サービス利用者には、終結過程で起こってきた問題について、ワーカーとと

もに取り組んでいく機会が与えられる。例えば、ケースワーク関係の終結は、インターベンション過程が完了したという安心感から、喪失感や見放された気持ちになるなど、サービス利用者のなかにさまざまな感情を引き起こす。このような感情を認識することは、サービス利用者がケースワーク過程で得たものを活用し、継続的なケースワークサービスの援助がなくても前進できるようにするためにも重要である。

　最低限、終結段階では、ソーシャルケースワーク関係が終わるという認識をしてもらうための時間を設定するべきである。ときどき、サービス提供者とサービス利用者は、例えば、最後の面接をサービス利用者の未来のために、ろうそくの火を灯すといったような象徴的・形式的に終結することを選ぶようにしている。終結段階はサービス利用者がケースワークでの経験をどのように評価するかという点で長期的な影響を与えることを心のなかにとどめておきたい。そして、終結の活動はケースワーク関係の雰囲気を反映し、サービス提供者とサービス利用者の両方で合意されたものであることが重要である。

　最後の段階は、サービス提供者とサービス利用者がケースワークインターベンション全体の効果を評価する機会ともなる。事後評価をすると、我々は何がうまくいったのかや、どのような点で改善が必要なのかを考えることができるようになる。したがって、事後評価は我々の実践を継続的に改善させていくためにも重要である。事後評価は、追加の作業が必要なことと同時に、達成できたことについて、サービス利用者が現実的な評価を行うことにも役立つ。保健や社会的なケアの実践の事後評価に関する本は多数あり（Aveyard and Sharp, 2009)、何種類かの現代的なケースワークのテキスト（Sheldon and Macdonald, 2009; Trotter, 2006）はケースワークインターベンションの方法を洞察している。ケースワークインターベンションを事後評価するためのいくつかの重要なコツは次のとおりである。

- 効果に対する事後評価はサービス利用者への援助全体に対して体系的に行われるべきである。サービス利用者とともに問題の性質を確定する。そして、我々は彼らとともにケースワークの目標に取り組み、そして問題と、サービ

ス利用者の生活への影響についての基礎データを集める。典型的には、この基礎データは、問題の頻度や深刻度についてのデータを含んでいる。それによって、我々はインターベンション全体にわたって、合意された目標の達成に向かってサービス利用者がどれだけ進歩したかを体系的にアセスメントすることができるようになる。また、この基礎データによって、我々はサービス利用者の進歩に関する情報を考慮に入れた上で、インターベンション計画の見直しと修正を定期的に行えるようになる。このような体系的なアプローチは、インターベンション過程で発生した問題（サービス利用者の目標の達成においての明らかな後退等）が短期的な問題であるのか、それとも採用したインターベンション・アプローチに根本的な問題があるのかを理解するためにも重要である。

- サービス利用者も事後評価過程にかかわるべきである。そうすれば、サービス利用者もサービス目標に対する自分の進歩の状況を評価できるようになるであろう。サービス利用者は日記をつけることや、援助を受けている過程のなかで直面した問題の頻度や深刻度を図にすることが奨励される場合もある。例えば、若い母親には、ストレスが彼女に与える影響を最小限にするための戦略に取り組む際に、彼女の生活に対するストレスの影響の深刻度に点数をつけ、記録することが奨励されるかもしれない。
- 広範な事後評価の情報が収集されるべきである。そして、その情報のなかには、最低限、目標に向かっての進歩の状況に関する情報と、サービス利用者の援助過程に対する満足度の情報が収集されるべきである。サービス提供者は、サービス利用者が直面している難題や、その難題に対する取り組みの進捗状況を示す基礎情報を得るために、標準化された事後評価ツールを使うことを検討してもよいであろう。
- 事後評価の情報には問題軽減の兆候と同時に、改善の兆候も含まれるべきである。
- 可能な限り、事後評価には量的・質的情報の両方が含まれるべきである。役立つ質的データのなかには、インターベンションが問題に及ぼした影響に関してのワーカーとサービス利用者の印象の要約も含まれる。それに対して、量的データのなかには数量的なデータが含まれる。例えば、標準化されたア

セスメントツールを用いて得られたデータや、問題の特質や問題が彼らに及ぼした影響に対するサービス利用者の考えをスケーリングしたものから得られたデータがある。
- 事後評価のデータは、口頭での要約、グラフ、そして記号（いろいろな感情の状態を示している顔の絵記号）を含むさまざまな方法で表現されるべきである。シェルドンとマクドナルド（Sheldon and Macdonald 2009, p.110）は、「ソーシャルワーカーは一種のグラフ恐怖症というようなものを患っているようであるが、我々の経験では、クライエントはそれらの工夫を好むようである」と述べている。図やグラフのような視覚的な工夫は我々と我々が援助している人々が、さらに行動が必要な領域と同時に、達成してきたことを視覚を通して理解する助けとなるであろう。

ケースワークの事後評価における我々の一番の目的は、合意された目標に向かってのサービス利用者の進歩の状況と、インターベンションがこれらの目標に対してどのように貢献できたかを体系的に見直すことである。我々の仕事を体系的に見直すことで、我々はインターベンションの効果を最大限見直すことができるようになり、必要な場合には、合意された目標やインターベンション計画を修正できるようになるため重要である。事後評価の過程で、我々はサービス利用者に対して合意された目標の達成に対する進展の証拠を示し、さらなる行動が必要な未解決の問題についての情報を示すことができる。例えば、若い母親は、ソーシャルケースワークのインターベンションが彼女の生活におけるストレスを軽減するための効果的な戦略を立てる上で役に立ったが、孤立状態は彼女の一番の懸念のままであることに気づくかもしれない。彼女は、この未解決の問題はケースワークインターベンションでは解決できないが、地域のコミュニティグループへの参加等の他の行動を通して解決できると考えるかもしれない。

結論

ソーシャルケースワークとカウンセリングはソーシャルワーク実践の主要な

方法である。私が主張しているのは、「ソーシャルケースワーク」という用語は「社会環境における人」への理解と対応に焦点を当てたソーシャルワークを表す最善の用語であり続けるということである。本章で、私はソーシャルケースワークに関する主要な議論について述べた。また私はソーシャルワーク実践の4つの段階をソーシャルケースワークの方法にも適用されるものとして検討した。私はソーシャルケースワークのアセスメントとインターベンションのための戦略も紹介した。しかしながら、本章で述べたそれぞれのケースワークの伝統に関連するおびただしい数の文献からも学ぶべきことが多くあるという点も強調した。本章の最後にある推薦図書は、ソーシャルワーク実践の方法に関する主要な文献である（訳者注：本訳書では省略しています）。

振り返り問題

1. 「ソーシャルケースワーク」という用語はどのような意味ですか。
2. ソーシャルケースワークはどのような種類の変化を個人が達成することを援助するのですか。個人が変化を達成するのを援助するためにソーシャルワーカーが用いることのできる2つ、あるいは3つの戦略について話し合ってください。
3. ソーシャルケースワークの終結と事後評価段階はなぜ重要なのですか。
4. ソーシャルワーカーとサービス利用者が、サービス利用者の目標を達成するために行うケースワークインターベンションの効果を事後評価するためには、どのような情報を収集する必要がありますか。

批判的熟考問題

1. 本章ではケースワークに対する3つの理論的アプローチ、すなわち問題解決、ストレングス基盤のアプローチ、そして急進的ケースワークについて検討した。これらのアプローチのメリットとデメリットは何ですか。

実践的演習

あなたは低所得家庭のための住宅サービスを行っています。あなたの役割は、このサービスを利用して住んでいる人々に対して支援的なケースワークサービスを提供することです。シェインさん（22歳）とルイーズさん（19歳）は保護つき住宅に3週間住んでいます。ルイーズさんはシェインさんと別れるためにあなたのところに面談に来るようになりました。1年ぐらい一緒にいましたが、ルイーズさんは2人の関係に満足が得られませんでした。シェインさんは数カ月前に建築作業員の職を失い、ルイーズさんは、シェインさんがそれ以降、日に日にイライラするようになってきており、一緒に住むのが難しくなってきたと言っています。ルイーズさんによると、シェインさんは仕事探しにほとんど関心を示さず、うつ病のように見えるそうです。ルイーズさんは地元のスーパーのパートタイムで働き、学校を卒業して看護師になる夢がありますが、彼女の収入は低く、彼女だけの部屋を借りる余裕がありません。事態を複雑にしていることとして、ルイーズさんは自分が妊娠していることに気づいたそうです。また、シェインさんへの気持ちが確かでないためどうしたらいいかわかりません。

1. ルイーズさんへの実践における重要な目的は何だと思いますか。
2. ルイーズさんと建設的で、目的をもった関係を築くためには、彼女とどのようにかかわっていきますか。
3. あなたはルイーズさんとともに状況のアセスメントをどのように行い、またアセスメント過程ではどのような問題に対応していきたいですか。
4. 本章で述べられたアプローチを基盤にして、どのようなインターベンションの戦略がルイーズさんの援助に最適であるか述べてください。
5. ソーシャルケースワークの効果を事後評価するために、ルイーズさんへの援助を始めた直後から、あなたはどんな基礎情報を収集し、また彼女に収集するよう進めますか。今度は、ルイーズさんではなく、シェインさんが援助を求めてあなたとの面談に来ているところをイメージしてください。ルイーズさんはシェインさんに別れるつもりであると既に伝えています。あなたのシェインさんへの援助の目的は何ですか。また、シェインさんとどのようにして建設的な関係を築けばよいか、話し合ってください。

第4章
強制的に来させられた人への援助

　本章では、法令に基づくサービスを受けるために強制されてやって来る個人にかかわるソーシャルワーク実践を紹介する。このような場面でのソーシャルワーカーの個人に向けての実践を本書では「法令に基づくケースワーク」という用語を用いる。それはこのような場面でのソーシャルワーカーの役割は、一部分、法律に定義されているからである。すべての豊かな国、あるいは先進国においては、保健や福祉に関連して法律が存在している。したがって、しばしばソーシャルワーカーの役割はこれらの法律によって定められている。保健や福祉分野における法律の目的は大いに議論されているが、これらが正当化されるのは、政府には脆弱な個人や一般的なコミュニティの安全を促進する必要があるからである。しかしながら、私が主張しているように、ソーシャルワーカーはこのような関係においても可能な限りサービス利用者との協働的な関係を育むことを目指すべきである。サービス利用者は基本的にソーシャルワーカーが自分の生活にかかわってくることには抵抗を持つものであるので、法令に基づくソーシャルワークはさまざまな理由により挑戦的な領域である。

　この章では、まず、法令に基づいたソーシャルワーク実践の性格と定義についての議論から始める。その次に、ソーシャルワーカーのかかわりの方法、そしてその原理のアウトラインが議論される。章の残りでは、第1章で概説されたソーシャルワーク実践の4つの段階を法令に基づいたケースワークに適用できるかに焦点を当てる。

法令に基づくケースワークの定義

　ここで議論していくのは、法令に基づくケースワークである。このタイプのケースワーク実践には特定の能力が求められるので、この章においては、これ

第4章 強制的に来させられた人への援助

までの章とは別個に言及する。法的責任と援助の責任を認識し、両者のバランスをとるように求められるワーカーの特定の能力は法令に基づくケースワークに不可欠の、そして、ユニークな特徴である。サービス利用者はグループワークのような他の形態のサービスを受けるように法律によって要求される場合もあるが、そのような要求は、常に、法令に基づくケースワークを受けている過程で、ソーシャルワーカーとサービス利用者の間で展開されるケースプランの一部である。「法令による」という用語は、法的必要条件が判例法ではなく、むしろ成文法に規定されているという事実を示すのに使用される。政府は、子どもや自分自身あるいは他者への危害や脅威を引き起こすと認められる、傷つきやすく脆弱な個人の生活に国家がインターベンションすることを念頭に、保健と福祉分野での法令を立案する。法令はさまざまな問題へのインターベンションを念頭に入れている。多くの国々では、ソーシャルワーカーが児童保護、精神保健、刑務所、保護観察、保健福祉分野において法令の実施にかかわっている。広範な保健分野の実践者が精神保健と公衆衛生の法令の下で責任を担っているので、ソーシャルワーカーはこれらの法令の実行に責任がある唯一の実践者ではない。

　ここでは、役割の中心部分として、法律を遂行して、個人と家族の生活を調査、アセスメントし、さらにインターベンションするソーシャルワーカーを指して、「法令に基づくケースワーカー」という用語を使用している。

　この例は、

- 政府に雇われて、児童保護法を実施して、虐待やネグレクトで危険にさらされている子どもの生活をアセスメントし、インターベンションする児童保護のケースワーカー。
- 収監や執行猶予に関連するインターベンション命令で、人々の生活をモニタリング、インターベンションするために刑務所や保護観察機関に雇われているケースワーカー。
- 精神保健法の下で、精神保健の問題を抱えている人が自分自身や他者に危害を加えるかもしれない状況をアセスメントし、インターベンションする法的責任を持っている精神保健ケースワーカー。

私はこの定義に法律に基づくサービス以外の実践をしているケースワーカーは含めていないが、彼らであっても、児童虐待のような問題は法当局に報告することが法によって要求されている。
　法令に基づくケースワークの方法を使用するソーシャルワーカーは、不本意あるいは強制されたサービス利用者に働きかけをすることになる。本章では、一連の重要なサービスを受けることに不本意なサービス利用者に焦点を合わせるであろう。つまり、そのような利用者は、「裁判所の命令や、自分の子どもを自分の家庭から連れて行かれる脅威にさらされているために、ソーシャルワークサービスを受ける人々のことである」(Trotter, 2006, p.2)。サービス利用者が喜んでサービスを受ける場合であっても、彼らにはそれを拒否する選択肢はまったくないので、彼らは不本意であると考えることができる。
　一方で、強制的なインターベンションを受けることはないが、そうするように何らかの形の外部からの圧力を受けているためにサービスを求めている人々、すなわち我々が準自発的、あるいは非自発的なサービス利用者と呼んでいるサービス利用者のグループが別にある。例えば、暴力を使用することで親密な関係を表すためにカウンセリングを求める男性は、家族を失うかもしれないという脅威、そして彼自身と家族の生活に対して警察のインターベンションを受けるかもしれない脅威を感じて来ざるを得ないのかもしれない。同様に、麻薬中毒者は、リハビリテーションを行っている証拠を裁判所に提出するための戦略の一部としてカウンセリングを求めるかもしれない。そのような問題があるために来ざるを得ないサービス利用者は、本当の自発的なクライエントと考えることはできないが、強制されたサービス利用者ともいえない。準自発的利用者の別の例は、組織によって提供されているサービスに対する実際的なニーズを持っているとされて、組織からサービスを受けている人々である。例えば、家庭内暴力から逃れるための避難所を探している女性と子ども、あるいは公共の宿泊所を求めている若いホームレスは、広範な社会的ケアと保健ケアのサービスにつながらざるを得ないのっぴきならない実際的なニーズを持っているサービス利用者の例である。これらのサービス利用者は、しばしば住宅のような実際的な資源の提供と合わせて提供されるソーシャルケースワークのサービスを求めているわけでないし、それには激しく抵抗してくるかもしれな

い。しかしながら、そのようなサービス利用者は法律により強制されているわけでないので、強制されたクライエントとは言えない。本章の主な焦点はサービスを受けるために法律的に強制されている個人とのケースワークに関してであるが、議論されるそのスキルと戦略は「自発的」あるいは「非自発的」なサービス利用者というカテゴリー外のサービス利用者にも適合するものである。

法令に基づくケースワーク：不都合な真実なのか？

　ソーシャルワーカーとしての、法令に基づく我々のかかわりは、必然的に国家の権威的な権力の行使と緊密に関係している。法律に基づく権力の行使はソーシャルワークの基本的価値観と矛盾するように見える。

- **クライエントの自己決定**：法的責任の実行は、我々がサービス利用者の意見や願望と緊張関係になったり、矛盾するような方向で実践することを要求する。例えば、精神保健ソーシャルワーカーは法的権限を行使して、サービス利用者に対して、その意志に反して精神病院に入ることを要求するかもしれない。
- **社会正義**：我々は不公正な社会の仕組みが脆弱な人の直面しているリスクに影響していることを知っているにもかかわらず、法令に基づくケースワークにおいては、リスクをアセスメントし、軽減することに焦点を当てることが必要になるかもしれない。同様に、個人に対して法的権限を行使すると、しばしば何らかの行為、あるいは行為の失敗に対して個人に責任をとらせることになるし、変化を達成することの責任も彼らにとらせることになる。しかしながら、多くの場合、強固な貧困や、その他の形態の社会的疎外といった社会的な状況が、個人の直面している困難に寄与していることは明らかである。例えば、刑務所に入っている人々には、社会経済的な不利益を受けている人々や人種的な少数集団の人々が不均衡に多いことは明らかにされている（Wildeman, 2009）。

　ソーシャルワークの批評家のなかには、法令に基づくケースワークのリスク

マネジメントや社会的統制の側面を、我々の援助の役割と並列的に考えてよいものかどうかという疑問を持っている人もいるように見える。彼らは特にますます官僚化が進み、リスクを回避しようとする脈絡のなかでの実践に疑問を持っているのである。例えば、セデン（1999, pp. 2 - 3）は、カウンセリングのスキルがソーシャルワーク教育や実践のなかで評価されているかどうかについて疑問を示して、「彼ら（ソーシャルワーカー）は、社会サービスの法的命令の要求に対応するために、多くの官僚的で、指導的な種類の仕事によって押しつぶされている」と述べている。

　法令に基づくケースワークにソーシャルワーカーが取り組むことをめぐって、長年にわたる哲学的な問題があるが、それ以上に、そこには実際的な問題もある。法令に基づくケースワークはしばしば難しく、時には危険性が伴う仕事である。その困難性の一部は、関係が不本意であるという特質から生じている。事実、強制されてくる利用者はしばしば「難しく」「非協力的」「否定的」で、しばしば「敵対的である」と説明されている（De Jong and Berg, 2001, p.361）。研究者のなかには、法令に基づくサービス利用者は変化を達成しようとするモチベーションがかなり低く、したがって、自主的なサービス利用者ほど変化を達成しようとはしないと示唆している人もいる（Lincourt et al., 2002）。

　別の問題は、サービス利用者は、自分が取り組まなければならない問題があるとは考えていないかもしれないということである。例えば、非行で送致され、ケースワークサービスを受けることを強制された若者は、非行を否定するかもしれないし「被害者」としての、あるいは非行をしてしまうような環境に対する合理的な対応であるとして、自分の行動を正当化しようとするかもしれない。問題の存在（あるいは存在しない）に関してさまざまな見解があることは、ワーカーとサービス利用者が建設的な援助関係を展開する際のかなりの障害になるであろう。

　さらなる困難は、法令に基づくケースワークでは、サービス利用者が、ソーシャルワーカーを問題の解決の一部を担ってくれる人物として理解するのではなく、問題の一部を担う人物として理解するかもしれないということである。例えば、児童保護ソーシャルワーカーとサービス利用者との最初の面談は、児童虐待やネグレクトの問題についての調査とアセスメントに焦点が合わせられ

るであろう。ケースワーカー／カウンセラーが初めから関係性を築き上げることに焦点を合わせることができるかもしれない自主的な利用者のケースワーク実践とは異なって、法令に基づくケースワーカーでは、サービス利用者との最初の面談の始めから、法によって求められているところにより、非常に微妙な問題を持ち出さざるを得ないであろう。

　法令に基づくケースワークもまた、高度に情緒的な内容を含むさまざまな理由で危険な場合がある。例えば、法令に基づくケースワーカーが児童福祉あるいは刑務所内サービスのような福祉システムを代表している事実、またサービス利用者がケースワーカーを恨むもっともな理由を持っているかもしれないという事実、そして、サービス利用者が相当に不安定な状態、例えば薬物乱用をしていたり、精神疾患を抱えているかもしれないという事実がそれらの理由である。他の非強制的なインターベンションが失敗した時に、法令に基づくサービスがしばしば呼び出されるとすると、サービス利用者はより自発的なサービスのなかで示してきた以上に、より複雑で、挑戦的な問題と行動を示すことが我々には予想できるであろう。

　皮肉にも、多くの地域において、新しく資格を取得したワーカーが児童保護のような分野で法令に基づくケースワークを担っているワーカーの間で過剰に重要な役割を担わされている（Healy et al., 2009; Tham, 2007）。新しく資格を取得したワーカーが過剰な任務を任されているのは、法令に基づく実践を行う児童保護サービス分野などでの高い移動率のためである（Barak et al., 2006; Healy, 2009; Tham, 2007）。多くの法令サービスにおける別の問題は、昇進の道筋によって、最前線の実践者が直接サービスの役割から管理的役割にしばしば移動させられるということである（Healy et al., 2009; Tham, 2007）。いっそう困ったことに、新しく資格を取得したワーカーは準備が不十分である。というのは、専門職内部に法令に基づくケースワークに対する両面感情があり（Deyoung and Berg, 2001）、またコミュニティのなかには、個人や家族の私的な生活に政府が関与することに不信感があるためである。これは法令に基づくケースワーカーが担わなければならない重い負担であり、特に実践に足場を見出そうとしている新しく資格を取得したワーカーには負担となっている。このように、法令に基づくケースワークには固有のストレスがあるために、法令に

基づくケースワーカーは実践に対する明確な理論的枠組みと十分に開発された実践スキルを持つことがより重要になる。

しかし、それはケースワークなのか

　私は、私が「法令に基づくケースワーク」という用語を使うことと、私がそれをソーシャルワークの方法として言及することが議論の的になっていることを承知している。法律に基づく実践がケースワーク、さらにはソーシャルワークの実践かどうか、あるいはそれをケースワークやソーシャルワークに含むべきかどうかについてはかなりの論争がある（Healy, 2009; Trotter, 2006）。いくつかの地域において、そしていくつかの実践分野において、法当局は、援助の要素を残しながら、法令に基づくケースワークの役割である調査とリスクアセスメントを強調することを試みてきた（Annison et al., 2008; Healy, 2009）。しかし、私は「ケースワーク」という用語が適当だと考えている。というのは、児童保護、刑務所、そして精神保健サービスなどの分野でのサービス利用者との最前線における法律に基づく仕事は、援助と社会的な統制機能の両方を含んでいるからである。法令に基づくケースワークにおける援助の側面は、ケースマネジントだけではなく、それを超えてケースプランニングのような他の援助活動、そしてサービス利用者とともに変化を生み出す活動にかかわることまでも含むかもしれない（Trotter, 2006, p.41）。

　私が「法令に基づくケースワーク」という用語を使用するのは、この用語が援助に焦点を維持する一方で、法律上の権限を行使することにもかかわるというデリケートなバランスをとることの大切さを認識しているからである。さらに、私は、また、第3章で議論したソーシャルケースワークに関連する知識とスキルの多くが法令に基づくケースワーク実践にも適切なものであると主張している。重要な類似性のいくつかは、両者とも、

- 広範な理論的視座に依拠している。第3章と同様に、本章で議論されるアプローチは、問題解決、ストレングス基盤、そして解決志向アプローチ、さらに急進的ケースワークの視座が含まれている。
- ソーシャルワーカーがサービス利用者とともに問題の定義と目標を確認し、

取り組むことが必要である。
- サービス利用者と彼らの目的を達成する可能性に対して非審判的スタンス、楽観的で肯定的な態度が必要である。
- 傾聴、適切な質問、サービス利用者の考え方のトラッキングと熟考を含むマイクロスキルと、非言語的行動への注意が必要である。
- ソーシャルワーカーには、サービス利用者が目標を達成するのを援助するのに必要なスキルを持っていることが要求される。

これらの類似性にもかかわらず、以下のように重要な違いもある。

- 法令に基づくソーシャルワークの役割には少なくとも援助と社会的統制という2つの側面が含まれている。透明性を確保するために、ワーカーがこれらの側面を意識して、それらをサービス利用者に伝えることが重要である。
- サービス利用者はこれらのサービスを受けざるを得ない。それ故、ソーシャルワーカーはサービス利用者が抵抗したり、ソーシャルワーカーを信用しないという脈絡のなかで、建設的な関係を発展させることに熟練していなければならない。
- インターベンションの目標の形成において、ワーカーが進んで指示的な姿勢をとることも含めて、共感と社会を擁護する考えをバランスよく表現することが必要である（Trotter, 2006）。
- アセスメント段階では、フォーマルなリスクアセスメントのツールを使用する可能性がある。

法令に基づくケースワークにおけるリスクアセスメント

　法令に基づくケースワーカーの役割の複雑な特質はアセスメントの過程にも反映されている。それは、通常、個人のニーズと強さのアセスメントと、リスクのアセスメントの両方を含んでいる。リスクのアセスメントは、将来起こるかもしれない、児童の死のように特別にネガティブな事件、あるいは犯罪行為のようにネガティブな行為が発生する可能性に対する見解を作り上げることも

含んでいる（Shlonsky and Wagner, 2005）。法令に基づくソーシャルワークでは、ソーシャルワーカーは広範な脈絡のなかでリスクのアセスメントを行うが、この形態のアセスメントにはいくつかのユニークな特徴がある。1番目は、リスクアセスメントはしばしばソーシャルケースワークの義務的な側面であるという点である。これは、ワーカーがサービス利用者とともに仕事の一部としてリスクアセスメントを行うことが法律あるいは政府機関の政策によって強制されていることを意味している。言い換えれば、リスクアセスメントを完成することはソーシャルワーカーの役割として交渉余地のない側面だということになる。

2番目の特徴は、ワーカーに対してリスクアセスメントのツールの使用を要求されるという点である。構造化されたリスクアセスメントのツールは、多くのソーシャルワーク実践の脈絡、特に法令に基づくケースワークにおいてますます普通に使用されるようになってきている。法令に基づくケースワークでは、サービス利用者自身や接触している他者に対して、将来、危害を加えるリスクがないのかのアセスメントに基づいて意思決定をしなければならない。このようなツールは児童に将来危害が加えられるリスクをアセスメントするために児童保護ワーカーによってしばしば使用されているし、精神保健ワーカーは、サービス利用者が自分自身や他者に危害を加えるリスクをアセスメントするために、また刑務所内サービスでは将来の犯罪の予測をアセスメントするために頻繁に使用されている。そして、非常に多様な形で構造化された意思決定のツールがあり、ケースワーカーが自分の職場において使用されている特別なリスクアセスメントのツールの使用方法に関するトレーニングを受けることが重要になっている。

リスクアセスメントのツールは、ケースワーカーに対してサービス利用者を援助する際にアセスメントするべき諸要因のリストを示している。そのリストは、自殺や再犯のような、将来発生するかもしれない問題の危険性や、自殺や再犯といった悪い出来事が発生する可能性を示す指標だと考えられている諸要因から構成されている。しばしば、これらのツールはケース計画情報システムに統合されている。ということは、ケースワーカーはサービス利用者の目標の検討といったアセスメントの他の側面を完成する前に、リスクアセスメントの

情報を報告することを求められているということである（Gilligham and Humphreys, 2010）。

　フォーマルなリスクアセスメントのツールは、家族がこれまでに受けた調査の回数、精神疾患を経験している人のこれまでの入院回数のように定量化が可能な情報に焦点を合わせている。定量化された情報は、リスクの程度によって重要度が決められているかもしれない。例えば、児童保護リスクアセスメントでは、家庭内暴力が行われているといった要因は、両親の雇用上の地位よりも、将来の虐待につながる可能性が高いリスク要因としてのより高いウエイトづけがされるであろう。というのは、家庭内暴力と将来子どもに危害が加えられる可能性との間には強いつながりがあるからである。集められ、定量化された情報に基づいて、ケースワーカーは、児童虐待やネグレクト、あるいは自殺のような特別に悪い出来事が発生するという将来のリスクの可能性を予測するためにツールを使用することができる。その情報は、さらにアセスメントの関連において、ケースワーカーの状況と行動のアセスメントの指針としても使用される。

　シロンスキーとワーグナー（Shlonky and Wagner, 2005）によると、通常、リスクアセスメントのツールはコンセンサスを得るための手段、あるいは保険統計の手段として発展してきた。コンセンサス基盤のリスクアセスメントのツールは、これまでの調査研究の結果、臨床経験、あるいは両方の組み合わせに基づいて「専門家」によってまとめられている（Shlonsky and Wangner, 2005, p.410）。保険統計のアセスメントは、「行動結果に対する強い統計的関係により一連の危険因子を識別」するために既存のデータベースの統計的分析を通じて開発されている（Shlonsky and Wangner, 2005, p.410）。例えば、刑務所内サービスにおいて、再犯者のデータベースの統計的分析は、犯罪行為を続ける高い可能性と関連している要因を明らかにするかもしれない。同様に、児童保護サービスにおいて、データベースの分析は、児童に対して、将来危害を加える可能性と最も関連している要因を明らかにするかもしれない。

　ケースワーク実践において、構造化されたリスクアセスメントのツールを使用することには、大きな議論がある（Gillingham and Humphreys, 2010; Lonne et al., 2009）。しかし、これらのツールが公的な機関によって広く使用されている1つの理由は、実践者のリスクのアセスメントの精度を実質的に高めてい

るということである。多くの研究は、慎重で有効な保険統計モデルは臨床的判断よりも今後の行為の予測に優れていることを示している（Shlonsky and Wangner, 2005, p.411; Trotter, 2006も参照）。このように、リスク予測の精度が高められたのは、一部ではあるが、リスクアセスメントのツールがケースワーカーを助けて、特定の問題、例えば児童虐待やネグレクトのリスクの最も重要なリスク要因に焦点を合わせ、適切な重みづけをすることができるようになったからである。このツールがなければ、アセスメントの精度は制限を受けてしまう。というのは、実践者が利用できる情報は莫大な量になるし、さらに短い時間のなかで何件もの意思決定をしなければならないからである。また、意思決定のための構造化されたツールは、それがなければ考えられないような広範なリスク要因に焦点を当てることをワーカーに要求する。特にワーカーが未経験であったり、これまでの実践経験のために、いくつかのリスク要因に目を向けにくくなっている時には、多くのリスク要因を十分に検討することに目を向けるのは困難である。例えば、ワーカーがこれまでに精神疾患を抱えている人がいる家族に関連してネガティブな児童保護の結果を経験しているとすると、彼らは精神疾患を抱えている人のいる家族をかかわらせることが将来の児童保護に対する影響を過大評価する傾向があるかもしれない。

　構造化された意思決定ツールに対する多くの批判は、主に、これらのツールがなぜに、そしてどのように活用されるのか、さらにケースワーク実践の質に対して否定的な影響を及ぼす可能性に焦点が合わせられている。構造化された意思決定に対する多くの批判者の主要な関心事は、それが雇用主に使用されて、広範で、多様な法令に基づく実践の脈絡において専門的な判断を傷つけるという点である。例えば、児童保護当局のなかには、構造化された意思決定ツールがあるので、ソーシャルワークや児童家庭ソーシャルワークの分野で無資格の児童保護の職員を雇えるようになったと主張するところも出てきた（Healy, 2009）。しかし、これはこれらのツールの開発と評価にかかわった研究者たちの視点とは矛盾している。すなわち、その研究者たちは、フォーマルなリスクアセスメントは「絶対確実な予測でないし、調査を行う調査ワーカーによる健全な専門的判断の実施にとって変われるものではない」と主張してきているのである（Shlonsky and Wangner, 2005. p.420）。

似たような形で、実践者が児童保護固有の意思決定の複雑さを無視したり、放置したりするためにリスクアセスメントのツールを使用している問題を指摘している解説者もいる（Gillingham and Humphreys, 2010; Lonne et al., 2009）。

できるだけリスクがないようにしている環境下でリスクアセスメントのツールを使用すると、それがサービス利用者の生活へのより激しく、有害になる可能性のあるインターベンションにつながってしまうかもしれない（Gillingham and umphreys, 2010）。例えば、ハイリスクとアセスメントされたケースにおいて、実践者が否定的な結果となるリスクから自分自身を守るために、集中的なインターベンションを採用せざるを得ないと感じるかもしれない。しかしながら、リスクアセスメントのツールは不利な結果の統計的確率を測定することができるだけである。そして、高いレベルのリスクがあるというアセスメントは必ずしも不利な結果が確実であるということを意味するものではない。

別の問題は、リスクアセスメントにおいて、不平等がリスクの発生に寄与していることが無視されることによって、リスクアセスメントが社会的な不平等を強化してしまうことに関係している（Trotter, 2006）。つまり、例えば、ひとり親、低所得、そして施設での子どもの養育といった社会経済的不利と強く関連している多くの要因は、児童保護の場におけるさまざまなリスクアセスメントのツールにおいてリスク要因として確認されてきている（Shlonsky and Wangner, 2005）。フォーマルなリスクアセスメントの過程を通して、これらの要因は個々の家族の問題として考えられるかもしれないが、批判的な見方からすると、これらの要因は、個別化された対応ではなく、システム的な対応を必要とするシステムにかかわる問題ともみなされるであろう。

法令に基づくケースワークをするはなぜか？

法令に基づくケースワークに対しては、専門職にも、社会にも両面価値的な気持ちがあるとすると、我々は、専門職者がそんなことに悩むのはなぜかと考えるであろう。法令に基づくケースワークに携わることは、専門職内からと、より広いコミュニティ内からのソーシャルワーカーの社会的統制機能についての批判に絶えず直面することである。また、そのことは、多くの場合、サービ

ス利用者の生活に対する我々のかかわり合いに抵抗する人々と必然的にかかわることでもある。これらの難題があるにもかかわらず、専門職者がこのような実践の方法を主張し続けているのには、いくつかの理由がある。まずはサービスの質である。第3章で議論したように、ソーシャルワーカーは「環境の中の人」という視点（person-in environment perspective）を採用している。環境の中の人というアプローチが重要なのは、法律に基づくケースワークが個人の病理的な側面にのみ焦点を当てることに挑戦し、将来の損害を防ぎ、生活の質を高めるために社会的支援のインターベンションを促進するためである。さらに、ソーシャルワーカーには個別のサービス利用者の生活によりよい違いを作り上げるための倫理規定がある（Healy, 2009）。この規定がなければ、法令に基づくケースワークは、社会的統制のみに集中化する危険を冒すことになる。それは社会正義という価値観から見ると問題である。というのは、個人の行為を変えるように社会から強制されたとしても、サービス利用者の大部分は社会経済的な不利益を経験しているし、それに対しては改革志向の援助的対応が必要なのである。法令に基づくサービスの提供において、社会的統制に焦点を当てることはサービス利用者の不満足につながるし、さらに、それはサービスの効果を低下させることにもつながる（Trotter, 2008）。

　我々が法令に基づく実践に携わるべきだと考えるもう1つの理由は、傷つきやすく脆弱な人々への援助にソーシャルワーク専門職がかかわることが必要だと思うからである。強制されたサービス利用者は、社会の最も傷つきやすく脆弱な人々のなかにいることが多く、しばしば個人的に受けた援助の代価を支払う能力を持っていない人々であり、また、さまざまな理由で、民間の地域サービス機関には行かない人々なのである。ソーシャルワーカーは、サービス利用者との肯定的で、建設的な関係を作ることによって、強制されたサービス利用者が生活に対して肯定的な違いを作り出していくのに必要なサービスにアクセスするのを助けることができる（De Jong and Berg, 2001）。

　3番目の理由は、ソーシャルワーカーは、サービス利用者の生活における保健福祉制度の歴史に対して批判的な理解ができるし、また、法令に基づく実践に対して、ソーシャルワークに固有の力動的な力関係をもたらすことができることである。制度の歴史と、法令に基づく仕事におけるケアと統制の間に存在

する固有の緊張関係を理解することはソーシャルワーカーにとっては心地のよくないことは確かである。しかしながら、抑圧的な側面も含めて、法令に基づくサービス提供の歴史を批判的に理解することは、我々が実践者として、法令に基づくソーシャルワーク実践の現代的脈絡においてより批判的に働くのに役立つであろう。このような批判的な理解がなければ、我々は、サービス利用者がこのような形のサービス提供に対して感じるかもしれない恐怖と怒りに取り組むことに失敗するリスクを犯すことになる。あるいはまた、法令に基づくサービス提供者が傷つきやすい脆弱な児童と成人を保護するための法的な権限を使用する責任を担えなくなるかもしれない。

法令に基づくケースワークの実践

　本章の残りの部分で、我々は最初に第1章で述べたソーシャルワーク実践の4段階がどのように法令に基づくケースワークに適用されるのかについての概要を説明する。我々は第3章で議論したのと同じ4段階アプローチを使用する。そして、ここでは、法令に基づくソーシャルワーク実践において、これらの段階がどのように実行されているのかについて検討する。

エンゲージメント

　サービス利用者はサービス提供者とともに問題に取り組むことを嫌がる傾向にあるので、エンゲージメントの段階は、しばしば法令に基づくケースワークにおいては困難な段階になっている。章の冒頭で議論してきたように、このように嫌がられることには多くの原因がある。第一には、サービス利用者がサービスを受けることを強制されているという点がある。しかし、サービス利用者と効果的な関係を築き上げる能力は、ソーシャルワーク実践の他の方法で重要であるのと同じくらいに、法令に基づくソーシャルワークにおいても重要である。法令に基づく児童保護の仕事を振り返って、ミラーは次のように主張している（Miller, 2009, p.116）

　　仕事は複雑であるが、優れた実践の本質はシンプルである。それは関係に

関することである。すなわち人々を変化に向けて取り組ませる関係、強さを基盤にして、家族とともに変化につながる解決策を創造的に作り出す関係、温かく、非審判的で、家族の各メンバーの経験に対して好奇心が強く、正直な関係のことである。

　要するに、法令に基づくソーシャルワーカーも、基づかないソーシャルワーカーも、ワーカーは、サービス利用者との建設的な関係を築き上げなければならないのである。法令に基づくソーシャルワーカーは、援助の側面と権限を行使する側面とのデリケートなバランスをとらなければならない。このバランスには、我々自身がこのバランスの必要性を認めることと、サービス利用者が我々の役割の本質を理解するのを助けることも含まれる（Trotter, 2006）。

　エンゲージメント段階の最初に、ワーカーは自分が誰であるのかと、自分がサービス利用者に面談している理由を明確に話さなければならない。この面談をする目的についての話のなかには、ワーカーの法的義務と援助の目的の両方を反映しているべきである。例えば、あるワーカーは、「私はブロウィン・カーマイケルです。私は児童保護サービスのために働いています。私はあなたの子どもさんに生じているいくつかの問題について話し合い、そしてその状況に関するあなたの意見を伺うために、ここにいます」と述べるであろう。この話において、ワーカーは自分が誰であるか（名前）、そして、自分の職業上の役割（私は児童保護サービスのために働いている）を述べている。また、彼女は、問題を取り扱う上での自分の法的義務と、サービス利用者の考えについて関心を持っていることを簡潔に述べている。

　ワーカーには二重の役割があることを明確に、しかもしばしば言及することは難しいかもしれない。というのは、ある部分でソーシャルワーカーは社会的統制の役割に不快感を感じているし、ある部分では、この分野のワーカーは、サービス利用者との関係が確立する前に問題について話し合うことが必要だからである。例えば、我々は児童保護の問題にかかわる時、関係者のことを知るために質問ばかりをすることにはより心地よさを感じるかもしれない。しかしながら、我々には児童保護や精神保健問題といった特定の問題をアセスメントする法律上の義務があることを伝えないと、我々の役割の特質に関してサービ

ス利用者を混乱させることになるであろう。最初から、そしてやりとりが進展している間を通じて、我々の役割の二面性を伝えていくことは、我々が透明性を大切にしていることと、サービス利用者に我々の役割の特質を知る権利があることを知ってもらう実際的な方法である。さらに、我々の二重の役割を伝えることは、これと他の形態の保健福祉サービスにおけるやりとりの違いをサービス利用者に理解してもらう助けとなる。このような理解は、法令に基づく仕事において信頼関係を構築し、混乱を少なくするためにも重要である。また、トロッター（Trotter, 2006）は、このような理解が効果的な実践に貢献していることを示唆している。すなわち、彼によると、いくつかの研究はワーカーがクライエントに対してワーカーの役割の特質を理解してもらうよう援助した時に、サービスの結果が改善されていることを示しているのである。

　法令に基づくケースワークでは、ソーシャルワーカーは実践の焦点と目標を決定する際に積極的な役割をとることが必要である。これは焦点と目標の自己決定の可能な度合いがより自発的なクライエントとのソーシャルケースワークとは対照的な点である。法令に基づくケースワークの方法では、我々は焦点と目標を法的責任と確実に一致させなければならない。例えば、法令に基づく児童保護のワーカーは、彼らが援助している家族のなかで児童の安全と福祉に焦点を合わせる義務がある。したがって、法令に基づく児童保護のワーカーは、薬物依存問題を持っている親が社会復帰援助にアクセスするのを手助けするかもしれないが、そうする第一の目的は、虐待やネグレクトのリスクがある児童に対する親の薬物使用の有害な影響を確実な形で最小限に抑えるためである。

　法令に基づくソーシャルワーカーの役割の二面性はソーシャルワーク実践のなかで活用されている「共感の適切な使用」を抑制することを特別に強いる。第2章で、私は共感を、サービス利用者の経験を積極的にイメージすること、そしてそれをイメージするなかで、彼らが直面している痛みや困難を体験することと定義した。我々は、共感することによって、相手の立場に立ち、我々がイメージした彼らの経験を彼らにフィードバックできるのである。法令に基づくケースワークにおいても、共感の表現はいつでも重要であるが、我々はこの実践方法には限界があることも知っておくことが必要である。我々は、共感を表現することが問題に寄与している行動に対して、我々かその行動を「微妙に

認めているとか、許可している」と解釈されたり、ある種の微妙な「許容」か「是認」として解釈される可能性があることには警戒しておくことが必要である（Trotter, 2006, p.33）。例えば、幼年期にネグレクト経験を持つ若い暴力的な犯人の怒りに共感する時であっても、我々は暴力行為に関して「非寛容」であることを伝えなければならない。

　法令に基づく実践において共感を表現することには緊張が伴うことを認めているからといって、共感の構築は必要でないと言っているわけではない。実際に、それはサービス利用者と効果的な関係を築き上げるのに重要である。しかしながら、ワーカーは共感の使用と、それが法令に基づくワーカーとしての複雑で、時には競合する責任を果たすことを助けたり、妨げたりする程度について批判的に熟考できることが必要である。我々の法令に基づく責任を含む二重の役割について、サービス利用者と定期的に、またオープンに話し合うことによって、我々の共感の表現が反社会的行動の裏書きとして誤解されることを最小限とすることができるし、また実践において我々に課されている法律上の義務をクライエントとともに認識する機会を最大化することができる。例えば、自分自身の児童期の体験と戦っている親に対して共感を表現する際に、我々は法令に基づく児童保護ワーカーとして、彼らに、そして自分自身に対しても、彼らの経験が今日の子育てにどんな意味を持っているのかを尋ね続けるべきである。

　最後になるが、エンゲージメント段階では、建設的な仕事上の関係の展開を抑制するかもしれないあなた自身とサービス利用者の間の違いをオープンに、そして敏感に認めることが重要である。これはあなたが彼らのニーズに敏感に対応することに関心を持っていることと、彼らとの建設的な関係を築き上げることに関心を持っていることをサービス利用者に対して示す機会ともなる。例えば、年齢、ジェンダー、そして文化の相違は効果的な援助関係には重大なバリアとして作用するかもしれない。事実、いくつかの文化的集団においては、女性ソーシャルワーカーが性にかかわる問題や家族問題のような特定の案件について男性のサービス利用者を援助することは容認できないと考えられている。これらのバリアの存在を認めることは、サービス利用者と効果的な援助関係を構築するのにどうしようもないバリアがある時、あるいは、めったにないことではあるが、サービス利用者の問題と関心を発見する道筋にバリアがある

時には、サービス利用者に対して別のワーカーを提供するためにも重要である。例えば、サービス提供者は、特別の文化的背景を持つワーカーに担当してほしいというサービス利用者の要求には答えることができないかもしれないが、サービス提供者は文化的に敏感な方法で取り組むことはできる。また、サービス利用者の文化的アイデンティティと、サービス利用者にとってのその重要性を発見するための努力はできる。

次はあなたの番です…

法令に基づく脈絡で取り組む

　精神保健支援サービスで働いているあなたを想像しましょう。そこでのあなたの法令に基づく責任の１つは精神保健のアセスメントを行うことです。他の保健ワーカーとのコンサルテーションを前提として、彼らが自傷他害の大きいリスクを示していると感じられるのであれば、あなたは限定的な期間だけ人を安全なケアに措置する権限を持っています。ある地域住宅支援サービス事業所の住宅支援ワーカーが、彼らの住宅に住んでいる青年のアセスメントを依頼しました。住宅支援ワーカーのデービットブライトさんは、青年のジェド君が「すべてを終わりにしたい」という意志を２人の同居人に訴えたと報告しました。あなたはジェド君に会おうとしています。ジェド君は18歳の青年で、エチオピアで生まれましたが、５歳の時に両親と一緒にエチオピアを離れています。彼は、両親と多くの対立があり、もう長く同居していません。ジェド君は、抑うつと長く戦い続けており、アルコールとアンフェタミンの有害な使用をしてきていました。ジェド君は料理人になるための勉強をしていますが、見習い期間から６カ月の休みをとっています。というのは、彼はレストラン店主とうまくいかず、別のところで見習いをしようと決心しているからです。ジェド君は、６カ月間支援住宅に住んでいて、積極的な関係を持っている２人の青年と家を共有しています。

　できれば、この状況についてのロールプレイをしてみましょう。あなたとパートナーとで、ジェド君と精神保健ソーシャルワーカーの役割をそれぞれ交代に演じてみましょう。この事例のロールプレイする時か、あるいは熟考する時、以下の質問を考えてみてください。

1. あなたはどのようにジェド君に自分のことを紹介しますか。そして、特に、どのようにして自分の役割の二面性をきめ細かく伝えますか。
2. あなたは訪問の理由についてどのように説明しますか。
3. ジェド君を援助する過程のなかで、あなたは援助することと、ジェド君（そして、おそらくは他者）にとっての安全性の問題をアセスメントするという二重の責任があることをどのようにして示しますか。
4. あなたは自分とジェド君の文化の違いをどのように認識していますか。

このロールプレイ（または、質問に対する書面の回答）をやり終えた後に、次の質問を考えてみてください。

1. あなたにとってジェド君の役割はどのようなものでしたか。精神保健ソーシャルワーカーとのやりとりで、何が恐怖で、何が期待でしたか。ソーシャルワーカーの役割を演じた人は、最も明確に、きめ細かく自分の役割を伝えるために何をしましたか。
2. ジェド君の役割をやってみて、何があったら、あなたを援助してくれるワーカーの能力が信頼できると感じるようになりましたか。
3. ワーカーの役割の社会的統制の側面、すなわち、少なくとも部分的には、あなたが自分自身と、もしかしたら他者に加えるかもしれない危害のレベルをアセスメントするためにワーカーがそこにいるということを、あなたはどう感じましたか。
4. あなたにとって精神保健ワーカーの役割はどんなものでしたか。あなたは役割の二面性をどの程度伝えることができましたか。何が簡単で、何が難しかったですか。

アセスメント

　法令に基づくソーシャルワークのアセスメント段階の目標は、現在の状況に存在している強さと能力と同時に、リスクと危険性、両方の包括的な検討をベースにして、サービス利用者の状況の共通理解を展開することである。この段階で達成されるべき実際的課題は次のとおりである。

● アセスメントの焦点の説明。特にそのなかには、個人と彼らの社会環境のな

かにあるリスク、危険、強さ、そして能力の検討も含まれる。この段階で、ソーシャルワーカーは自分たちの役割の二面性にしっかりと取り組み、また彼らの特別な責任に焦点を当て続けることが必要である。例えば、児童保護ワーカーは法的義務にしたがって、児童の保護と福祉ニーズに関係するリスクと強さのアセスメントをしなければならないし、同様に、精神保健ソーシャルワーカーはサービス利用者の精神保健の状況をアセスメントしなければならない。
- アセスメントする状況を明確に話すこと。例えば、我々がジェド君に自傷観念があるとの情報を受け取った時、我々は彼の感情的な状態が心配だと彼に言うであろう。したがって、我々は彼が実際に自傷のリスクを示しているかどうか、そしてどのようにして自傷させないで、彼の安全を保てばよいかをアセスメントすることが必要なのである。
- それらの状況に関するサービス利用者の考えを探究すること。
- しばしば、構造化されたリスクアセスメントのツールによって、リスク、損傷、強さ、そして能力に関する包括的なアセスメントを完了すること。

　この段階の中心的な課題は、サービス利用者の状況に対する共有された、包括的な理解を推進することである。そして、この理解が、これからあなたが進めようとしている仕事の基礎を形成するべきである。この共有された、包括的な理解の推進の重要性は、法令に基づくソーシャルワークと法令に基づかないソーシャルワークの両方に共通している。トロッター（Trotter, 2006, p.27）は「調査研究は、一貫して自発的なクライエントと非自発的なクライエントの両者に関して、クライエントとともに問題と目標を明確にする必要性を示している」ことを強調している。しかし、問題の定義を共有しようとすることは、法令に基づくソーシャルワークにおいてはいくつかの理由により特別に難題である。ここで、我々はこのような難題と、あなたが法令に基づくワーカーとして、それらに取り組むために何ができるのかを考えたい。

　最初の難題は、サービス利用者が、問題のアセスメントに一緒に取り組むことを嫌がる可能性があるということである。このような抵抗には多くの理由がある。例えば、問題なんかは存在していないという理解、問題を公正にアセス

メントしようとする法律上の当局に対する信頼感の欠如、あるいは問題を認めた結果に対する恐怖感がある。しかし、ワーカーがサービス利用者を援助して、このような懸念に打ち勝たせることが重要である。例えば、ディヤングとバーグ（De Jong and Berg, 2001, p.327）は「協力の基盤を協働で構築することは、強制されたクライエントをかかわらせる唯一の生産的な方法である」と強調している。ワーカーとしてのあなたがサービス利用者の疑念に取り組むのに役立ついくつかの実践的な方法は、取り組むべき問題の決定と、それらの問題に取り組むための計画の立案にサービス利用者を巻き込みたいと思っていることを実際に示すことである。また、ストレングス基盤の視座から、あなたはサービス利用者が直面している問題だけではなく、彼らの状況に関する優れた点や肯定的な点を基盤にして取り組んでいこうとしていることを示すこともできる。例えば、児童保護のインタビューで、あなたはリスクと問題だけではなく、家族のなかで肯定的で、両親がプライドを持っている側面についても尋ねることができる（Berg and Kelly, 2000）。

　もちろん、サービス利用者とともに問題を探求した後で、サービス利用者からの意見を受けて、異なったアセスメントに到達することも可能である。最も挑戦的な状況の１つは、ワーカーとサービス利用者のリスクあるいは問題のレベルについてのアセスメントが大きく異なっている時である。最も一般的には、サービス利用者よりもソーシャルワーカーがリスクを高いレベルで考えている時に、両者の間に緊張関係が生じる。解決志向アプローチは、問題に対する考えの共有ではなく、解決策に対する考えの共有を進めるので、このような難局への対応にも役立つであろう（Miller, 2009）。例えば、我々はサービス利用者が状況に関して、何を最も変えたいのかについて彼らとともに探究することができる。これは、例えば、サービス利用者がこれからの生活のなかで、可能であれば、法令に基づくサービスのなかであれ、その他のサービスのなかであれ、どのような役割を望むのかといった探究も含んでいる。もし、例えば、サービス利用者が法令に基づくサービスへはまったくかかわりたくないと主張しているのであれば、我々は一緒に進めていく目標としてこの要望を受け入れるかもしれない。それで、ジェド君の場合には、我々は次の目標を示すであろう。すなわち、法令に基づく精神保健サービスは必要でない生活の安定を達成すると

いう目標である。すなわち、サービス利用者の生活において法令に基づくサービスがもう何も必要ない状態に到達できるように、彼らとともに探究するということである。このように、問題に焦点を当てることから、共有されたインターベンションの焦点に再焦点化することで、サービス提供者とサービス利用者の間に協働的なパートナーシップを築き上げやすくなる。その一方で、我々は我々の法的義務は認識し続けているのである。

　2番目の難題は、アセスメント過程において、サービス利用者の協力を築き上げるという難題である。構造化されたリスクアセスメントのツールの活用と限界については多くの議論がある一方で、ソーシャルワーカーは、現在、多くの脈絡、特に法令に基づくソーシャルワークの脈絡において、このようなツールの使用が求められている。サービス提供者とサービス利用者、双方にとっての難題は、リスクアセスメントのツールを使用して、アセスメント過程においてサービス提供者とサービス利用者の考えを取り入れるのではなく、むしろそれを確実に意思決定の過程に役立てるために使用することが求められていることである（Gillingham and Humphreys, 2010）。リスクアセスメントのツールの使用が協働の取り組みに対して作り出すバリアをサービス提供者が少なくするための機会を提供できる方法がいくつかある。1つ目は、その状況に対するサービス利用者の考え、例えば、彼らがその状況における問題、リスク、そして強さをどのように考えているのかを探求することから面談を始める方法である。サービス提供者は、時間をとってリスクアセスメントのツールをサービス利用者に紹介する、そして、ツールの役割を意思決定するためのものではなく、むしろアセスメントの一部、すなわちリスクのアセスメントの一部に役立てるものであることを説明することが重要である。サービス提供者は、それぞれのアセスメント項目に対してサービス利用者のコメントを述べるように要請し、ケース記録のなかに、それぞれの標準化された項目に関して、彼ら自身とサービス提供者との間で共有した考えと異なった考えを示しておくことによって、リスクアセスメントにおいて協働をさらに推進することができる。サービス提供者は、構造化されたリスクアセスメントの過程の結果をサービス利用者と共有し、このリスクアセスメントの結果と、サービス提供者とサービス利用者が考えている問題のレベル、サービス利用者の強さと能力の違いを、その状況に

含まれているリスクの特質とレベルも含めて話し合うべきである。

　3番目の難題は、ワーカーは、他の脈絡、例えば自発的なサービス利用者の援助よりも、問題とアセスメントの焦点を明確化する上でより積極的な役割を果たさなければならないことである。サービス提供者にはアセスメントに法的義務をしっかりと取り入れることが義務づけられている。例えば、児童保護の脈絡では、ワーカーは精神疾患や薬物乱用の経験といった問題に関するサービス利用者の考えだけでなく、そのような経験をしたことが子どもの安全を守り、ニーズに取り組む彼らの能力にどのような影響を与えているかについても理解しなければならない。同様に、精神保健の脈絡では、ソーシャルワーカーはサービス利用者が自分自身や他者に対して引き起こすかもしれない危害のリスクレベルをアセスメントする法的義務を持っているので、サービス利用者の精神保健の状態が自己と他者に対して与えるリスクのレベルの影響を検討することが必要である。法令に基づくソーシャルワーカーとして、あなたにはサービス利用者があなたの役割の特質を理解するのを助ける責任がある。ここには、あなたの仕事のケアと統制の説明を含んでいるだけではなく、サービス利用者があなたの役割の限界を理解するのを手助けするべきであることも意味している。

次はあなたの番です…

　ジェド君の事例に戻って、以下について考えてください。
1. あなたは、ジェド君に対して、どのようにしてアセスメントの焦点と過程について説明しますか。
2. あなたは、アセスメントの過程において、ジェド君とともにどのようなリスクと危険を探索したいですか。
3. あなたは、ジェド君の置かれている状況のなかに、どのような強さと能力を見ることができますか。そして、どのような範囲の強さと能力を探索したいですか。
4. ジェド君との仕事において、フォーマルなリスクアセスメントの実行が要求されているところを想像してください。あなたは、このフォーマルなアセスメントどのように説明しますか。

インターベンション

　我々はここからインターベンション計画に目を転じる。そこには、計画の作成、計画の達成に向かっての活動の実行とモニタリング、そしてインターベンションの事後評価が含まれている。

　インターベンション段階は、サービス利用者の状況に関する包括的アセスメントに基づいたインターベンション計画の作成で始まり、サービス提供者の法令上の義務に取り組むべきである。法令に基づくソーシャルワークでは、サービス提供者とサービス利用者がインターベンションの目標と結果に関する理解の共有を進めていくことが極めて重要である。これは避けられないことである。というのは、合意されたインターベンションの目標達成の個人的、実践的、そして法律的な影響は重大だからである。失敗という結果はサービス利用者や周囲の他者に重大な影響を与えるかもしれない。例えば、親が自分の薬物乱用の問題に取り組むことを失敗したならば、それは子どもへの危害につながるかもしれない。あるいは、暴力を振るう人がこの傾向に取り組むことに失敗したならば、彼らの周囲の人々が暴力にさらされ続けることになるかもしれない。また、あなたとサービス利用者で合意したインターベンション目標が達成できなかったならば、法令に基づくサービスワーカーとして、あなたが望ましいと考えている以上に強制的な形で行動せざるを得ないであろう。例えば、児童保護サービスでは、あなたは親のケアから子どもを切り離すことが必要になるかもしれないし、精神保健サービスにおいては、精神科入院施設にサービス利用者を強制的に入院させることが必要になるかもしれない。

　インターベンション計画を立案する過程は、それ自体、インターベンションの一部である。そして、その過程は法令に基づくソーシャルワーカーとしてのあなたの価値観と責任を反映しているべきである。自己決定と尊敬という価値観と一貫性を持たせて、サービス利用者に計画の立案過程にかかわってもらうことが重要である（Healy and Darlington, 2009）。このようにかかわってもらうことは、サービス利用者とその達成にかかわる人々にとって適切で、有意義な計画の立案を確実に進めるのに役立つであろう。サービス利用者に有意義な形でかかわってもらうためには、変化の目標と、それを達成するための方法の

確認に焦点を当てながら、平易で、専門用語でない用語を使用することが重要である。目標と結果は、サービス提供者とサービス利用者が成果をモニタリングするのに役立つ形で表現することが必要である。ストレングス基盤と解決志向理論に依拠している「安全のサインアプローチ」(Turnell and Edwards, 1999; Turnell and Parker, 2009)では、一連の質問がインターベンション計画の立案を誘導できることが示唆されている。これは、もともと児童保護の実践のために設計されているものであるが、それらの質問は他の実践の脈絡においてもインターベンション計画を導いていくのに適している。質問は表4.1で示されている。そこには、ジェド君の援助を例として、この表を完成するための示唆が示されている。

このインターベンション計画において、我々はサービス利用者とともに、我々の目標とその目標を達成するためには何が必要なのかについての明確な描写をすることに取り組む。この例では、我々はジェド君が「うつ状態」として経験しているうつ状態のエピソードに言及するという形でナラティブセラピーのア

表4.1 インターベンション計画を立案するために考えるべき課題

我々の目標は何か？	変化のためには何が必要か？	この変化をどのように達成するか？	目標が達成されたことをどのようにして知るのか？
ジェド君が再び働き、交友関係を持てるようになること。	ジェド君は彼の生活において抑うつにとらわれている状態を緩和することが必要である。	ジェド君が抑うつ状態から抜け出るために抗うつ剤の短期間使用に関してソーシャルワーカーが医療チームと相談する。ジェド君は、抑うつ状態に陥ることを避けるためのストレス管理方法をソーシャルワーカーとともに確認する。ジェド君の復職を支援するための計画をジェド君とソーシャルワーカーが立案する。	ジェド君は自分の気持ちや「心の状態」をコントロールできると感じるようになっている。ジェド君は引きこもる前に抑うつ状態をどのように止めればよいかを理解している。ジェド君は仕事に戻り、おそらく最初は、時間給で働いている。

プローチを使用した（White, 1995）。我々は彼が抑うつ状態をよりよくコントロールできるようになることを目標として提示した。そして彼がうつ状態から受けている縛りをゆるめる多くの方法があることを確認した。

　インターベンション計画を立案する過程には、最低限、法令に基づくケースワーカーとサービス利用者を含んでいなければならない。そこには、しばしば、他の専門職者や親族などの他者がかかわることもできる。法令に基づく仕事のいくつかの分野において、ケースカンファレンスや家族ミーティングは、インターベンション計画の立案に専門職者の幅広いネットワークとサービス利用者の家族ネットワークを巻き込むためのよく確立された方法である。グループカンファレンスにおける主要な難題の1つは、サービス利用者が彼らの目標の決定と、それらの目標を達成する方法を決める時に、公平に意見が言えるようにすることである。残念なことに、それらのミーティングに関するいくつかの観察的研究は、それらのミーティングは、専門職者の人数的優位と、それらのミーティングで彼らがやりとりを支配する傾向があるために、しばしば専門職者の意見に偏ってしまうことを示している（Hall and Slembrouck, 2001）。インターベンション計画を立案するために開催されるケースカンファレンスのようなグループミーティングの脈絡では、計画を立案する際にサービス利用者の声を確実に聞くために使用できる実際的な戦略がいくつかある。すなわち、

- サービス利用者がインターベンション計画で望むことをはっきりさせるのを助けるためにミーティング前に時間をとること。
- もし必要であるならば、サービス利用者には彼らの声を代弁してくれる支援者にも出席してもらえることを確実に伝えること。
- 同数またはより多数のサービス利用者と支援者が出席できるようにすること。
- ミーティングにおいて、サービス利用者の声に平等、あるいはより多くの時間をかけて取り組むようにすること。
- 可能であれば、ミーティングを状況に関する専門職者の意見を聞くことからではなく、むしろサービス利用者の意見を聞くところから始めること。

法令に基づくソーシャルワークでは、インターベンション計画は書面化し、ソーシャルワーカーとサービス利用者の両者がコピーを持つことが重要である。そのように書面化された計画は、インターベンションの過程において、透明性と責任を明らかにする上で役に立つ。計画は平易で、専門用語のない言語で書くことが重要である。また、その計画は「生活のドキュメント」であるべきである。すなわち、それはインターベンションを行っている時に、ワーカーとサービス利用者の同意を得て、頻繁に話し合われ、修正されるべきものなのである。

過程

　インターベンション段階におけるサービス利用者とのミーティングは、計画の遂行とモニタリングに焦点が合わせられるべきである。計画の遂行には、合意された目標を達成するために完遂されることが必要な活動と課題を確認し、行動することが含まれる。ソーシャルワーカーは、次のような行動を行うことで、合意された計画をサービス利用者が遂行するのを援助できる。

- サービス利用者とワーカーが合意した目標を達成できるようにするために、目標を段階的な活動と課題に分ける。例えば、ジェド君を援助する時、我々は彼が有給の仕事に戻るという目標に向かって援助するために、毎回のミーティングで、我々は何をすることが必要なのかについて考える。
- サービス利用者とともに、目標達成のバリアにどう取り組むかについて問題を解決する。例えば、ジェド君は瞑想のコースに参加することが自分のストレスの管理に役立つと決めるかもしれない。そして、我々はジェド君とともにそのようなコースに参加する方法を確認し、援助するかもしれない。
- サービス利用者とともに、目標を達成するために遂行しなければならない課題をリハーサルする。例えば、我々は就職面接に必要なスキルをジェド君と予行演習するであろう。
- ケースマネジメントはしばしば法令に基づくケースワークの一部を形成している。というのは、ソーシャルワーカーは、サービス利用者とともに目標を達成する際に、保健の専門職者のような他のサービス提供者のかかわりを調

整し、モニターする必要があるからである。例えば、ジェド君のケースの場合、ソーシャルワーカーは医療のインターベンションを調整する役割を果たすかもしれない。

　法令に基づくソーシャルワークの方法を使用する場合、ソーシャルワーカーは、インターベンションの過程が目標、価値観、そして法的義務を大切にし、補強しているようにしなければならない。トロッター（Trotter, 2004）は、法令に基づくソーシャルワーカーが社会に役立つスタンスをとることの重要性に言及している。すなわち、彼は、ソーシャルワーカーに対して、実践目標に一致した行動と態度を強化するべきであると言っているのである（第2章参照）。ここには、あなたの実践の目標と責任に一致した行動をモデルとすることが含まれている。また、社会に役立つ視点とは、クライエントが反社会的なコメントや行動、特にあなたの法的責任に違反することをすることに対しては警戒をしたり、挑戦したりすることを意味している。

事後評価

　すべての形態のソーシャルワークがそうであるように、法令に基づく実践においても、我々は絶えず実践の改善を目指すべきである。我々はサービス利用者とのかかわり合いの結果と過程を事後評価することによってこれができる。法令に基づく実践の脈絡では、実践の結果を事後評価する能力はしばしば以下のような特徴があることによって複雑である。

- **関係が非自発的だという特質**：関係が強制的であるという特徴それ自体が、サービス利用者の満足感を引き下げることにつながっている。また、それは自発的な場における個別のソーシャルワーク実践以上に、合意された目標の達成に取り組むレベルを低下させている。
- **法的脈絡と関係の持つ意味**：法令に基づくソーシャルワーカーには、子どもを家族から離れさせる、あるいはサービス利用者を強制的に精神病院に入院させるといったように、高圧的な行動をとることが必要になるケースもあるであろう。このようなことをした結果として、ワーカーとサービス利用者の

両者とも、インターベンションは失敗したと考えてしまうかもしれない。しかしながら、そのような結果は子どもの死や自傷行為といった他の否定的結果をもたらさないためには避けられないものであったかもしれない。
- **法令に基づくサービスのかかわりに影響する複雑な要素**：法令に基づくソーシャルワークは、以前のあまり強制的ではなかったインターベンションが失敗した複雑な状況にソーシャルワーカーを直面させる可能性がある。したがって、もし我々が実践に対する意味のある事後評価尺度を開発するべきであるならば、我々はソーシャルワークのインターベンションが達成できることは何かを明確にしておくことが必要である。例えば、精神保健の脈絡では、我々はサービス利用者が彼らにとって重要な生活の領域、例えば家族関係や雇用機会に病気が及ぼした影響をマネジメントするための戦略を作り上げることができたかどうかを事後評価することに焦点を当てるであろう。

法令に基づくソーシャルワーク実践を事後評価する時に検討するべき側面が3つある。すなわち、インターベンションはどの程度、

- サービス利用者と合意した目標を達成したのか。
- 法的に示されている我々の義務を実現したのか。例えば、我々はどの程度子どもの安全を守ったのか、家族を支援したのか、重度の精神疾患を持っている人が地域のなかで安全でいられるようにしたのか、また、犯罪をおかした若者がさらなる犯罪をおかさないように援助したのか。
- サービス提供の過程と結果によってサービス利用者に満足感を与えることに貢献したのか。

多くの法律に基づくケースワークの脈絡では、外部から批判する団体が存在していて、児童の虐待やネグレクトが原因で児童が死亡したような否定的なケースの結果を調べている。しかし、外部批判は否定的なケースの結果に焦点を合わせる傾向があるので、我々の実践を批判する際に、それらのみ頼るだけでは不十分である（Healy and Oltedal, 2010）。我々の実践を継続的に改善するためには、我々の進歩をアセスメントすること、あるいは、目標を達成す

るなかで、我々の専門職としての責任とサービス利用者の満足度をアセスメントすることが重要である。サービス利用者との実践を我々が事後評価できるようになる方法がいくつかある。それらのなかの1つの方法は、我々のケース実践の不可欠の部分として、サービス利用者とともに、目標達成に向かっての我々の目標と進歩を見直すことである。この話し合いはサービス利用者とのミーティングで定期的に行われるべきである。そして、それは記録されるべきである。見直し、それを記録することは、ワーカーとサービス利用者がインターベンションの過程における進歩を確認するのに役立つ。これは、単にキーポイントでだけでなく、取り組みの全期間にわたって実践結果を認識するのに役立つ。このような継続的な事後評価は、サービス利用者の変化を持続させるためにも重要である。例えば、精神保健の実践の脈絡において、ソーシャルワーカーとサービス利用者は一緒になってサービス利用者が再雇用されるために取り組むかもしれない。それで、もしサービス利用者を退院させ続けるという目標が達成されなかったとしても、他の人生目標に向かった実質的な進歩が実現されているという事実は、我々の仕事を事後評価する際に考慮に入れることが必要である。

　我々が実践を見直すことができる2つ目の方法は、ケース記録を通しての見直しである。この見直しは、我々がサービス利用者とともに合意した目標が達成できたかどうかに焦点を当てるべきである。そして、その目標には我々の専門職としての責任と法的責任が含まれているべきである。例えば、児童保護ワーカーは、彼らのインターベンションが子どもの安全を保つことに役立っているかどうかを見直し、そして可能な場合には、家族とともにそれを行うべき責任を持っている。見直しを系統的に、そして特別な事件や異常な出来事にばかり焦点が当たることを避けるために、定期的に、例えば3カ月ごとに行うことが重要である。見直しに同僚あるいはスーパーバイザーにかかわってもらうことも役に立つ。そのことによって、我々は自分の実践のパターンと、それらのパターンに影響している広範な要因を見直し、また我々の実践を改善するための選択肢を考え、サービス利用者にとってのネガティブな結果に寄与している環境的要因の改革の達成がしやすくなるであろう。

　3つ目のアプローチは、サービス利用者と他のサービス提供者からサービス利用者とともに効果と満足感に関して理解していることについての情報を収集

する方法である（Trotter, 2006, Ch.8）。我々はこのような情報を集めるために調査やインタビューを活用することができる。しかし、データはサービス提供者以外の人から集めるべきである。それは、自分の経験と理解についてのサービス利用者の報告における偏りを少なくするためである。理想的には、この調査やインタビューは、量的データと質的データ、両方の収集を含んでいるべきである。量的データの場合は、サービス提供が合意された目標を達成しているかどうかや、サービス利用者が満足感を得られているレベルに到達しているかどうかには関係なく、サービス利用者が、1から5のスケールで採点ができる。量的データを含むことで、時間経過に沿って、個々のサービス利用者とも、あなたが援助しているサービス利用者のグループ全体に関しても点数を比較することができるようになる。サービス利用者がつけた点数の理由のような質的なデータを含むことで、我々はサービス利用者が何を考えているのかを洞察することができるし、それはまた我々の仕事を高めていくための基盤として活用することもできる。

　4つ目のアプローチは我々の仕事において発生したきわどい出来事を見直すことである。このアプローチは我々の仕事を事後評価し、我々の実践を継続的に発展させるのに役立つ。実践における批判的熟考の基礎として「批判的インシデント技法」を使用することは、我々が難題として経験してきた実践上の出来事の定期的な見直しを通して学ぶことを含んでいる（Fook and Gardner, 2007）。この技法は、我々には難題となってきた出来事、例えば、我々が提案する協働に対して抵抗を示してきたサービス利用者にどう対応するかといった問題を確認することを含んでいる。出来事を批判的に見直すことには、今の難題に照らして、我々の実践に対する考え方に挑戦し、実践の見直しにつながっている出来事に寄与している我々の考えと期待を探求することも含んでいる。それは、将来において、建設的にこのような状況をマネジメントできるようにするためである。ケース記録の見直しと同様に、見直しに同僚あるいはスーパーバイザーにかかわってもらうことは、我々が実践に対する考えをより十分に考察するのに役立つし、そこで得られた学びに基づいて前に進んでいくのに役立つであろう（Fook and Gardner, 2007参照）。

結論

　本章では、法令に基づくケースワークを実践の方法の1つとして紹介してきた。私は法令に基づくケースワーク実践に関連する多くの特別な難題の概要を示してきた。そして、その多くはソーシャルワーカーの役割の二面的な特質に集中していた。また、私はソーシャルワークの方法としての法令に基づく実践の重要性について考察してきた。特に、この形態の実践にソーシャルワークの価値観を持ち込む必要性について考察してきた。さらに、私は法令に基づくケースワークの方法におけるソーシャルワーク実践の4つの段階を実践するための実際的な戦略の概略を示した。要するに、法令に基づくソーシャルワークは、ソーシャルワーク実践の重要な方法であり、ソーシャルワーカーがこの複雑な実践分野を理解し、またそこで建設的に働けるようになることが重要なのである。

振り返り問題

1. サービス利用者に共感を示す時に、法令に基づくケースワーカーはどんな問題を意識しておくことが必要でしょうか。
2. 法令に基づくソーシャルワーカーにとって、サービス利用者対して、法律上の役割には援助することと、社会的統制の両要素が含まれていることを理解してもらえるよう援助することがなぜ重要なのでしょうか。
3. 法令に基づくケースワークには、構造化された意思決定ツールの使用に対して、賛成する意見と、反対する意見がありますが、その内容は何でしょうか。
4. 法令に基づくケースワークにおいて、インターベンション計画を立案し、実行する時に、あなたはどのようにしてサービス利用者と協働しますか。

批判的熟考問題

1. 本章において、我々はソーシャルワーカーが法令に基づく仕事に携わることが重要であると主張してきました。あなたはソーシャルワーカーがこのよう

な実践の方法に携わることに賛成もあれば、反対もあることをどう思いますか。

実践的演習

　自分が法令に基づく児童保護サービスで働いているソーシャルワーカーであると想像してください。そこでのあなたの責任の１つは、児童が深刻な虐待とネグレクトの危機にさらされているかもしれない家族を援助することです。あなたは、５歳に満たない３人の幼児の両親であるダグさんとサリー・オロークさんに会おうとしています。ダグさんは26歳です。そして、サリーさんは25歳です。彼らの子どもは、ジャック君（４歳）と、サマンサさん（２歳）と、ブレアンナさん（６カ月）です。彼らは２年間インナーシティにある公営住宅アパートに住んでいます。ダグさんも、サリーさんも失業しています。ダグさんはブレアンナさんが生まれるすぐ前にオートバイ事故で背中を痛めました。そして、それ以来清掃員の仕事に戻ることができなくなりました。サリーさんは、以前はさまざまな小売りの仕事をしていましたが、彼女の最初の子どもが生まれて以来家にいます。

　団地の隣人たちは、ダグさんとサリーさんがアルコールを飲みすぎていることを心配しています。この両親は朝早くからしばしば酔っぱらっているように見えると報告がされています。隣人の報告によると、先週の火曜日（６日前）、ジャック君は朝の８時に隣人のアパートに、困惑した状態でやって来ました。というのも、母親と父親がラウンジで意識のない状態になっており、妹は金切り声を出して叫んでいたからです。隣人は、ジャック君と彼のきょうだいたちを慰めて、彼女のアパートで彼らに朝食を食べさせて、両親が目覚めるのを待ちました。隣人はダグさんとサリーさんのアパートは「空のビール缶が散らかっている」と報告しました。ダグさんとサリーさんは、その出来事が終わってから、それは「一回限り」の出来事だと隣人に説明しました、そして、彼らはダグさんが事故後に受け取った補償金をもらったことを祝っていたと説明しました。隣人は、ここ１週間家族の姿は見ていませんが、複数回にわたって、長い間子どもが泣き続けているのを聞いています。隣人はダグさんとサリーさんの子どもの面倒をみる能力に関して心配しています。

　あなたは今からダグさんとサリーさんに会おうとしていることを想像してください。

1. あなたは自分の果たすべき役割の要素は何だと思いますか。
2. あなたはその役割の要素について、どのように彼らに説明しますか。
3. あなたはどのようにして、ダグさんとサリーさんとともに関心を高めていこうと思いますか。
4. 子どもに関して、あなたは彼らとどのようにして取り組んでいこうと思いますか。
5. このような状況に関してあなたのアセスメントは何に焦点を合わせますか。

パート3　家族とグループの援助

　パート3は、家族とグループに対するソーシャルワークの方法やスキルに焦点を当てる。ここで取り上げられる方法は「メゾ」実践方法としても知られている。家族やグループへのソーシャルワークは、この本のパート1やパート2で述べられてきた多くのスキルを基盤にしている。

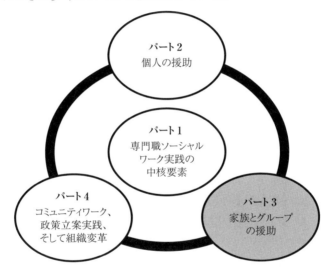

　家族やグループへの援助は、個人へのソーシャルワーク実践とは対照的に、ソーシャルワーカーは解決されるべき問題の性質について、グループメンバー間において共通理解を図る必要があり、変化するために協働するよう働きかける必要がある。家族やグループワーク実践には多くの共通した難題がある。例えば、家族やグループが直面している難題に対するさまざまな見方を理解することや、変化のために取り組むための人々のかかわりや力を作り上げるという難題がある。

パート3は2つの章からなる。第5章では、家族へのソーシャルワーク実践に焦点を当てる。この章では、家族の援助におけるソーシャルワーカーのかかわりを明確にし、その正当性を示す。家族ケースワークや家族会議、家族療法といった家族に対するソーシャルワークのさまざまな方法を概説する。第6章では、グループに対するソーシャルワーク実践について紹介する。さまざまなタイプのグループワークを示し、変化をもたらすためにグループが役立つ存在となるよう、ソーシャルワーカーが用いる実践的な戦略について検討する。第5章と第6章では、第1章で紹介したソーシャルワーク実践の4つの段階（エンゲージメント、アセスメント、インターベンション、事後評価と終結）が、家族やグループとの実践でいかに応用されるかを示す。

第5章
家族の援助

　ソーシャルワーカーは、広範な脈絡のなかで家族を援助する。ソーシャルワーカーは児童保護、高齢者ケア、精神保健、障害者支援、刑務所内サービス、そして少年司法といった多様な領域において、家族とともに援助活動に取り組んでいる。ソーシャルワーカーが実践する多くのサービス利用者やコミュニティメンバーの生活において、家族は重要である。ソーシャルワーカーは、さまざまな方法で家族を援助する。その方法には、サービス利用者の個別ニーズに対処するための支援を提供するために、家族が持つ力をアセスメントし、構築したり、家族メンバーにとって有害であったり、問題を引き起こしたりする家族内ダイナミクスに取り組むために、インターベンションすることが含まれる。

　本章では、ソーシャルワーク実践における家族の援助方法を紹介する。「家族」という用語の定義から始め、家族援助を実践する理由と方法について述べる。また、ソーシャルワーク実践における家族援助の課題についても概説する。そして、システム理論やストレングス・アプローチから得られた理論的見解や、伝統的なソーシャルワークへの批判を通して、家族援助の中核的なスキルについて述べる。ここでは、家族とのエンゲージング、家族のアセスメント、家族へのインターベンション、家族援助の実践過程や結果の評価といったスキルに焦点を当てる。

家族とは何か

　ソーシャルワーカーは、多様な家族の構造に配慮する必要がある。多くの豊かな「先進的」な社会において、「家族」という用語は、2人の親とその世帯で養われている子どもたちを表すために用いられ、場合によっては「核家族」と表現される（Blieszner, 2009）。この狭い定義でさえ、ひとり親かふたり親か、

婚姻関係か内縁関係か、同性同士か異性同士か、といったさまざまな形態が考えられる。この狭義の家族の定義は、多くの文化で中心となる家族内で家族の面倒を見る拡大家族関係という血族関係を考慮していない。拡大家族関係には、祖父母、おばやおじ、いとこを含むであろう。ここで重要なポイントは、家族の構造やその構成員、家族内でのルールは多種多様であることである。家族の援助を効果的に実践するためには、この多様性に配慮することが重要となる（Crichoton-Hill, 2009）。

家族関係は、多くの人々にとってインフォーマルなケアや支援の重要な資源である。ソーシャルワーカーは高齢者や障害者、精神障害者のケアといった実践分野で、サービス利用者が活用できるインフォーマルケアの種類や範囲をアセスメントする（Blieszner, 2009）。ケア関係の効果は、サービス利用者やコミュニティメンバーのQOLに、そしてまた彼らにとっての現実的な結果にかなりの違いを作り出すことができる。例えば、インフォーマル支援が得られるかどうかは、施設での生活よりはむしろ、自宅での生活を選択する高齢の障害者に違いを作り出す。

ソーシャルワーカーは、しばしば、サービス利用者の「原家族」や現在の家族背景に関連する問題についてのアセスメントにかかわる。「原家族」という用語は、心理社会的観点から、子どもとして育てられた家族を指して用いられ、アイデンティティを形成し、発達させるものと考えられている（Woods and Hollis, 1990）。一方「現在の家族の脈絡」とは、利用者が現在の生活で家族と考えている人々を指す。ソーシャルワーカーとして、利用者が自身の家族をどのようにとらえているのか、すなわち、誰を家族と思っているのかを理解する必要がある。利用者にとっての家族の定義は、生みの親や子どもといった生物学上の関係や、婚姻関係といった法的に認められた関係を含むが、必ずしもそれに限定されるわけではない。さまざまな環境で、利用者は自身が所属するコミュニティのメンバーを家族とみなす。例えば、路上生活者は、路上生活をともに過ごす人々を自分の家族とみなすかもしれない。

第5章　家族の援助

家族を援助するのはなぜか

　ソーシャルワーカーは、幅広い実践の脈絡のなかで、さまざまな目的のために家族を援助する。確かに、ソーシャルワーカーは多職種連携の場面で、家族とのエンゲージメントやプラン作成、家族ダイナミクスの分析といった点で専門的知識の提供を求められる。例えば法廷では、ソーシャルワーカーは、家族の状況報告をする専門職グループの１人となる。こうした報告では、法的決定権者が保護や親子の面会ルールといったことについて家族にとってよい決定が下せるよう、ソーシャルワーカーは家族の構造やダイナミクスについての分析を報告する（Seymour and Seymour, 2007）。保健医療分野では、医療ケアのニーズを表明できるよう援助し、患者のニーズを支援することができる家族の力をアセスメントするために、ソーシャルワーカーは患者の家族を援助する責任がある。

　他の多くの専門職が、家族援助をソーシャルワーク実践の中核的要素としてとらえるなかで、ソーシャルワーク専門職自身が家族援助を含める必要があるとする理由はいくつかある。すなわち、家族に焦点を当てることは、ソーシャルワーク実践に中心的な理論基盤を提供しているシステム・アプローチと一致しているからである。システムという視点でとらえることで、ソーシャルワーカーは家族やコミュニティ、そしてより広範な社会的脈絡の境界線上のなかで利用者のことを考えることが求められる（Germain and Gitterman, 1996参照）。こういった視点から、家族援助は、人と環境の相互作用を増進するケースワークや政策立案といった他の手法に加えて重要となる。

　さらに、我々の仕事で家族に焦点を当てることが重要なのは、サービス利用者の抱える難題と、その難題に対処するための機会は家族の脈絡で形作られるからである。両親がアルコール依存や薬物依存の家族、精神障害と戦う家族といった家族内での問題は、児童や若者の心の傷の一因となる。家族間の緊張はまた、家族をソーシャルワーカーとかかわらせることになる。例えば、幼児期から児童期にかけての移行期のような発達的移行期を家族がうまく対処できるよう、ソーシャルワーカーがカウンセリングの利用につなげることがある。ソーシャルワーカーはまた、支援したり、ケアしたりする家族の力を支援したり、

構築したりする責任がある。例えば、精神保健分野では、ソーシャルワーカーは家族が精神疾患とともに生活していくために必要な教育を受けたり、ピアサポートを受けたりすることができるように家族を援助する。こういったことを通して、家族自身が精神保健に問題がある家族員をうまく支援するためのよりよい方法を理解することにつながるのである。

家族援助実践のタイプ

　ソーシャルワーカーは、家族を援助するためにさまざまなアプローチを行う。本節では、家族援助のためにソーシャルワーカーがかかわる方法として、家族ケースワーク、家族療法、家族会議、家族支援の概要を紹介する。最後に、家族援助のためのアプローチのまとめを述べる。

　「家族ケースワーク」という用語は、時により「家族援助」や「家族ソーシャルワーク」とも呼ばれ、ソーシャルワーカーが「家族員のよりよい状況を生み出す」ためにサービス利用者の家族を援助するアプローチとして用いられる（Coulshed and Orme, 2006, p.205）。誰を家族ケースワーク実践の場に参加させるかをソーシャルワーカーが決定する際には、サービス利用者自身の家族に関する定義を使用するべきである。家族ケースワーク実践は、核家族とか、親戚を含めた拡大家族、他のケアネットワークを含めたものである（Crishton-Hill, 2009）。例えば、ケアしている若者が、両親や拡大家族のメンバー、里親を家族の一部とみなす場合、ソーシャルワーカーは、家族援助の実践においてその若者とともにこれらの家族メンバーとかかわるべきである。多くの実践において、ソーシャルワーカーは家族メンバーが持つ強さや、家族が直面している課題を理解するために家族と面談する。例えば、少年司法の分野において、若者による違法行動を減らすための支援を行う場合、ソーシャルワーカーは家族ができる支援を明確にするために、犯罪にかかわる若者の家族と面談する。

　「家族療法」は、家族を変化の脈絡としてとらえる一連の実践アプローチである。家族療法の流派は数多くあり、構造的アプローチや解決志向アプローチ、家族療法におけるナラティブ・アプローチなどがある（Rasheed et al., 2011）。これらの家族療法におけるさまざまなアプローチは、家族が直面している問題

や難題は、家族ダイナミクスによって影響を受け、形作られているかもしれないという共通した視点を持っている。家族療法士は、個人や家族にとって役に立たなかったり、トラブルのもとになったりしている家族ダイナミクスを理解し、変化させようと努める。家族療法では、支援者が家族メンバー数人と会うことが一般的である。しかしながら、利用者が直面している難題の一因となっている家族ダイナミクスを支援者が理解し、支援しようと努める時、家族療法のアプローチは個人への支援にも用いられることになる。例えば、家族療法士は不安による衰弱状態を経験している人を支援するために、原家族と現在の家族ダイナミクスが彼らの不安状態に、どのように影響を与えているかを考える。ワーカーは、利用者個人が原家族によって形成された考え方を変えようとしたり、個人の不安の一因となっている現在の家族の脈絡における行動のパターンを変えようとしたりするのを支援する。こうしてワーカーは、家族メンバーが家族の規範やダイナミクスをよりよく理解し、悪い影響を受けなくなるよう支援することによって、家族ダイナミクスにインターベンションする。家族療法は専門的ソーシャルワーク実践に組み込まれているが、心理療法や、臨床ソーシャルワーク実践といった特別な分野として考えられるのが一般的な見解である（Crago, 2008）。家族療法の手法は、精神保健の実践家や心理療法家といったいくつかの専門的団体によっても発展させられている。

　家族援助の他の形態として、「家族会議」があげられる。これは当初、援助計画を進展させる上でのアセスメントや意思決定のために考案された。家族会議は、その進行が家族のダイナミクスに影響するにもかかわらず、始められた当初は援助の一形態とみなされていなかった。家族会議の重要な目的は、家族の問題について、家族内で共有される理解と、家族と専門家との間で共有される理解を促進することと、これらの問題に対処するための行動計画を進展させることである。家族会議には多くのモデルがあり（Healy et al., 2011）、最もよく知られているものとして、家族グループカンファレンス（family group conference, FGC）がある。FGC アプローチはニュージーランドで始められ、1989年の若者とその家族の会議（the Children, Young Persons and Their Families Act）で紹介された。このモデルは、児童保護や少年司法のいずれの分野においても広く影響を与えている。ニュージーランドの先住民マオリ人の

文化的起源に由来し、ソーシャルワークの価値と一致する（Doolan, 2004）。FGC は、意思決定のために、「道理を越えたナラティブの」解決志向アプローチを提唱している（Hall and Slembrouck, 2001, p.159）。FGC は、拡大家族や若者の人生にとって重大な影響を与えるコミュニティ団体のメンバーを含めた若者の家族と専門家との間における協働の意思決定や、力や責任の分散に役立つ（Holland and O'Neill, 2006）。児童保護の脈絡では、FGC の中核的要素には準備と計画立案の時間が含まれる。その際、会議の目的を明確にし、その会議に家族が積極的に参加できるよう、専門家は家族が必要とする情報と支援を提供する。さらに、家族だけの時間も含まれる。この時、家族だけで児童の安全を確保し、要求に対応できるか家族でじっくり検討することになる（Morris and Connolly, 2010）。FGC アプローチの使用と限界については、非常に膨大な研究論文で議論されてきている。これは、意思決定と傷つきやすい児童の安全の増進において家族のかかわりを増大させるための家族の意思決定モデルに関連している（Healy et al., 2011; Shlonsky et al., 2009; Sundell and Vinnerlijung, 2004）。

「家族支援」という用語は、家族メンバーをケアしたり、家族関係を強化したりする家族の力を向上することによって、家族のためになるよう努めるサービスのことを指している（Australian Institute of Health and Welfare, 2001）。家族支援実践の研究の多くは、家族が児童や若者をケアする力を構築することに焦点を当てているが、家族支援はまた、高齢者や精神障害者、サービスを利用する障害者をケアするといったサービスの脈絡のなかで家族の力を構築することにも関連がある（Qualls and Zarit, 2009参照）。例えば、精神保健福祉分野のソーシャルワーカーは、精神疾患を理解するなかで、深刻な精神疾患を患う家族メンバーの経験に関連する情緒的な課題に家族がうまく対応できるよう支援する。

家族と児童とともに取り組む家族支援では、3つのレベルのインターベンション（一次レベル、二次レベル、三次レベル）に識別されることが多く、家族支援が行われる他の分野でも使用可能である（Healy and Darlington, 1999参照）。一次インターベンションとは、普遍的で幅広く、脆弱性のレベルを気にかけずに広く一般に利用できるインターベンションの形態のことである。例えば、ある国々では、精神保健と児童養護のサービスは子どもが誕生した最初

の数週もしくは数カ月のうちに、両親が新生児ケアや予防接種の対策といった医療的ケアに関する情報を確実に手に入れられるよう、両親と誕生した子どもに役立てられている。二次レベルのインターベンションとは、虐待やネグレクトにつながりそうなハイリスクを抱えている家族とか、何らかの形の脆弱性があるためにメーンストリームの保健サービスを受けない可能性のある家族に焦点が当てられたインターベンションの形態のことである。例えば、家族支援サービスが発展してきたのは、10代の児童を抱える両親がメーンストリームの保健福祉サービスをほとんど利用しようとしないため、そういった両親が利用できるようにするためであった。三次レベルのインターベンションは、虐待やネグレクトといった有害な結果が生じた家族や、継続したインターベンションなしに、さらに有害な結果が起こりそうな家族に焦点化されたサービスである。例えば、集中的な家族支援のインターベンションは、養育スキルの助言や家事支援といった在宅での支援サービスの対策を含んでおり、家族だけで児童のケアができる力を高めるために、家族に対して短期的に提供されている。

　ソーシャルワーカーによる家族援助の方法は幅広く、さまざまな種類がある。こうした多様性の一方で、ソーシャルワーク実践における家族援助の難題やスキルにはいくつかの共通点がある。次にそうした難題を検討する。

家族を援助する際の難題と注意

　家族援助のソーシャルワーク実践における重要な難題は、家族へのソーシャルワーカーのかかわりが一時的であるという性質に関係がある。これは家族メンバー自身の長年にわたる、たいていは恒久的な他の家族メンバーとの関係とは対照的である。家族を援助する時、我々は、家族が置かれている環境や基準、家族に役立つであろうダイナミクスを十分に理解しようと努める。もちろん、ソーシャルワーク実践において、サービス利用者自身の環境への認識を常に意識し、尊重しなければならない。しかし、家族同士の支援との違いは、たとえ問題についての見解が異なっているとしても、問題を共有し、お互いの関係が確立されたパターンを持っているグループ（家族メンバー）とソーシャルワーカーが出会うことである。クルシェッドとオーム（Coulshed and Orme, 2006, p.199）は、観察を通して家族と関係を築くことの難題について簡潔に指摘している。

　家族を理解しようとすることは、動いているバスに飛び乗るようなものである。人生をずっと旅している人にすれば、ある区間でその旅から離れていく人がいれば、参加してくる人もいる。そのなかであなたは一時の乗客であるため、不利な立場に置かれることになる。

家族を援助する時、ソーシャルワーカーは家族を知るために、そして観察や調査を通して家族におけるダイナミクスの状況を理解するために時間をかける必要がある。家族が置かれている状況を理解することは、すべての家族メンバーとかかわる上でも重要である。そうすることによって、すべての家族メンバーが解決に至る過程に確実にかかわることになり、責任を持って実行することになる。

　２つ目の難題は、ソーシャルワーカーがしばしば家族に対して複雑な役割を担うことである。いくつかの脈絡で、ソーシャルワーカーの役割には、支援することと監視することの両方が含まれるかもしれない。この複雑さは、児童保護の脈絡で最も明白である。そこでソーシャルワーカーは専門的でありながら、児童を傷つけていると気づく出来事があった場合、おそらく援助している家族の望みに反したとしても、法律的に行動するに違いない。ミラー（Miller, 2009, p.115）は次のとおり述べている。

　法令上の脈絡における家族援助は「穏やか」ではない。それは、論理的に厳密であり、対人関係上、骨の折れることである。なぜなら、複合的な協議事項があり、複合的な経験や「事実」を積み上げる人々がいるからである。

本質的に、家族を援助する時、ソーシャルワーカーは多くの役割を担う。その責任には、児童保護にかかわるリスクアセスメントや、家族が安全な場を与えようとしたり、環境に気を配ったりする能力を構築することが含まれる。家族と関係を築く時、ソーシャルワーカーは彼らが担う役割の特質といくらかの拘束力のある専門的、法的、組織的な責任を明確にしていく必要がある

(Trotter, 2004)。例えば、ある脆弱性のある家族を援助している組織では、児童虐待やネグレクトの報告についての手順が存在する。そして、実践するに当たって、それらは丁寧で、わかりやすく構成されており、利用者にはそれらの手順を確実に知らせることが必要だとされている。トロッター（Trotter, 2004）は、責任の明確さは、開始時の説明以上に必要なことであると指摘している。言い換えると、トロッターは、ソーシャルワーカーは、外部への報告責任を含めて、自身の役割や責任の特質について、詳しく、そして正直に話す姿勢でかかわらなければならないとしているのである。

　フェミニストや人種差別反対主義者のソーシャルワーカーは、家族援助は性差別主義者や、ヨーロッパにおける家族についての偏見を強化するのではないかと懸念している（Orme, 2001）。例えば、フェミニストの著者らは、ソーシャルワーカーと家族ソーシャルワーカーのいずれにおいても、その家族援助において家父長制の規範を受け入れていると広範にわたって批判している（Orme, 2001）。人種差別反対主義者のソーシャルワーカーは、文化の多様性を保存し損なうようなソーシャルワーク実践の形態を批判してきた。その多様性とは、家族構造や規範におけるものであったり、文化的、言語的に多様な地域出身の家族に対する人種差別主義者がずっと持ち続ける偏見におけるものであったりしている。メイター（Maiter, 2009）は、家族を援助する文化的コンピテンスアプローチは、文化的に多様な地域における家族構造の多様性に敬意を払い、これらの家族を社会参加から一切排除する、より広範な社会構造に挑んでいると主張する。つまり、家族ソーシャルワークへの批判的インフォームドアプローチは、ソーシャルワーカーに家族へ直接的に働きかけることだけでなく、福祉サービスの提供機関内での制度的実践や、家族についての性差別主義者や人種差別主義者の偏見を止める教育的制度へも取り組むよう求めている。例えば、人種差別反対主義者のソーシャルワーカーは、広い範囲の家族関係を認識し、家族グループの面談過程に含むよう努めるであろう。この取り組みには、親戚の人々も入れるような面談室を用意し、面談の過程は文化的な規範、例えば家族メンバーを歓迎して面談に受け入れ、面談を終了するためのエチケットに対応することも含まれている（Crichton-Hill, 2009参照）。

　いかに、そして実際に家族援助を実施するかどうかに重要な意味を持ってい

るもう1つの問題は、児童虐待やネグレクトやドメスティック・バイオレンスといった暴力が行われているという問題である。以下はダグラスとウォルシュ（Douglas and Walsh, 2010, p.491）によるものである。

　ドメスティック・バイオレンスとは、身体的であろうと、情緒的であろうと、（配偶者間を含めて）親しい間柄における暴力を広く指しているものであり、それによって虐待者が犠牲者をコントロールするというような複雑なダイナミクスがあると理解される。

非常に重要な課題として、一方がもう一方に対して強制的なコントロールを持つ環境では、どんな種類の家族援助においても参加する家族メンバーの能力は抑制され、さらなる暴力の危険にさらされることになることがあげられる。家庭内暴力が存在し、面談によって参加者をさらなる暴力にさらすことになったり、暴力の恐怖によって参加が抑制されたりする環境で家族の面談を運営することは避けるべきである。話し合いをせざるを得ない場合には、家族メンバーの安全を守る方法を考えておかなければならない（Johnson et al., 2005）。

家族の援助

　本章の残りの部分においては、ソーシャルワーカーが家族を援助する時に、関係を築くのに必要なスキルについて概説する。それは家族ケースワークとしても知られている。第1章で概説したソーシャルワーク実践の4つの段階に基づいて、ソーシャルワーカーが家族を面談、ニーズのアセスメント、変化を生じさせる場面、そして結果の事後評価にかかわらせる方法を検討する。全体を通じて、考え方の文化的差異や家族援助のダイナミクスに対して敏感になることの重要性についても検討する。本章の残りの部分で焦点を当てるのは、第一に、児童保護の問題を抱えていたり、リスクが存在するといった脆弱性のある家族を援助することである。私は、ソーシャルワーカーが広くさまざまな脈絡において家族を援助するものであることを早くから認めている。しかしながら、家族援助実践における特別な知識やスキルの適用を説明するためには、特定の

タイプの実践の脈絡に言及して説明をすることが必要である。

家族をかかわらせる

まず最初に、家族をかかわらせる上で必要な知識やスキルに目を向ける。他のソーシャルワーク実践と同様に、初めから利用者と意味のある、建設的な関係を築くことが重要である。その一方で、家族へのソーシャルワークが他のソーシャルワーク実践と異なることは、主となる対象者が個人ではなく集団、つまり家族であるということである。

家族との関係づくりの初期には、3つの重要なポイントがある。まず初めに、他のソーシャルワーク実践と同様に、ワーカーの役割や家族援助の特徴やその範囲についてのワーカーの認識について、家族に説明することである（Trotter, 2004）。例えば、病院のソーシャルワーカーが家族にかかわる場合、家族療法家や児童保護のソーシャルワーカーがかかわる過程や内容と比べて、異なる責務がある。我々は目的をはっきりした言葉で直接伝えるべきことは当然である。例えば、「私は子ども病院からきたソーシャルワーカーです。私がここへ来たのは、医師があなたの息子さんの健康状態を心配しているからです。ぜひ、あなたの息子のジョナサン君がどのようにして脱水症状に至ったのか知りたいですし、あなたや家族を助けるためにどんなことができるかお尋ねしたいのです」。

2つ目のポイントは、家族が家族をどう理解しているのかをお互いに考えることである。核家族（親2人とその子どもたち）は、多くの先進諸国において「一般的」と考えられているかもしれない。しかし、ソーシャルワークにおいては多種多様な家族に出会う。祖父母やおじ、おば、いとこといった核家族を越えてつながっている身内の人々は、自分自身もサービス利用者の直系家族であると考えている場合もある。確かに、「直系」家族、「拡大」家族といった用語がソーシャルワークでは通常用いられるが、お互いに直接的にケアする責任を負う生物学的な親や子が、家族として意味をなさないこともある。したがって、家族面談を進める時、利用者個人、もしくは家族が「家族」として認めている家族と面談を始めることが重要である。

3つ目の要因は、家族面談という脈絡にとって友好的で、適切で、安全であり、また建設的な関係を作るのに役立つ環境を作ることである。クラゴ（Crago,

2008, p.71）は、「家族援助の早い段階で」我々に「頻繁に求められるスキルは、『小さく始める』スキルであり、そのスキルは各人の話す権利を守り、葛藤をコントロールし、『不測の事態に直面したり、非難を受ける』可能性を拡散したり、先延ばしにしたりする」と述べている。「個人それぞれの話す権利を守る」という見地から、ワーカーは、面談の場所が家族メンバーにとって脅威とはならず、家族と思われているすべての人が入りやすいところを確保することが必要である。例えば、法的児童保護サービスにおいて以前にネガティブな経験をしていることが明らかな家族にとっては、法的機関よりは、むしろコミュニティ・ホールや民間の会合スペースで面談する方がよいであろう（Healy et al., 2011）。階層的な座席の配置よりも円形の配置をするといった、部屋の物理的なレイアウトも、排他的でない環境を築くための助けとなるであろう。さりげない配慮に見えるかもしれないが、気分転換の用意がいくつかの家族面談の脈絡において行われており、歓迎されていると感じられる環境の構築に役立っている（Crichoton-Hill, 2009; Healy et al., 2011参照）。ホワイトボードなどの視覚的にとらえるのに役立つ物を利用することも助けとなる。なぜなら家族メンバーが、家族面談で明らかになった課題やアセスメント、同意した行為を（聞くのと同様に）見ることができるからである。視覚的な支援道具を使用することは、家族メンバーが取り組む時の誤解を減らすことや、面談中に明らかになる情報の誤りを取り除くのに役立つ。

　友好的な環境を作り出す別の側面は、家族面談に出席している人すべてが正式に紹介されること、明確なコミュニケーションの基礎的なルールが参加者とともに形成されること、面談の期間と頻度（面談が一度きりではない場合）についての見込みが明確にされることである。支援ワーカーや代弁者、法定代理人といった家族以外の人物がいる場合には、フォーマルな紹介をすることが特に重要である。しかしながら、家族メンバーやワーカーのみの面談においても、フォーマルな紹介をすることは役に立つ。なぜならば、それによってワーカーが参加者の家族内における役割を正確に理解することができるからである。家族面談では、常に、招集者を含めて面談に参加している人が誰なのかを明確にする発言からスタートするべきである。話し合われる家族の課題にかかわる家族メンバー、例えば子どもが不在の場合、何らかの形でその存在を認め、表現

したりするべきである。例えば、子どもが不在であれば、その子どものおもちゃや写真を空いている椅子の上に置く方法もある。決定が子どもへ直接的に影響する場合や、子どもが面談に出席しない方がよい場合には、子どもの代理人が面談で子どもの考えを述べるかもしれない。ここで重要となるのは、他の家族メンバーや専門職者が子どもの代理人として行動できるのは、彼らが子どもの代弁者や代理人としての役割を特別に引き受けており、彼らの専門職としての利益や個人的な利益が子どもの利益と確実に区別されている場合のみであることを我々が理解しておくべきことである。

　紹介に続いて、ソーシャルワーカーはコミュニケーションの基礎的ルール、つまり、面談の場におけるコミュニケーションの仕方についての期待を明らかにするべきである。基礎的なルールは、面談への家族メンバーの公平な参加と、自分の考えを安心して述べることを保証するのに役立つ。このような状態を促進するために、ソーシャルワーカーは、どのようなルールと原則に合意が必要であるかを確認するために家族メンバーに対して質問をするかもしれない。それによって、すべての家族メンバーが課題についての話し合いに参加できるようになる。また、そのような原則はすべての家族メンバーに適用されるべきである。ソーシャルワーカーとして、我々は家族面談という脈絡におけるコミュニケーションにおいて、コミュニケーションを助けたり、妨げたりするものに関する熟練性を基盤にして、面談時のコミュニケーションの原則の構築に貢献するべきである。我々の貢献は重要である。なぜならば、家族は正式な家族面談の状況をほとんど経験していないであろうし、問題解決の助けにはならないコミュニケーション実践、例えばお互いにしゃべりあえるだけのコミュニケーションを展開するかもしれない。コミュニケーションの基礎的なルールを展開するなかで、ソーシャルワーカーは家族内でのコミュニケーションの取り決めに対して敏感になっているべきである。例えば、多くの文化において、誰を家族の上級メンバーや長とみなすべきかの取り決めが存在している。もし我々がこれらの取り決めの認識を誤れば、家族全体を遠ざけてしまうおそれがあり、メンバーそれぞれを不快にしてしまうであろう。例えば、平等主義の精神では、その部屋で最も若い人の意見で家族面談を始められればと願うが、今なお年長者が「家庭」の長とみなされている脈絡では、そういったやり方は家族のなか

の若い人と年輩の人のどちらをも不快な気分にさせるかもしれない。それは家族を援助できる人としてのあなたの信用を落とすことにもなりかねない。

　家族面談の目的によっては、面談の前に、家族メンバー個人と会うことが必要になるかもしれない。メンバー個人との予備面談は、次のような状況で重要である。すなわち、重要な決定、特に面談に基づいて法的な意味のある決定を行う時や、面談が法的な過程の一部である時である。例えば、家族メンバー個人との予備面談は、家族面談で児童保護や家族の法的責任を扱う時に重要となる（Healy et al., 2011）。このような形で面談の事前準備をしておくことは、家族が家族よりもより多くの面談を経験してきている他者、例えば児童保護ワーカーと面談をするといったような脈絡において力の差を減らすためにも重要である。家族自身が課題を探すのを援助したり、家族面談について意思決定するのを援助するために家族面談を開催するような脈絡では、それをするに先立って、家族面談を始める時に、目的と基礎的なルールを決めるだけで十分であろう。例えば、両親が高齢者施設へ入所するという理由で、自宅を売る方法について家族がカウンセラーのところへ相談にきている場合がこのケースに該当している。このような状況であっても、家族援助のワーカーは家族内での力の差に気づく必要がある。そして、いくつかの脈絡では、力に差があることを認めてもらうために、個々の家族メンバーとの事前面談をすることが必要になるであろう。家族メンバー個人との事前面談が特に重要になるのは、ドメスティック・バイオレンスのような虐待や暴力が行われていると疑う根拠をソーシャルワーカーが握っている状況である。もし暴力が振るわれていると証明されたら、虐待や暴力が向けられている対象者の安全が確保されるまで、面談は延期されるべきである。

次はあなたの番です…

　イメージしてください。あなたは施設ケアを受けて成長してきた人々に対して支援サービスを提供するソーシャルワーカーです。あなたが援助するクライエントの一人は、ジェーン・スリーマンさんで、38歳です。ジェーンさんには、14歳の娘、リアノンさんと10歳の息子、サム君がいます。ジェーンさんは、リアノンさんとサム君の父であるクレ

イグ・スリーマンさん（42歳）と離婚しました。ジェーンさんが付き合って2年になる相手は、デイビッド・コクランさん（38歳）で、彼はジェーンさんとその子どもたちと一緒に暮らしています。

ジェーンさんは虐待を経験し、施設で育ちました。デイビッドさんはうつ病を患い、継続的な医療ケアが必要であり、ときどきうつ病のために入院しています。最近は1年ほど前に6週間入院しました。うつ病のため、デイビッドさんは常時働くことはできませんが、地元のスーパーマーケットでパートの仕事を続けています。ジェーンさんは、施設ケアを受けて成長した人々に対する支援サービスを5年間受けてきました。そして、今や施設ケアを受けて成長した他の人たちを支援するピアワーカーになるよう要請を受けています。ジェーンさんはあなたの援助ですっかり落ち着き、信頼関係を築いています。あなたの援助により、あなたはジェーンさんの子どもとも強い関係を築いており、子どもたちもアートプログラムといった援助の一環で実施している活動に参加しています。

ジェーンさんは子どもに対して抱く葛藤について悩み、あなたのところへやって来ました。ジェーンさんは、リアノンさんが自分のことを悪く言ったり、イライラさせる名前で呼んだり、暴言を吐くようになったと感じています。ジェーンさんによると、サム君はリアノンさんに倣って行動しているように見え、サム君もまたジェーンさんのことを悪く言い始めたとのことでした。ジェーンさんはうまく対処することができないと感じ、リアノンさんとサム君を叩き始めてしまうのではないかと不安になっています。ジェーンさんは、子どもたちが彼女に対して暴言を吐く時、デイビッドさんは何もしないと言っています。

1. この家族との面談で、家族は何を達成できればいいと思いますか。
2. もしあなたが家族面談をとりまとめるとしたら、あなたはどのようなことをしますか。誰がその面談に参加するべきでしょうか。
3. どのようにして面談を始めますか。そして、どのようにして各個人の話す権利を保護し、対立を建設的に取り扱いますか。

家族とともに行う家族のためのアセスメント

アセスメントにおける重要な課題は、家族が直面している難題の特質を理解し、その難題を解決するための家族の能力を高めることである。専門職者とし

て家族のアセスメントについて話す時、我々はしばしば家族がうまくいっていないことに対する専門職者としての見解を話す（Turnell and Parker, 2009）。理想的には、家族を援助する時、我々は彼らとともに生活という社会的な脈絡のなかで問題の特質と強さと能力についての理解を進めることを目指している。

ソーシャルワークのアセスメントは社会環境の中の人を理解することに焦点を当てている。第3章でふれたように、「心理社会的」アセスメントという用語は、個人と社会環境の間の相互作用を理解することに焦点を当てたアセスメントにおいてよく用いられる。ジェノグラムはソーシャルワーカーや、その他の援助専門職によってよく用いられるツールであり、個人と家族の心理社会的ダイナミクスへの洞察が得られる。ジェノグラムは家族関係や課題、そして少なくとも2世代（通例、それ以上）にわたる家族ダイナミクスを図形で表現する。ジェノグラムで認識される関係は、それに限定されるものではないが、親との関係、親密な関係、別離、離婚、子や親の死亡による喪失を含んでいる。考えられる課題やダイナミクスには、愛着や心理的距離が離れていること、家族メンバー間における緊張状態についての家族の認識が含まれる。

ジェノグラムは、家族ケースワークで頻繁に用いられ、家族の脈絡やダイナミクスの共通理解を促進し、伝えるために用いられている。ジェノグラムは、家族と協働するソーシャルワーカーによって発展させられてきたが、家族を援助するその他の専門職とも共有されてきている。確かに多くの場面で、共通したジェノグラムがケース記録に記載されている。ジェノグラムは、保健福祉サービスの分野で広く用いられてきたが、ジェノグラムの表現方法についての普遍的なルールはほとんど存在せず、広く知れ渡っている決まりごとでさえ、時間の経過により変化している。例えば、20年前、同棲関係はジェノグラムにおいて点線で示されている一方で、婚姻関係は一本線で描かれていた。今日では、いずれの関係についても一本線で描かれている。広く知れ渡っていると思われる決まりごとの1つは、異なる世代間の関係が常に階層的に示されている点であり、年上の世代から始まり、最も若い世代で終わる。ジェノグラムは、たいてい左から右に読むものであり1つの世代の、より年上のメンバーが左側に、若いメンバーは右側に示される。広く知れ渡っている決まりごとを越えた普遍的なルールがないため、描いたジェノグラムが読み取られる状況で用いられて

第5章　家族の援助

いる決まりごとを知ることが重要であり、ジェノグラム内で使われている記号の「手がかり」や定義を示すと、読み手にとって役立つであろう。図5.1はジェノグラムで共通して見られる決まりごとを含んでいるが、これらの決まりごとが異なるさまざまな流派が存在することに留意してもらいたい。

例として、図5.2はジェーンさん、デイビッドさん、リアノンさん、サム君を含めた家族状況のジェノグラムを示している。ケース研究で示された情報に加えて、ジェーンの両親についての情報が含まれている。

図5.2のジェノグラムは、先に示したケース研究の家族の3世代にわたる関係を図示している。ジェーンさんはこのジェノグラムの中心に位置し、二重線

四角は、男性を示すためによく用いられている。二重線はジェノグラムの主となる対象者を示し、一本線の人と区別するために用いられている。	□
丸は、女性を示すために用いられている。二重丸はジェノグラムの主となる対象者である時に用いられている。	◎
2つの図形の間に引かれた一本線は、人間関係を示している。婚姻関係や親子関係、きょうだい関係を示している。	──
二重線は、強い関係を示している。	═
ギザギザ線は、緊張関係を示している。	∿∿∿
点線は、結びつきが薄い関係を示している。	⋯⋯
破線は、家族から離れていること（転居、里親等）を示している。	------
線上の斜線1つは離別を示し、斜線2つは、離婚を示している。	／／／
Xは死亡を示している。	X

図5.1　共通して用いられるジェノグラムのきまり
McGoldrick et al., 2008から改編

で示されている。それは、彼女がこのケース研究の初期の主な対象だからである。ジェノグラムでは、彼女が両親の養育から引き離されていることを示すために破線で表示されている。ジェノグラムにはまた、ジェーンさんのきょうだいや、デイビッドさんの両親やきょうだいの情報を含めることもできる。さらに、ジェノグラムには、ジェーンさんの夫であったクレイグさんや、彼女の現在のパートナーであるデイビッドさんも含んでいる。家族にとって「出来事」と思われることも含み、このジェノグラムではジェーンさんの父が死亡していることや、父の死亡時の年齢、死亡年についての情報も示している。ロレーヌさんとジェーンさん、そしてジェーンさんと子どもたちの間のギザギザ線は、これらの関係が緊張状態にあることを示している。

　ジェノグラムは多くの情報をまとめるのに役立つ。そして、ワーカーや援助

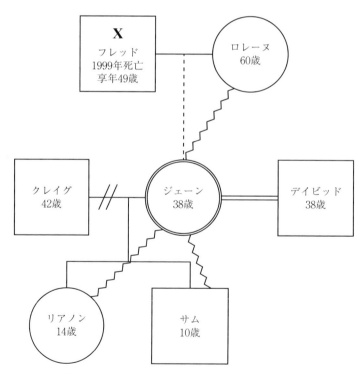

図5.2　ケース研究における家族のジェノグラム

対象の家族にとってはもちろんのこと、後に家族面談のケース記録を見る同僚においても容易に利用可能なものである。ジェノグラムの利点として、ワーカーや家族メンバーが家族構造やダイナミクスの見解を共有するのに役立つことがあげられる。もう1つの利点として、ワーカーと家族の注意を探索に役立つ家族ダイナミクスの情報へ向けることがあげられる。例えば、図5.2のジェノグラムは、家族2世代にわたる関係において緊張状態があることを示している。それはワーカーや家族がその緊張状態の本質について詳しく検討することに役立ち、葛藤を解消するスキル獲得の必要性といった家族内での共通した課題が表れているかどうか調べることに役立つ。さらなる利点として、ジェノグラムは家族にとっての出来事の意味を考えるのに役立つことがあげられる。例えば、フレッドさん（ジェーンさんの父）は、リアノンさんの誕生後まもなく、サム君の誕生前に死亡していることがわかる。ここでの例として、子どもたちが祖父について知っていることを調べてみるかもしれない。また、ジェノグラムから見て取れる人物として、母親であるジェーンさんと離婚している父親のクレイグさんと子どもたちとの関係の本質について詳しく検討するかもしれない。もしジェーンさんを一個人として援助していたならば、両親との関係や母親として経験している彼女自身に対する、両親の養育から引き離されたことによる影響やその認識について検討するかもしれない。また、クレイグさんとの関係がうまくいかなくなったことや、親として、そしてデイビッドさんのパートナーとしての彼女への先の影響について詳細に検討するかもしれない。これらの課題について、子どもたちが同席している状況で検討することは不適切であろう。

次はあなたの番です…

自分のジェノグラムを描きましょう

　自分の原家族の3世代にわたるジェノグラムを描きましょう。死別や離婚、別離といった重大な出来事の情報も含めましょう。そして、家族間における緊張や仲たがいといった家族ダイナミクスについての情報も含めましょう。

　ジェノグラムを完成させたら、以下の点について考えましょう。

1. あなたの家族において、あなたに一番重大な関係があることは何だと思いますか。
2. 世代を越えて共通しているダイナミクスはありますか。
3. 喪失といった家族内ダイナミクスでの出来事や、それにより家族の凝集性が高まった出来事など、あなたの家族でどの出来事の印象が強いですか。
4. ジェノグラムを完成させるために、家族の出来事やダイナミクスについてもっと知りたいことはありますか。

　ジェノグラムは家族とのソーシャルワーク実践において広く用いられているツールであるが、このツールの限界も認識しておく必要がある。ジェノグラムは、複雑な家族ダイナミクスがある大きな拡大家族に対して使用するには難しく、時間がかかり、わかりにくい。例えば、図5.2で示されたジェノグラムでさえ、ジェーンさんの原家族についての情報はいくつか除外されている。例として、ジェーンさんのきょうだいについての情報を含めることは、ジェノグラムの読み手を困惑させる危険があるので除外されている。ある家族メンバーがいくつかの児童養護施設を経験しているといったように、利用者がいくつかの原家族を結びつけて考える可能性もある。この情報をジェノグラムで表示することは難しい。さらに、ソーシャルワーカーや利用者によって意図されたものとは異なる方法でジェノグラムを解釈する、多種多様な読み手が存在することが問題である。その理由の1つに、ジェノグラムで用いられる記号について、多くの分野にまたがって共通する言語がないことがあげられる。このため、ジェノグラムがケース記録や報告に組み込まれる時、常に書き手の説明を添えるべきである。

　ジェノグラムは、ワーカーが家族の構造やダイナミクスについての家族の共通認識を促進するのに役立つ。しかし、この情報だけでは、ソーシャルワーカーが家族とともに焦点を当てようとする問題や難題に焦点を定めるには不十分である。最終的に、アセスメントの段階では、ワーカーに接触し、持ち込んできた家族が直面している問題や難題の本質や、家族に既に存在する力、これらの問題を解決するための環境について、家族で明らかにし、その理解が共有されるよう努める。児童保護といった実践の場面では、この家族の環境におけるリスクと安全のサインについてもアセスメントする必要がある（Turnell and

Parker, 2009)。アセスメント、特に家族とともに作りあげられたアセスメントは、支援計画の基礎となる。アセスメントを進め、理解することに家族が積極的にかかわれるようにするためには、家族アセスメントのバランスを保つことが重要である。つまり、問題と力の両方を認識しており、アセスメントが専門用語ではなく、わかりやすい用語で簡潔に述べられていることが重要である。アセスメントの理解を共有することは、目標を設定し、行動計画を進めていく上で、家族の参加を最大限に引き出すことにつながる。

　家族の難題や可能性のアセスメントを進める時に、家族のかかわりを最大限に引き出すためにソーシャルワーカーが使用可能ないくつかの戦略に今一度、立ち戻りたい。アセスメントの過程で明らかになる点を理解するために、参加者全員に役立つ視覚的な支援道具は、アセスメントの過程に家族がかかわるために重要となる。すべての参加者にはっきりと見えるよう、ホワイトボードや丈夫なクラフト紙にアセスメントの内容を書くことは、明らかになったアセスメントの理解を共有する1つの方法である。ホワイトボードは、家族面談時に視覚的支援道具として一般的に使われているが、学校の教室のような雰囲気を作り出す危険性があることを気にとめておくことが重要となる。さらに、ホワイトボードなどの視覚的支援道具を使用するならば、視覚障害者や資料を読む能力に制約を受ける人への支援についても考える必要がある。

　手がかりを引き出すことは、アセスメントの過程に家族がかかわるために役立つ。写真や絵画といった視覚的なイメージを用いることは、言葉にしにくい家族の強さや関心があること、目標についての異なる側面を家族メンバーが表現するのに役立つ。ここで、ソーシャルワーカーがジェーンさんやデイビッドさん、子どもたちのリアノンさんとサム君を援助するために、家族の強さや、それぞれ関心があること、到達したい目標について話し合う時に、写真イメージを使用することを例として取り上げる。この場面では、写真イメージ（建物や自然環境のイメージや単一の言葉など）は家族メンバーがそれぞれの状況で抱える感情や認識についての話し合いを活気づけるために用いられる。例えば、「幸せ」という単一の言葉が書かれたカードの提示は、彼らの家庭状況に最も幸せなことをもたらすものを探るのに役立つかもしれない。つまり、視覚的イメージは、話し合いを活性化するのに役立ち、家族のニーズや強さ、目標の理

解を明らかにし、それを共有するために働きかけるソーシャルワーカーや家族を支えることになるであろう。

家族へのインターベンション

　変化のための目標と、その目標を達成するための戦略を進める時に、家族にかかわり、アセスメントを通して得られた情報をどのように使用するかをここで考える。そして目標設定と、目標達成に向けての後退に対処する際の難題について検討する。

　インターベンションの過程では、共有され、同意された目標の達成に焦点を当てなければならない。これらの目標は、共有されたアセスメントから明らかにされるべきであり、それは家族を援助する際の指針となる。クライトン・ヒル（Crichton-Hill, 2009, p.197）は「目標とは、家族が何を目指して努力するのかと、そこへ到達する方法を明らかにするものである」と述べている。我々は家族が目標に到達するために、目標と戦略を明確にするよう励ますが、法令に基づいて、ワーカーが目標の設定に意見を述べる必要があるとされている実践の脈絡もある（第4章を参照）。

　保健と福祉に関する実践の脈絡の多くにおいて、ワーカーはインターベンションの計画を立てる過程で家族が受けるプレッシャーを敏感に察知しなければならない。これらのプレッシャーは、非現実的なインターベンションの計画に結びつくかもしれないし、家族の状況を悪化させたり、重大な法的結果に至ったりする可能性がある。例えば、イギリスやオーストラリアでは、児童保護システムのもとに置かれている家族は、脆弱性のある子どもの安全を守るためのインターベンション計画を進める時に、ケース・カンファレンスや家族のグループ面談にたびたび参加させられる（Healy et al., 2011）。ケースのために計画された目標の達成状況によって、児童が家族のもとへ戻されるか否かが決定されるであろう。これらの環境下で、家族はかなりのプレッシャーを感じながら、児童保護機関から要求されていると感じる目標と時間的枠組みに同意することになる。例えば、家族は児童保護当局から要求されていると思っていることに対応するために、失業や薬物、飲酒、そして精神的健康の問題といった一連の重大な生活上の難題に同時に取り組むことに同意するかもしれない。家族メン

バーがプレッシャーを経験するあらゆる状況、例えば、法的当局や制度から生じるプレッシャー、もしくは家族インターベンションの過程に参加するという家族内で生じているプレッシャーがあるような脈絡において、ソーシャルワーカーは有用で現実的なインターベンション計画を作成するためにも、これらのプレッシャーに気づき、またそれを最小限にするように努めることが重要である。家族がケースの計画を作り上げるのを援助するなかで、ワーカーは、目標や時間的枠組みが程よいものとなり、アセスメントの過程で生じてきた課題に取り組むのに十分な資源を確保する責任を負っている。

　目標は、計画されたインターベンションの基礎をなす。目標は達成に向けての明確な課題とともに具体的な用語で示すことが必要である。また必要な資源を確認し、利用できるようにしなければならない。さらに、目標は測定可能なものとしなければならない（Crichton-Hill, 2009）。目標を具体的にすることはインターベンション計画において常に重要であるが、家族を援助する時、目標の共通理解と、その達成方法を家族メンバー間で検討してもらうことが特に重要である。例えば、「コミュニケーションの改善」といった抽象的な用語で示されている目標は、ジェーンさんと、パートナーであるデイビッドさん、もしくは彼女の子どもたちであるリアノンさんやサム君とはまったく異なった意味を持つかもしれない。この目標のより具体的な表現は、お互いに悪く言うことをやめて、次の2週間後までに少なくとも1回30分以上、各家族メンバーに対して2度の機会を見つけ、それぞれの家族メンバーの話をよく聞くこと、といったようになる。

　一度、目標が立てられたら、その目標を達成するための具体的な行為を確定し、割り当てられる行動には責任を持ってもらうことが必要である。例えば、家族メンバーにとって、お互いに悪く言うのをやめ、お互いの話をよく聞くという目標を達成するためには、家族メンバーそれぞれが言語的な攻撃を引き起こすものを特定し、よりアサーティブなコミュニケーションを行う方法を身につける必要がある。具体的な行動としては、アサーティブ、あるいは非暴力的なコミュニケーションの方法を学んだり、家族面談のなかでよりアサーティブなコミュニケーションの方法を練習するといった方法も考えられるであろう。ワーカーには、目標に関連した課題を達成させる責任を負っているかもしれな

い。例えば、家族が自分たちの家の混み合った状況が家族の対立の原因になっており、目標はより快適な家を見つけることだと確認するかもしれない。すると、ワーカーは家族のために安価な共同住宅の選択肢について調べる仕事を引き受けるかもしれない。

　実際に経験してもらう戦略は、家族メンバーが、お互いの考えを理解し、目標に沿った課題の練習をするのに有効である。例えば、家族面談という安全な場で、最近に起こった対立状況を家族にロールプレイしてもらい、それがエスカレートしていく原因について考えてもらう方法がある。ワーカーは、対立の発生を回避できる他の方法を家族が考えたり、「ブレインストーミング」したりできるよう援助するであろう。考え出された方法を実際の対立場面でも使用してもらえるよう、家族にロールプレイしてもらうこともある。

　目標を達成するために必要な資源について話し合うことは、目標を家族にとって現実的で、達成可能なものにするのに役立つであろう。例えば、リアノンさんは美容師の見習いをしたいと考えていても、学校を欠席がちなことを示す記録が目標達成の障壁になるかもしれない。家族面談において、ワーカーは家庭環境のなかでリアノンさんが無欠席で学校に通うのを阻んでいる原因と、出席状況を改善するのに必要な実際的な資源、例えば交通手段などについて家族に考えてもらうべきである。そして、インターベンション計画の他の部分と同様に、ワーカーは、資源を得る方法と得られるまでにかかる時間について家族が理解できるよう援助するべきである。例えば、リアノンさんは、自分と同じ通学区域の他の人たちの通学手段やその費用を調べることに責任を持ち、ワーカーは、リアノンの交通費を賄うために利用可能な経済的支援について責任を持って調べるであろう。

　また、インターベンションの目標は測定可能である必要がある。それにより、家族がその前進を評価することができるのと同時に、生じる可能性があるさまざまな後退について観察し、焦点を合わせることができるのである。我々は、家族メンバーがお互いによく話を聞こうとしたことを日記につけること、そして週のうち2日間については日記にしっかりと記録することに同意するであろう。例えば、日記の見出しには、ここ3日間で他の家族の話をどれだけ上手に聞くことができたか、自分で1から5のスケールで測定した結果と、同様のス

ケールで、自分の話を聞いてもらえたと感じた度合いを記載する。家族メンバーは、次回の家族面談の時に、その結果を共有することに同意する。ワーカーはその時、他の家族に話を聞いてもらえたと感じた時間のようにうまくいっているところや、話を聞いてもらえなかったと感じたり、他の家族の話を聞けてないと感じたようなうまくいっていないところについて、家族が検討するのを援助する。これらの結果から見えてくる洞察は、家族が目標を達成しようとするなかで得られたことや、お互いの話の聞き方の改善状況、目標を達成するために家族ができることについての家族のさらなる理解に役立つであろう。

事後評価

　他の形態のソーシャルワーク実践と同様に、援助の結果を事後評価することによって、我々の実践が高められる。我々が説明してきたインターベンションの過程には事後評価の次元が組み込まれている。そこでは、インターベンション計画の進行に合わせて、ソーシャルワーカーと家族が進歩の状況をモニタリングし、後退しているところには取り組みを進めることが奨励される。

　家族援助の実践を事後評価する時には、我々が実践の結果についての信頼できる情報を組織的に集め、再検討することが重要である。この取り組みには、最低限、目標の達成状態についての家族メンバーの理解と、援助の過程と得られた結果に対する満足度を含むべきである。家族ソーシャルワーカーは数世代にわたる家族メンバーとかかわることが多いため、サービスの結果と過程を事後評価に家族メンバーを巻き込むために、多世代にわたる適切な戦略について検討を行うべきである。例えば、我々はサービスを利用している成人と同時に、児童や若者に対しても事後評価ができるフォームを開発するべきである。児童に対する事後評価のフォームは、児童がインターベンションの過程で経験したことを表明するのを助けるために、さまざまな表情のイメージのような視覚的イメージを取り入れることができるであろう。家族から集められた素材は体系的に分析することが必要である。そして、我々の家族援助実践を改善するために勧告としてまとめあげることが必要である。

　家族援助実践のいくつかの脈絡では、さまざまな関係者から中・長期的なインターベンションの結果をフィードバックしてもらうことが望ましい。学校や

多職種チームのメンバーといった関係者は、家族援助のインターベンションがその家族に肯定的な結果をもたらしている度合いについて重要なフィードバックを与えてくれる。このようなフィードバックがチームのミーティングで得られる場合もある。例えば、保健分野の多職種チームのメンバーが患者の経過報告をする時などである。我々が家族の進歩状態について外部の関係者の見解を積極的に探し求める計画を立てる時には、我々がこのような情報を探し出そうとしていることを家族に知らせ、同意を得ておくことが必要である。

　今日に至るまで、家族へのインターベンションの中・長期的な影響に関して行われた調査研究はあまり多くない。しかしながら、問題のいくつかについてはエビデンスがあり、いくつかの形態の家族インターベンションは、あまり生産的ではなく、サービス利用者に対して約束した以上のよい結果を得ることはできていないということを示唆している。例えば、児童保護の脈絡における家族の意思決定にかかわる実践についての2つの重要な論評は、意思決定への家族の関与はサービス利用者の満足度を高めるが、児童を傷つける危険性を減らすという見地からの成果は立証されていないと結論づけている（Shlonsky et al., 2009; Sundell and Vinnerljung, 2004）。これらの研究結果は、我々は家族に意思決定の場面へ関与してもらうことは断念すべきであるとは示唆していないが、専門職として、我々は援助の過程で達成できること、例えばソーシャルワークのインターベンションに対するクライエントの満足度を改善することと、児童の安全を高めるといった他の重要な成果を得るためには現在のやり方では限界があることを区別して認識することの必要性を示している。1つの形態の家族援助実践の厳格な事後評価から得られたこれらの洞察は、家族集団の意思決定についての我々の理解や実践の改善に役立つ可能性がある。

結論

　ソーシャルワーカーはさまざまな成果を達成するために、広範な脈絡のなかで家族を援助している。個々のサービス利用者の生活を支援する脈絡において家族は重要な部分である。家族は、サービス利用者が直面している問題や難題の一因となったり、解決策の一部となったりする。さらに、多職種連携の脈絡

では、ソーシャルワーカーはしばしば家族援助について熟練しているものと考えられており、それ故に、我々は家族援助のチームにおいて責任を担っているであろう。この章で、私はソーシャルワークにおいて家族を援助するための基礎について概説をしてきた。家族援助が重要で、また家族援助がソーシャルワーカーの役割にとって不可欠となるような多くの脈絡において、あなたが家族を生産的に援助するのに、この概説が役立つことを願っている。

振り返り問題

1. 家族とのソーシャルワーク実践における4つのタイプとは何でしょうか。
2. サービス利用者が、非現実的なインターベンションの目標を立てることや、時間的な枠組みの設定に同意することにプレッシャーを感じるのはなぜでしょうか。家族がこうしたプレッシャーがあるにもかかわらず、有効で、現実的なインターベンション計画を作り上げるように援助するために、ソーシャルワーカーとしてあなたには何ができますか。

批判的熟考問題

1. あなたは、家族の援助で直面する最大の難題は何だと思いますか。あなたはこの難題にどう取り組みますか。
2. 私は家族とのソーシャルワークが多様な保健・福祉の場における重要な実践の方法であると述べてきました。家族とのソーシャルワークはソーシャルワーク実践の中核的方法であるという主張に対して、どの程度賛同しますか。もしくは、どの程度賛同しませんか。

実践的演習

次の事例について考え、2人組もしくは小グループで、質問への答えを話し合ってください。あなたは広範な家族ソーシャルワークのインターベンションを行っている家族

支援サービス機関で働いていると想像してください。15歳のビン・ホ君と家族は、ビン君の学校にいるスクール・カウンセラーからの紹介であなたのところへ相談に来ました。ビン君と両親とが衝突しているためです。母親のアンさんと父親のディさんはベトナムで生まれました。ビン君の家族は、アンさんの両親と、ディさんの母親も一緒に暮らしています。ビン君には12歳の弟チュウ君と、8歳のマイさん、4歳のドゥンさんという2人の妹がいます。

ビン君の両親は、ビン君の学校での素行の悪さに悩み、不良グループの一員になってしまうのではないかと心配しています。ビン君はすべての成績評価で不合格になり、落第の危機に直面しているため、学校でもめごとを起こすようになりました。これはビン君にとって大きな変化です。なぜなら、去年まで彼は学校一の成績を収めていたのです。スクール・カウンセラーの話によると、ビン君はある教師の存在に悩まされているとのことでした。彼は「もうダメだ」と感じ、家族の高い期待に応えることができないと言っていました。父親との関係を閉ざしてしまって以来、父親とは距離を置き、緊張状態が続いており、母親はよく本人に怒り、弟や妹にとって悪い見本だと言うとのことでした。ビン君は両親のことをとても尊敬しており、彼らを失望させてしまうことが悲しいと言います。両親は、友人が自分に悪い影響を与えていると考えているけれど、ビン君自身は、両親の期待に沿うことができない自分自身の無能さが、学校での素行の悪さの本当の理由であると言っています。

1. この事例で、家族支援ワーカーとしてのあなたにとって、何が中心的な問題だと思いますか。
2. ビン君が直面している状況について話しているなかで、何がビン君の家族の助けになり、逆に何によって家族が制約されていると思いますか。
3. 面談でビン君の家族とかかわる場合、最もかかわりを持つべき相手は誰だと思いますか。なぜそう思いますか。
4. ビン君と彼の両親と面談すると考えてください。家族が受け入れられていると感じ、安全で効果的にかかわっていける関係を築くために、どのように面談を始め、どのような過程を経るべきだと思いますか。

第6章
グループの援助

　ソーシャルワーカーは、インターベンションの方法として、あるいは学際的なチーム実践の脈絡のなかでしばしばグループにかかわる。本章で、我々はインターベンションの方法としてのグループの援助に焦点を当てる。グループワークは共通の目的を達成するために人々の集団をまとめる実践である。グループワークは、例えば保健サービス、児童福祉、そして近隣センターのような多様なソーシャルワークサービスの脈絡で広く使用されている。本章では、グループワークを定義し、グループワークの使い方と限界について検討する。また、私は人々をグループワークに導き、グループのなかで、またグループとともに変化を作り出すための実践戦略のアウトラインを示すであろう。

グループの援助とは何か

　グループとは自分がグループの一員であることを自覚し、そのグループにおける共通の目的や課題を共有し、この共通の目的を達成するためにお互いに関係を持っている少なくとも3人以上の集まりである。グループには広範な目的がある。例えば、多くのグループが共通して持っている目的としては、参加者の変化の達成、孤立の解消、そして社会変革がある。グループワークにおけるソーシャルワーカーの役割はファシリテーター的な役割である。すなわち、ソーシャルワーカーがグループの構成から内容の構築に対して責任を負うというフォーマルなリーダーシップをとる役割から、ソーシャルワーカーはグループの進行の管理においてはかなり「黒子的な」役割を果たす非指示的な役割までさまざまである。例えば、ソーシャルワーカーはグループメンバーがグループにおけるリーダーシップスキルを身につけたり、対立をマネジメントしたり、またグループをスムーズに運営するための基本である移送や保育といったグ

ループの実際的ニーズの充足を手助けすることでセルフヘルプグループやピアサポートグループを支援するかもしれない。

　3人のグループも可能であるが、多くのソーシャルワーク実践の脈絡においては、最低限5人の参加者を確保することが好まれている。それは、協働による問題解決といったグループワークによる成果を達成したいと考えられているからである。また、グループのファシリテーターはグループへの参加者数の上限を設定するかもしれない。というのは、メンバーからフィードバックをもらう機会が持てるというグループワークの利点は、グループが一定の大きさを超えてしまうと達成が困難になるからである。望ましいグループの参加者数はカバーする問題によってさまざまである。例えば、深く個人的な問題を分析することに焦点を当てている心理療法的なグループは、おそらく5人から8人程度の少数の参加者の方が望ましいであろう。それに対して、健康な歳の取り方に関するプログラムのような地域の教育グループは20人以上の人々がグループに参加してもよいであろう。大きいグループは、社会活動グループのような「分離独立した」活動を生み出す機会を最大化するかもしれない。ソーシャルワーク実践にはおなじみの行動変容やサポートグループのほとんどは、5人から15人の範囲である（Tuckman, 1965）。グループが早期に行うべき重要な意思決定は、そのグループの目的を達成するためには何人の参加者が必要なのかという決定である。

　グループの継続期間はさまざまである。特定回数のミーティングに限定されるグループもあれば、終結時期は決められておらず、メンバーがそのグループが自分たちに役立つと思っている限り続くグループもある。時間を限定しているグループは、行動変容や心理教育的グループのような特定の問題への対応に焦点を当てていることが多い。それとは対照的に、終結を定めていないグループは参加者間の支援やセルフヘルプの提供や、社会変革の目標を達成することに焦点を置いていることが多い。期間が長期に及ぶため、終結を定めていないグループはしばしばグループに対する責任がグループワーカーからグループメンバーに移行することが多いという特徴がある。期間に関して見ておくべき別の側面は、グループミーティングの長さと開催の規則性である。個々のミーティングの継続時間は、個々のグループメンバーがグループ活動に参加ができるが、負担にはならない時間とするべきである。ソーシャルワーク実践におけるほと

んどのグループワークのミーティングは1時間半から2時間の間である。そして、ほとんどの定期的なグループワークのミーティングのリミットは3時間である。開催の規則性に関しては、グループミーティングはグループメンバーがグループの内容や他のグループメンバーになじむのに十分必要な頻度が必要である。しかし、次のグループミーティングが開催されるまでの間には、メンバーがグループからの学び、例えば新しいスキルを使ってみるような学びを固めたり、グループメンバーが確実に参加できるようにするための十分な間が必要である。行動変容やスキル向上に焦点を当てているグループにとっては、毎週開催するグループミーティングの形が典型的である。それに対して、社会活動グループのような別のグループは、2週間に1回とか、毎月1回といったように、それほど頻繁には開かれない。

　新入者に対してはオープンなグループもあれば、そうではないグループもある。オープンなグループとは、最初のグループ形成段階の後でも新しい参加者が入ることを認めているグループである。ほとんどのオープンなグループは、いつでも新入者の参加を認めているが、新入者の参加を特定のポイントでだけ認めているグループもある。例えば、3カ月ごとに新入者の参加を認めているグループがある。ほとんどのサポートグループ、セルフヘルプグループ、そして社会活動グループは新しいメンバーをオープンに受け入れている。グループワーカーにとっての難題の1つは、既存のグループメンバーが固く結びついている時に、オープングループを新しい新入者に対してオープンにすることである。新入者に対する2人1組方式やフォーマルに歓迎する取り組みの確立が新入者を迎え入れる方法となるであろう。クローズドグループはグループの形成段階以降の新入者を認めないグループである。クローズドグループを運営するための中心的な原則は、グループメンバー間の信頼関係を重要視し、参加者がグループの進行に合わせて知識やスキルの基礎を身につけられるようにすることである。すなわち、グループメンバーは、グループが新しいメンバーのために初期の学習に逆戻りしなければならない以上に、より進歩した学びを達成できるということである。クローズドグループの例としては継続的なグループワークプログラムにしたがって展開されている行動変容グループやスキル開発グループ、そしていくつかの心理療法グループがある。

グループ援助を行う理由

　グループはソーシャルワーカーとしての我々の目的のいくつかを達成するのに最も適した方法である。グループが特に適切な状況は、ソーシャルワーカーが教育（健康教育グループ）を行ったり、孤立を解消したり、支援を構築したり、サービス利用者に共通する問題をめぐるソーシャルアクションを推進したりする場合である。さらに、グループはさまざまな理由で効率的で、効果的な実践方法になり得る。グループは、ファシリテーターが一対一のケースワークでできる以上に、定められた期間内で多数の人々を援助できるので効率的である。次のような時にグループは効果的である。

- グループは参加者が同じような問題に直面している他者からサポートを得たり、その経験から学んだり、洞察を得たりできる機会を提供する。他の参加者が提供する知識には信頼性がある。というのは、それは実際の経験に基づくものだからである。例えば、命が危険になる病気に直面している人はカウンセラーの支援を受けることもできるが、グループもまた個人が同じような経験をしている他者から学ぶ機会を提供する。
- グループは参加者に対して新しいスキルを実践する場や、変化へのモチベーションと方向づけを提供できるフィードバックを提供する。例えば、アサーティブネスグループはメンバーに対して新しいスキルを試したり、グループ外での参加者の生活のなかでそれらのスキルを利用するよう励ます。
- グループはそれ自体として個人が直面している問題に取り組むのに役立つ（Coulshed and Orme, 2006）。例えば、グループへの参加それ自体が社会的な孤立への取り組みである。さらに、グループは個人が協働的な問題解決に取り組む場となる。例えば、ベビーシッターの費用を支払う余裕のない親はお互いに子どものケアを提供し合えるであろう。あるいはベビーシッターの費用を共同で払えるようにもできるであろう。また、よりきめ細かい児童ケアサービスを発展させるための基金を準備することもできるであろう。

このように多くの利点があるにもかかわらず、グループワークが不適切な状況もある。そのような状況には次のようなものがある。

- 個人が自分の生活状況によって押しつぶされていて、他者から学んだり、支援を受けたりができないような場合。例えば、死につながる病気の診断を受けたような難題に直面した場合には、グループによるインターベンションよりも個別支援の方が役立つであろう。そのような状況では、個別支援がグループ支援の先駆けとなるであろう。
- 個人がネガティブなグループ体験を以前にしている場合。グループは個人が支援を得たり、あるいはお互いに学び合える建設的な場を提供するべきである。一部の人にとっては、以前のグループ経験が困難な経験となり、グループを建設的な場としては経験ができないかもしれない。例えば、グループのなかでいじめや虐待にあった人はグループの効果があがらない形でグループに参加することは嫌であろう。このような人がグループに参加することを選択するべきであるならば、グループ外で個別支援を得る機会を持ってもらうことが大切である。
- 秘密保持という重大な問題がある場合。このなかには参加者が恥ずかしいとか、傷つくと思うような情報の開示も含まれている。グループファシリテーターは、グループ内で確立された基盤的ルールがあったとしても、グループのなかで開示された情報はグループ外にも伝わるかもしれないことを知っておくことが重要である。このことは参加者を困惑させる可能性がある。また、このことによって彼らの身体的、心理的な安全が脅かされる場合もあるかもしれない。

グループのタイプ

ソーシャルワークではさまざまな目的でグループが利用されている。通常、グループは変化の達成を目指しているが、追求されている変化の性質は個人的な変化からソーシャルアクションまでさまざまである。グループのタイプとは無関係に、グループ援助へのソーシャルワーカーのアプローチは、サービス利

用者の自己決定能力の尊重、平等、違いの尊重を含む価値基盤を反映し続けるべきである。次に示してあるものは、ソーシャルワーカー、保健福祉サービス専門職者がかかわっている中心的なグループのタイプである。

- **グループ心理療法**：これは参加者の自己理解における個別的な変化を促進することに焦点を当てている。グループ心理療法は、通常、個別カウンセリングを補完するものとして提供されている。これはグループという脈絡で他者とともに個別的変化を目指す同じ行程に取り組んだり、グループプロセスのなかで自己についての学びを深めることによって生み出される洞察に至る機会を提供する。例えば、グループの参加者は何らかの問題や対応しなければならないことが発生した時にそれらへの対応をよく考えるように促されるかもしれない。このような自己熟考（self-reflection）のプロセスは、それ自体が洞察と個人的な変化につながる。グループファシリテーターは、ゲシュタルトセラピーやユング派セラピストといった心理療法の特定学派の立場で働くのが典型的な形である。そして、この考え方に関する学派がグループの構成とプロセスの枠組みを提供している。
- **グループカウンセリング**：これは、メンバーが共通して持っている経験について探求したり、学んだりすることに焦点を当てている。例えば、劣等感を持ってする生活経験、最近パートナーと別れた経験、生命を危うくする病気になった経験等である。これらのグループはピアサポートの要素を持っているが、グループリーダーは、グループが焦点を当てている共通の問題の個人的、集団的探求のプロセスを通じてグループメンバーをファシリテートすることに焦点を当てる役割を持っている。
- **行動変容グループ**：このグループはメンバーが彼らにとって問題となっている行動を探求し、取り組めるようにするという特定の目的を持って行われている。行動変容グループの例としては、攻撃や暴力といった行動を取り扱うスキルの構築に焦点を当てるものや、怒り、不安、抑うつといった心の状態の取り扱いに焦点を当てるものがある。すべてではないが、多くの場合、行動変容とスキル向上に関するグループは標準的なグループワークプログラムに沿って構成されている。すなわち、そのプログラムは、それが行われる脈

絡や、その対象となる人々とは無関係に同じである。

- **心理教育的グループ**：このグループはメンバーが直面している機会や難題に取り組むための知識とスキルの向上を目指すものである。グループメンバーの行動上の弱点や問題に取り組むことに焦点を当てる行動変容グループとは違って、スキル向上を目指すグループはグループメンバーの持っている既存のスキルを基盤にしてさらにそれを積み上げていくことに焦点を当てている。グループメンバーは問題に取り組むことに動機づけられていることは少なく、より多くは生活上の特定の機会や難題に関してよりレベルの高い知識とスキルを身につけることによって動機づけられている。多くの子育てスキルグループは両親と世話人に対して、子育てにおける問題を直そうとするのではなく、メンバーが身につけている子育てスキルを向上させるために知識を提供したり、スキルを教えたりしているのである。また、コミュニティサービス団体のなかには、コミュニティのメンバーがパブリックミーティングのようなコミュニティ活動により効果的に参加できるようにするためのリーダーシッププログラムを運営しているところもある。

- **サポートグループ**：このグループでは、グループワーカーは各メンバーが共通の難題に直面した時にお互いに支援し合うための能力を高めることを目的としている。サポートグループはソーシャルワークや保健と社会的ケアの分野でますますよく行われるようになってきている。それは、仲間による知識の共有や仲間同士の助け合いによって、メンバーが共有している難題や問題を通して彼らがお互いに支援し合う時に問題がうまく処理できることが認識されるようになってきたからである。例えば、若い親を支援するグループは、グループが提供する活動に参加することから得られる利益とともに、彼らが若い親という立場を受け入れる経験ができるようにもしてくれる。また、保健の分野では、人々が生命を危険にする病気を抱えて生活するといった健康上の難題を共有できるようにしてくれるし、特定の健康上の難題を抱えて生活している他者から何かを得られるようにもしてくれる。

- **セルフヘルプグループ**：サポートグループと同じように、セルフヘルプグループは共通している難題に対応するためのメンバーの力を構築することを目的としているが、ここではグループプロセスのマネジメントにおいてはグ

ループメンバーがリーダーシップをとっている。セルフヘルプグループでは、グループリーダーとグループメンバーの権威と信頼性は共通の問題、例えば精神疾患を抱えて生活しているとか、そのような問題を抱えている家族メンバーがいるとかいった問題をまさに経験していることがベースになっている。このようなグループがしばしば出現する脈絡としては、メンバーが長期的に問題や難題を経験し続けている時や、彼らの経験に対する対応においてフォーマルな社会的ケアや保健のシステムに幻滅してしまった時である。これらのグループにおけるソーシャルワーカーやその他の有給ワーカーの役割は、グループメンバーがグループそのものをリードする能力を高めたり、支援したりすることに焦点化されている。したがって、例えば、ソーシャルワーカーは次のような課題に関して、情報提供、スキル開発、そして支援を提供することにかかわるであろう。すなわち、それらは対立への対処方法、グループの基本的な仕事を支える資金の申請書作成等の課題である。

- **ソーシャルアクショングループ**：このグループは、コミュニティや社会の変化を作り出す意図を持って共通の問題や難題を抱えている人々を集める。ソーシャルアクショングループはスティグマや差別に挑戦すること、自分たちのコミュニティのために資源を引き寄せること、あるいは自分たちのグループやコミュニティの不利益になるかもしれない政策や提言に対して抵抗することに焦点を当てるであろう。ソーシャルアクショングループのなかには、特定の問題、例えば地下鉄のトンネルのために通風孔が作られるといったように、コミュニティのなかで公害を押しつけられているコミュニティの問題に取り組む目的で形成されている短期グループもある。社会的ケアや保健の領域では、継続的に行われているソーシャルアクショングループの例が多数ある。これらのグループは広範な脈絡で差別や不利益が発生した時や、グループが直面している問題が複雑で、ずっと続いているような場合に出現する傾向がある。例えば、多くの国々で、障害を抱えて生活している人々はソーシャルアクショングループを形成して、社会的ケアと保健の脈絡から、公的な移送手段や雇用までの広範な領域で彼らが直面している差別に対するキャンペーンを展開している。ソーシャルアクショングループは、通常、個人的な問題だけでなく、その原因が不公正な社会構造にあると思われる他者

と共通している問題に対して集合的で、批判的な意識を持っている。しかしながら、グループ活動の主な焦点は社会変革を作り出すことである。

グループのなかにはいくつかのタイプをあわせ持っているグループもある。例えば、カウンセリンググループはグループサポートも行っているかもしれない。また、グループは時間の経過とともに、その焦点を変えるかもしれない。例えば、もともとはサポートグループであっても、グループメンバーが自分たちの問題について批判的な意識を共有していくにつれて、ソーシャルアクショングループに変化していくかもしれない。また例えば、若い親たちが教育と雇用についてのアクショングループを形成して、他の若い人々には利用できる教育を受けたり、雇用機会を得る時に直面している差別に取り組もうとするかもしれない。

グループの段階理論

グループが発展していく段階に関しては多くの理論がある（Toseland and Rivas, 2009参照）。それらの理論はグループのさまざまな段階で発生するグループの変化に関するダイナミクスや、それらの段階におけるグループリーダーのさまざまな責任に関心を向けている。これらの理論の多くは、さまざまな方法でグループの初期段階、中期段階、そして終結段階の違いを明らかにしている。グループの段階に関して最も影響力を持つ理論の1つは、最初はタックマンによって明確にされ、後に、タックマンとジェンセン（Tuckman and Jensen, 1977）によって精密化されたグループの発展に関する5段階モデルである。これらの段階は、形成段階（forming）、混乱段階（storming）、規範形成段階（norming）、機能段階（performing）、そして解散段階（adjourning）である。タックマンとジェンセンのモデルが保健福祉サービスとソーシャルワーク領域のグループワークに関する文献に与えた影響は少なくない。というのは、そのような領域では、この5段階モデルや、その要素が詳しく説明されているからである（Coulshed and Orme, 2006; McMaster, 2009参照）。グループダイナミクスの段階理論は多様であるが、それらはグループのダイナミクスはグループのラ

イフコースのなかでさまざまに展開するという考えを基盤にしている。グループのライフコースのなかで出現するさまざまな難題を認識することで、グループワーカーはそれらの難題に対処する準備ができ、グループメンバーに役立つ形でそれらに対処できるようになる。

　グループの開始期はグループの形成前期と形成期に当たる。*形成前期*では、グループの最初の目的と課題、誰をグループのメンバーにするのか、そして必要な場合は、メンバーの募集方法について意思決定がなされなければならない。この意思決定には第二次的な課題もある。例えばグループミーティングを行う場所のようにグループを行うために必要な資源、旅行、リフレッシュする機会の準備、子どもの世話といった他のニーズを充足するのに必要な資源に関しても意思決定しておかなければならない。また、例えばもしグループが既存のネットワークをもとに形成されるような場合では、メンバーはグループの形成前期と形成期の課題に取り組む責任を持てるかもしれない。しかしながら、もしグループが新しい取り組みであれば、ソーシャルワーカーが形成前期と形成期の課題においてよりフォーマルで、積極的なリーダーシップをとることが必要になる。この期間に、ソーシャルワーカーが行わなければならない中心的な課題は、グループの目的と継続期間も含めてグループについて知ってもらうことと、グループに参加しやすくするための資源の確保である。例えば、そのなかには資金の獲得や、その他の形の支援、すなわちミーティングの場へのアクセスをよくする等も含まれる。参加予定者にグループのことを知ってもらうとか、彼らに対して参加しやすくするために必要な資源を提供するといった実際的な課題は目には見えないかもしれないが、グループを成功させる上での決定要因である。

　グループの*形成段階*は、グループメンバーがグループ活動に取り組む時に始まる。この段階で達成されなければならない中心的な課題はグループメンバー間の関係、グループリーダーとの関係の発展と、グループの課題に向かっての方向づけである（Tuckman, 1965）。この時期において、参加者の多くが持つ疑問点は次のようなものである。このグループの目的は何か。私はこのグループに属しているのであろうか。ソーシャルワーカーはグループメンバーがグループの目的や達成すべき目標を理解し、発展させる機会を持たなければなら

ないし、それらを十分に共有させ、グループの目標達成に向けてメンバーに自信を持たせなければならない。グループワーカーは多くの戦略を用いて、グループメンバーが形成段階の課題を達成するのを手助けする。それらの戦略のなかには次のものが含まれる。

- **グループのために「グループのルール」を作る**：取り組みの最初の時点で、グループメンバーはグループ活動を行うに当たっての一連の原則やルールを知ることが重要である。また、これらのルールは、メンバーのグループに対する期待を明確化し、メンバーが原則のどれかを彼らに対する個人的な攻撃であるとみなすことを予防するためにも、最初の段階で確立しておくことが重要である。典型的な原則は、グループメンバーは秘密を守るということと、グループメンバーの話は敬意を持って聞くということである。これらのルールは達成が可能で、グループの脈絡に適合していることも重要である。例えば、後見人のグループのように、大量の個人情報を共有することが求められると、参加者がやる気をなくしてしまうような場合には、プライバシーに関する方針を持つことが適切かもしれない。しかし、セラピーグループの場合にはそのような原則は不適切である。また、グループの原則が守られるようにするための戦略に合意を得ておくことも重要である。そして、この戦略には、グループの最初のミーティングでグループの原則がどう機能していたかをグループメンバーにレビューさせることも含まれている。
- **アイスブレイカーの利用**：これはグループメンバーをグループに導き、彼らの間にラポールを確立するために使用されるエクササイズである。それはまたグループのアイデンティティを作り出すための基盤ともなるであろう。このエクササイズは必ずしもグループの特定課題に焦点化はされていない。例えば、グループメンバーはペアを作り、ペアになって自分自身のこと、例えば好みの色について話し合うよう求められるかもしれない。この場合、グループメンバーがグループづくりとの関係でアイスブレイカーを行う目的を知らされていることが重要である。そして、それがグループの課題の達成の邪魔にならないように、あまり長時間行わないようにすることも重要である。
- **グループの関与の促進**：グループの目的、目標、そしてそれらを達成するた

めの戦略の決定に関してグループの関与を促進する。グループの開始時に、ソーシャルワーカーはグループメンバーがグループの目的に関して明確な意識を持てるようにし、また可能な限り、目的の設定に参加できるようにすることが重要である。グループとオープンに話し合えるようにし続けることも必要であるし、グループが進展し続けるにしたがって変化するソーシャルワーカーの役割についても話し合い続けることが必要である。参加者が何らかの形で参加を強制されている場合には、目的意識の共有を確立することは困難である。しかし、このような状況では特に、目的はグループのフォーマルな目的とはいくつかの点で異なったとしても、目的についての共通の意識を発展させることは重要である。例えば、グループのフォーマルな目的は怒りのマネジメントかもしれないが、参加者にとっての「真の」目的は別れると言っているパートナーを思いとどまらせることかもしれない。参加者の真の動機を理解することによって、グループワーカーは参加者がグループのフォーマルな目的とそのほかの目的の間のつながりをよく考えるための機会を最大限に提供できるようになる。

グループの中期になると、目標達成に向けてのグループの主要な活動が行われることになるが、この時期にしばしば見られる特徴は対立である。タックマンとジェンセンのグループの段階理論では、中期とはグループワークにおける混乱段階、規範形成段階、そして機能段階である。*混乱期*には、対立が出現し、グループメンバー間での違いが明らかになり、グループメンバーがグループ内での関係を調べ始め、グループ内で支配しようとするケースも見られるようになる。この時期の危険の1つは、グループ内で出現してきている対立のために、特定のグループメンバーが責任を持たされたり、スケープゴートにされたりすることである。もしそのようなスケープゴートが認め続けられたら、参加者は苦痛を感じるようになり、グループを抜けるかもしれない。グループは対立を処理する力を発展できないであろう。というのは、個人が責任をとらされるということが広く受け入れられるからである。しかし、対立がうまく処理されると生産的になる。そして、グループワーカーが重要な役割を果たすのはここである。すなわち、グループワーカーが対立を当たり前のものとし、グループが

対立の原因と、グループのために対立に取り組む戦略を理解するのを手助けするという役割を果たすことが重要である。

　グループワークの*規範形成*と*機能*の*段階*は補完的である。規範化とはグループメンバーの役割と行動に対する期待が確立することを指している。しばしば、グループの規範については参加者に尊重されているものとされて、グループはグループの目的を達成することに集中してしまっている。しかし、もしグループメンバーがグループの目的を達成するのにかかわる新しい行動や態度を試すことができなかったら、そのような規範は役に立たないであろう。例えば、アサーティブネス・トレーニンググループでは、何人かのメンバーには「静かな」メンバーというラベルが貼りつけられるという規範は役に立たないであろう。グループワーカーはグループの目標達成を妨げるような規範に挑戦する上で重要な役割を持っている。このような規範への挑戦をおおっぴらにする必要はないが、役立たないグループ規範を打破するような活動を含めることもできる。例えば、グループ内でのより平等な会話の流れを作り出そうとするのであれば、グループワーカーはセッションの最初の部分で各々のメンバーがしゃべった量を「マークする」アクティビティを導入することもできるであろう。会話の流れをマークする1つの方法としては、グループメンバーに対して彼らがグループのなかで話をするごとにグループの中央からメダルをとるようにしてもらうやり方がある。例えば、30分が経過した後に、グループワーカーは参加者に対して集まったメダルの数を数えさせ、彼らがグループ内での話し合いのルールについて考えるように導くこともできる。そして、グループワーカーは次の30分間に、あまり話さなかった人に対してはもっと話すように励ますことによって、また逆の人には逆にするように励まして、「期待されている」役割を逆転させるように導くこともできる。このように、会話がどのように流れているのかを考えてもらうと、グループはグループ内における会話の規範を意識するようになるし、もし必要であれば、グループが目的を達成できるようにするために、会話に関する規範そのものを変える作業に取り組むこともできるようになる。

　*機能段階*は、グループ内で取り組みを進めることに焦点を当てた段階であり、参加者はグループの目的を達成することに取り組む。この期の特徴は、目的が

明確に共有されていること、そして役割と責任が明確になっていることである（McMaster, 2009）。多くのグループで、メンバーはリーダーシップに対する責任をよりとれるようになっているであろう。例えば、グループの目標の達成に焦点を当てたアクティビティの準備とか、グループ内の他者の学びに積極的に貢献するとかいったことに対する責任である。この期におけるグループワーカーの役割は、メンバーがグループのプロセスに対してより多くの責任を担うように奨励をする一方で、グループが目的を達成するために、活動の焦点化を図り、そのための構成をしていくことである。この期では、グループワーカーはグループの力を向上させるのにふさわしい刺激的なアクティビティを展開するという難題に直面するかもしれない。

　最終的な局面はグループの*解散期、終結期、閉鎖期*である（McMaster, 2009; Tuckman and Jensen, 1977）。この段階に至るのはグループが目的を達成した時である。しかし、時にはグループが依拠している事業の資金の停止といった外的な原因によってグループが活動できなくなることもある。閉鎖の理由とは関係なく、この時期は、グループメンバーがグループから学んだことをしっかりと身につける機会となるべきであるし、またポジティブな気持ちでグループから離れる機会ともなるべきである。グループワーカーにはこの最終期間をプランニングする上で果たすべき重要な役割がある。この期に行われるアクティビティには、メンバーが観察した他メンバーの進歩についてフィードバックをする機会の提供とともに、グループのプロセスと成果の評価を行うことが含まれる。しばしばこの期はグループの存在と結論を祝福することが特徴となっている。このような終結のアクティビティは単に「よかったと感じさせる」だけのイベントとなってはダメである。すなわち、それはメンバーがグループのなかで学んだことを保持し続けるのに役立ったり、また、今、まさに終わろうとしているグループから学んだことを維持したり、それを基盤にさらに積み上げるのに役立つ別のグループに移行したり、将来もグループワークに参加することを考えさせるような基盤となることが必要である。例えば、行動変容グループに参加していた一人の人は、グループワークのプログラムが終了したので、達成した進歩を基盤にして継続するためにセルフヘルプグループへの移行を決心するかもしれない。

第6章　グループの援助

グループリーダーシップ

　グループリーダーシップへは広範なアプローチがある。図6.1のスペクトルの一方の端には、専門家中心のリーダーシップがある。この場合、グループのファシリテーターはグループの課題領域に関連した専門家として位置づけられる。例えば、ある健康教育グループでは、保健の専門職者が彼らの専門的な知識をグループに伝えようとするかもしれない。これの一例は精神疾患を体験している人々の家族に対する精神医学教育グループであろう。そこでは、焦点は病気の特質に関してグループメンバーに教育を行うことである。スペクトルのもう一方の端には、サービス利用者主導のグループがある。この場合は、参加者はグループの課題領域の専門家としてみなされ、グループの進行とリーダーシップにおいて重要な役割を果たしている。図6.1はグループワークにおけるリーダーシップのスペクトルとグループの例を示している。

　図6.1で私が示唆したいことは、心理療法や行動変容グループといったグループワークの形態はファシリテーター主導になる傾向があるということである。これが特に明白なのは、グループファシリテーターが、グループやグループワーカーが雇用されている団体からグループの目的を達成するのに適した熟練と知識を持っていると認識されている場合である。この一例は、グループワーカーが既に構成されているグループワークのプログラムを遂行する責任を持っている場合である。このように標準化されたプログラムは、親教育プログラム、アサーティブネス・トレーニング、怒りのマネジメント・トレーニングも含む広範な問題との関連で存在している。

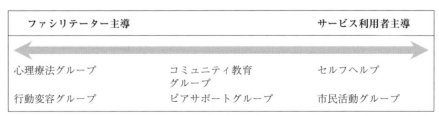

図6.1　ファシリテーター主導からサービス利用者主導に至るグループワークのリーダーシップのスペクトル

リーダーシップ・スペクトルの別の端にはメンバーが主導するグループがある。それらのいくつかはメンバーの支援に焦点を当てている。例えば、精神疾患を経験している身内の人々や友人を支援するために設立されたグループがある。また、強力なソーシャルアクションに焦点化されたグループもある。例えば、子どもの時に虐待を受けた成人のために、それを社会に知ってもらい、補償してもらうために、信念を共有するメンバーや保健福祉サービスの制度によって設立されたグループがある（児童虐待調査委員会2009; Hutchins and McLucas, 2004参照）。これらのグループの多くは専門職者の支援を受けているし、ワーカーを雇用するための資金を十分に持っているグループもあるが、その決定的な特徴はグループがメンバー自身によって運営されているということである。

　ソーシャルワーク実践における多くのグループはリーダーシップのスペクトルの両端の中間に位置している。そのようなグループは、焦点、構成、そして内容を決定するのにサービス利用者と協働する専門職者を含んでいるかもしれない。これらのグループはいくつかの大切な点でサービス利用者主導のグループとは異なっている。すなわち、次のような違いがある。ワーカーはグループメンバーに対してだけでなく、雇われている機関や資金を提供してくれている団体に対して責任を負っている。そして、その点がグループの特質や焦点にも影響を及ぼしている。グループはメンバーを誘う前にワーカーによって設立されているかもしれない。例えば、多くのコミュニティサービス部局は、ワーカーが開始し、支援をしているピアサポートグループを提供している。このようなグループでは、最終的にグループメンバーがグループのリーダーシップに対する責任を負う立場にはいないであろう。例えば、このようなグループに参加している若い親は、最初からサポートグループに参加することに興味を持っており、グループ運営というかなり面倒な仕事を引き受けることには関心を持たないであろう。メンバー、雇用者、資金提供者、そして我々の専門的な役割を認識していたとしても、我々はグループのプロセスのオーナーとなる機会を最大限にすることができる。実際のところ、多くのコミュニティ教育グループはこの形態の協働を基盤にしている（Healy, 2006）。

　多くのソーシャルワークのテキストは、リーダーシップに対して民主的で、

インクルーシブなアプローチをすることを推奨している。このアプローチは議題の設定、グループの意思決定、そしてグループの活動に対する責任の共有を展開することで協働を推進するファシリテーターの責任を強調している（McDemott, 2002; McMaster, 2009; Preston-Shoot, 2007参照）。マレンダーとワード（Mullender and Ward, 1991, p.128）はこの立場を次のように要約している。

　ワーカーは人々とともに取り組まなければならないし、彼らに「向かって」あるいは「対して」インターベンションを行ってはならない。グループワーカーは、伝統的な意味でのリーダーシップにではなく、ファシリテーションに対して最も効果的な貢献をするべきである。

　ソーシャルワーカーはグループワークに対する協働的アプローチを強調する傾向がある。というのは、協働は、それ自体で、我々の目的を達成するのに役立つもの、すなわちメンバーのスキルを向上させ、自分の力に自信を持たせるものと考えられているからである。
　グループリーダーシップへの協働的アプローチには、グループ内で十分な権威を持つことと、信頼されることの適切なバランスをとることも含まれる。それによって、プロセスと成果に対する責任の共有を推し進めるとともに、グループの目標達成が進んでいくのである。リーダーシップへの協働的アプローチは必然的にダイナミックなものとなる。すなわち、グループファシリテーターの責任はグループの変化するニーズと能力に対応する形で時間の経過とともに変化する傾向にある。例えば、最初、グループファシリテーターは基盤となるルールを確立するとか、グループの構成を決めるといったなかでかなりフォーマルな役割を担うであろう。しかし、グループの能力が高まるにつれて、ファシリテーターはグループメンバーと多くの責任を共有することが可能になる。グループメンバーの力の発展とともに、ファシリテーターは自分の果たすべき役割についてグループと話し合うことが必要になるであろう。

リーダーとしての自己についてよく考える

　グループワークへの熟考的アプローチには、グループワーカーがグループ内における自分の立場を理解し、説明できることが求められる。このなかには、役割、責任、主張の透明性が含まれる。さらに、グループリーダーはグループに対して「インサイダーなのか、アウトサイダーなのか」という自分の立場を決めることが必要になる。プレストン・シュート（Preston-Shoot, 2007, p.109）は「グループワーカーでいようとするならば、実践者は自分自身の役割を果たすために、ある程度グループと距離をとることに耐えられるようになることが必要である」ということを我々に提起している。しかし、グループリーダーがグループにとって重要なアイデンティティの一部を共有している時に、このようにグループから距離をとることは特別に難題である（また、重要である）。例えば、もしグループが性的被害からの回復に関心を持っており、グループの招集者も性的な被害の経験者であったならば、彼らはこの「インサイダー」としての立場を共有するかどうかを考えることが必要になる。ここに考えるべき問題が多数ある。「インサイダー」であるという立場はリーダーに信頼性を付与するし、それはグループメンバーに対して経験を常態化し、グループの焦点となっている問題へ取り組むモチベーションを提供するのに役立つかもしれない。

　しかしながら、インサイダーとしての立場は問題をはらんでいるかもしれない。すなわち、グループリーダーはシンボルとしてのパワーを持つようになり、メンバーの経験についての話し合いはリーダーの経験に集中するようになり、グループリーダーと他のメンバーの間の経験や進歩の違いについての話し合いがあまりされなくなってしまう。例えば、グループリーダーは自分の経験について事前に熟考する機会を持つであろう。そして、このことによって、グループ内の他者はファシリテーターの明らかな進歩に比較して自分自身の「進歩」を否定的に評価する方向に導く可能性がある。また、グループリーダーは財政上の立場、受けた教育、あるいは自分の経験をマネジメントするための専門的なネットワークを持っているといった結果として多くの資源を持っているかもしれない。したがって、リーダーの経験を共有しても、グループメンバーが自

分たちの経験をマネジメントする方向を決めるのには役立たないかもしれない。グループリーダーが自分のインサイダーとしての立場をグループと共有する決心をする時には、その経験や経験のマネジメントがグループメンバーのものよりも優れているといった意味の表現をすることはしてはならない。これを達成するためには、話し合いの焦点はメンバーの経験と経験のマネジメントに置き続けるようにすることである。

　考えるべき別の問題は、インサイダーの立場を共有することが、どの程度まで重要な役割を引き受けるワーカーの能力に悪影響するかである。例えば、ワーカーの経験とその経験をマネジメントしてきたワーカーの戦略に焦点を当てると、話し合いを促進し、グループメンバーの経験と対応を平等に評価する力を制限してしまうかもしれない。さらに、ワーカー個人の情報の共有は、ワーカーの専門職としてのアイデンティティや評判にダメージを与える可能性がある。グループメンバーはグループ内で話し合った話題の秘密保持の重要性は認識しているであろうが、それが守られる保証はない。すべてのグループメンバーが秘密保持の限界を認識しておく必要性があるのは当然である。しかし、秘密保持という問題に関連するグループワーカーにとっては特別な難題がある。それはグループワーカーが専門職としての役割の一部として仕事の場でグループを開催しているという事実から生じている。仕事という脈略においては、ワーカーがグループメンバーと個人的な性質の問題を話し合うことにはかなりのリスクがある。例えば、精神保健サポートグループのワーカーが個人的な精神保健についての経験を話すとすると、それが彼らの専門職としての「客観性」やグループ内で、あるいはおそらく同僚の間でも、ワーカーとしての能力についての疑問が生じる可能性があることを知っておくことが必要である。大まかではあるが、グループワーカーはグループワークの場は公的な場であることを知っておくべきである。自分の個人的な経験を共有するかどうかを決定する時には、ワーカーはグループと情報を共有する時のメリットとデメリット、あるいは情報が広がることによるコストを考慮に入れるべきである。

> 次はあなたの番です…
>
> **共有すべきか、共有すべきではないか**
>
> 1. ソーシャルワーカーがかかわっているグループを幅広く頭に浮かべてください。あなた自身が「インサイダー」だと思うのはどのようなグループですか。
> 2. もしあるとするとですが、インサイダーとしてのあなたのどのような経験がグループで共有するのに役立ちますか。その情報はどのような形でグループメンバーの役に立ちますか。
> 3. もしあるとするとですが、インサイダーとしてのあなたのどのような経験がグループで共有するのには役立ちませんか。その情報はどのような形でグループメンバーの役に立ちませんか。
> 4. もしあるとするとですが、その情報が公開されると、あなたのどのような経験があなたにとって有害となりますか。その情報はどのような形であなたに損害を与えますか。

変化のための環境を作る:グループワーカーの責任

　ここで、我々はグループのなかで、そしてグループとともに変化を作り出す過程へと立ち戻る。我々はグループのなかで変化を作り出すために、批判的ソーシャルワークから、またストレングス基盤のアプローチから得た考えを利用するであろう。私はグループのなかで、そしてグループを通じて変化を作り出すための4つの要素の概略を示す。それらは後ほど説明する。これらの要素は信頼関係の構築、ポジティブなグループアイデンティティの構築、グループオーナーシップの促進、そして変化への方向性の創出である。

信頼関係の構築

　グループワークの効果はメンバー間の関係の質次第である。マクダーモット(McDermott, 2002, p.62)は「グループメンバーがお互いを信頼し合うようになった時、グループの取り組みができるようになる」ということを観察した。

グループワーカーは十分な信頼関係をメンバー間に確立し、グループが目標に到達できるようにする上で重要な役割を持っている。グループの目標が行動変容のような個人的な目標であっても、社会的支援が目標であっても、さらにソーシャルアクションが目標であっても同じことである。グループワーカーは、彼らがグループのプロセスにおいて信頼関係を構築する上で果たすべき重要な役割を認識できずに信頼関係を壊してしまうこともあり得る。例えば、毎回グループの集合時間に遅れるとか、個人の安全を確保するための基盤となるルールを無視するとか、出現した問題に取り組むためのインターベンションを行わないといったことは、すべて重要な問題である。

グループワーカーが信頼関係の構築を進めるための課題や過程が多くある。

- **基盤となるルールを確立する**。これは開始時にグループ内で期待される行動について、安全な環境を作るためにも重要である。これは問題が発生する前の開始時に行うことが重要である。というのは、基盤となるルールを早期に確立することで、参加者にはグループに取り組もうという意識が確立されるからである。
- **グループ内で期待される行動のモデルとなる**。例えば、グループワーカーは、もしメンバーが自分と同じように行動してほしければ、信頼感、秘密保持、傾聴、配慮、そして効果的なコミュニケーションを実行することが重要である。グループメンバーは、少なくとも最初はグループ内の暗黙のルールを理解するためにリーダーに目を向ける傾向があるので、グループワーカーはモデルとなる行動をすることが重要である。このように、リーダーはグループの文化、あるいは規範を確立する上で重要な役割を果たすことになる。モデルとなる行動をすることで、グループリーダーは、メンバーに対して新しいスキルや社会に対する新しい見方を学ぶ機会を提供できるであろう。例えば、マクダーモット（2002, p.71）は「暴力的な男性や性的虐待者の男性のためのグループにおいて、男女のコ・リーダーシップは、リーダーが非ステレオタイプ的なジェンダー関係のモデルとなる機会を提供してきている」と言っている。男女のファシリテーターが平等な立場で一緒に仕事をすると、そのグループプロセスは参加者の考え方へのチャレンジとなり、彼らが反対の

ジェンダーの人々とより建設的に相互交流するのを促進する。
- **安全なグループ環境を作る**。このためには、絶えずメンバーを受け入れていることを示す必要がある。時には、グループ外の人と問題行動について議論することも必要である。
- **対立が生じたら、それに取り組み、マネジメントする**。グループの混乱期では、対立が生じがちである。したがって、グループのファシリテーターは、すべてのグループメンバーにとって建設的で、受け入れてもらえるような方向でこの対立をマネジメントする能力を示すことが重要である。もし対立がうまくマネジメントされたならば、グループメンバーはグループに対する信頼感を高めるし、困難な状況をマネジメントする自分たちの力に自信を高めるであろう。

ポジティブなグループアイデンティティを構築する

　グループワーカーはポジティブなグループアイデンティティの発展を促進するべきである。「ポジティブ」という用語は、参加者の間にグループの一員であることにプライドを作り出すということである。グループアイデンティティにプライドを持つということは、グループプロセスへのコミットメントを形成する上で重要なことであるし、グループの目的達成につながるものである。例えば、「ケア」の現状を改善しようとしていた人々のためのグループは、サバイバーの人々の知識、スキル、そして能力を認めることによって参加者の間にポジティブなアイデンティティを作り出すことができる。いくつかの国においては、これらのグループは政策的な変化を作り出し、施設ケアにおいて虐待を受けていた人々に対して償いをさせる上で重要な役割を果たしてきている。

　マックマスター（McMaster, 2009）はグループがしばしば問題で飽和状態になっていることを観察している。このような状態になるのは、グループが共有している難題や気づいている欠点にばかり焦点を当てているからである。グループが問題志向になったならば、参加者はグループの変化に貢献する力に自信が持てなくなるかもしれない。グループワーカーは、参加者がグループのアイデンティティにプライドを構築するのに貢献できるいくつかの方法がある。1つは、グループワーカーが、メンバーが共通に持っている強さと、問題以外

の例外を確認する方法である。マックマスター（2009）は解決に向けて問題をリフレーミングする方法も提案している。例えば、若い親のグループで、参加者は子どもたちの「けんか」への対処に伴うフラストレーションについて話し合うかもしれない。そのような時に、参加者に対して、グループの強さと願いを反映したグループの名前を考えるように勇気づけると、グループ内でも、外に対してもポジティブなアイデンティティを作り出す助けとなるであろう。

　グループワーカーにとっての重要な難題は、グループ内での多様性を尊重しつつ、メンバーが共有していることも認めるようなグループとしてのアイデンティティの発展を支えることである。これを達成するための1つの方法は、グループメンバー間で違いについてお互いを尊重しながら話し合いを行い、メンバーがそれらの違いをマネジメントし、尊重する戦略を発展させるように勇気づける方法である。例えば、異なる人種的背景を持つ人々のグループでは、グループワーカーは、一緒に異なる文化を反映した食事を準備するといった驚異的ではないアクティビティを取り入れてメンバーが他者の文化を学ぶように導くこともできる。このようなアクティビティに参加するといった脈絡で、参加者は、グループのプロセスとアクティビティがメンバーの文化的な違いへの尊敬を反映することができることを考えるように勇気づけられるであろう。

グループのオーナーシップを促進する

　グループのオーナーシップを促進するとは、グループメンバーに対してグループプロセスと結果についてお互いに責任を持たせるようにし、また適切な場合には、グループリーダーとも責任を分かち合うことである。この原則はグループリーダーへの依存を少なくし、すべてのメンバーがグループを支える上で果たすべき役割を持っていることを認識させるためにも大切である。逆説的に、グループのオーナーシップを促進するためには、グループワーカーの側にかなりのスキルと努力が必要である。すなわち、グループワーカーはグループのなかでメンバーの責任を拡大していくためのメンバーの能力をアセスメントし、構築することが必要なのである。

　落ち込む可能性のある落とし穴は、グループワーカーが、メンバーが力を身につける前に、あるいは責任を共有するために必要な取り組みを進める前に責

任を手渡してしまうことである。例えば、もしグループワーカーがグループのためにアクティビティを準備して、メンバーに責任の共有を依頼したが、メンバーにそれができなかったのであれば、これはグループの取り組みに悪影響を与えるかもしれない。それ故、グループワーカーがメンバーのプロセスに対するオーナーシップ意識を構築しようとする時に、責任を共有するグループの力をアセスメントすることが重要である。

グループワーカーは、いろんな方法でグループプロセスのオーナーシップを共有するためのグループの意志、自信、能力を構築することができる。グループワーカーがグループの目的と役割期待についてのグループとの会話を促進することが重要である。メンバーは、グループワーカーがリーダーシップの役割を共有したがっていることを理解した時には自分の役割を拡大していく傾向がある。そして、メンバーが新しい役割を担ってくれるようになるというメリットもある。新しい役割を引き受けてもらう利益のなかには、メンバーが自分の生活の別領域にも移転可能なスキルを身につけられることや、あるいは彼らが直面している難題に対する取り組みに役立つスキルが身につくことも含まれる。例えば、不安に対処するのを助けるためのグループに参加しているメンバーは、グループのなかで、グループワークのアクティビティの準備をするといった責任を引き受けることがグループという安全な環境のなかで不安を引き起こす出来事に対処するのに役立つであろう。ストレングス基盤のアプローチを用いて、グループワーカーは適切な知識やスキルが使われた時に、グループに対してそれらを証拠として示すこともできるであろう。例えば、ワーカーはグループメンバー間の組織するスキルを示す証拠に焦点を当てることもできるであろう。グループワーカーがグループプロセスのオーナーシップを持つ能力に関して、知識やスキルの欠陥に気づいた時に、ワーカーはグループのなかでさらに責任を引き受けるグループの力を構築する訓練を行おうとするかもしれない。

変化の方向性を作る

多くの人々は変化を期待してグループに参加している。この変化は、心理療法のグループへの参加者の場合は個人的な変化であるし、ソーシャルアクショングループへの参加者の場合はもっと広い社会的な変化である。グループワー

カーにはグループのアクティビティが変化の目的につながるようにする役割がある。この役割のなかには、グループがその目的を明確にすること、特に望ましい変化の形を明確にすることも含まれる。開始時に変化への願いについて明確にすることが重要である。また、それらの目標に向かってのグループメンバーの進歩状況をアセスメントするために、定期的にグループの願いに立ち返る方法もしばしば役に立っている。

多くのグループで、ワーカーは可能な限り効果的、効率的に目標が達成できるようにグループを適切に構成する上で重要な役割を担っている。多くのタイプのグループで、グループワーカーは、グループの時間を最も効果的に使い、グループの目的を達成できるようにするために、グループワークのプログラムをコーディネートする責任を持っている。このなかには、グループワーカーがグループの継続期間の予想を立てることも含まれている。いくつかのタイプのグループ、例えば多くの行動変容グループでは、グループは標準化されたグループワークのプログラムに沿って構成されているかもしれない。その場合には、セッションの期間と全体的なプログラムはあらかじめ決まっているであろう。しかしながら、比較的オープンエンドで、非構成的なグループでも、グループメンバーが変化という目的に適したグループ構成の特質やタイプについて知ったり、可能な場合には、その決定に参加できることは重要である。例えば、精神疾患を抱えている人々の家族や介護者の心理教育プログラムを行っているグループワーカーは、メンバーがグループにかかわれる時間の長さや、彼らのグループによる変化の期待を考慮に入れることが必要である。グループが不適切に構成された場合には、変化に対する参加者の期待が充足できない傾向がある。というのは、使える時間内で変化という目標を達成するには、フォーマル構成が少なすぎたり、多すぎたりするからである。

いったん、変化の目標やグループの構成が確立すると、ワーカーがグループのなかの、あるいはグループを通じて変化を促進できる基盤ができることになる。多くのグループは参加者にグループ内での、またグループ外での自分の行動や態度を考えるように励ます。グループメンバーは、例えば、写真やビデオの抜粋のような刺激となる素材を提供し、参加者に対してグループのなかで考えられている特定の問題に対する感情や態度について考えるよう求める。メン

バーに対して新しく身につけたスキルをテストすることを目的としたエクササイズ、例えばロールプレイは学習や熟考を促進するのに役立つ。「宿題」の使用はメンバーに新しいスキルをテストし、グループでの学びを固めさせるためによく使われる戦略である。マックマスター（2009, p.223）が述べているように、「ストレングス基盤のアプローチは明らかに行動の変化を標的にしている。したがって、人は常に何か試すことや違ったことをすることを考えてグループセッションを離れることができるべきである」。

　ストレングス基盤の視点から、グループワーカーには、グループが問題に焦点化することを回避する上で果たすべき重要な役割がある。ストレングス基盤のグループワーカーは問題志向の流れに挑戦し、直面している問題に取り組むためのグループの能力と可能性を明らかにする。グループワーカーがこれを行うための１つの方法は、グループが直面している問題の例外を探す方法である。例えば、抑うつや不安を経験している人々を支援するためのグループでは、グループワーカーは定期的に参加者に対して、参加する前の週に、彼らの生活に影響を及ぼしている抑うつと不安に打ち勝った時のことをよく考えるように求めている。

　批判的で反抑圧的な視点から、グループワーカーはメンバーを勇気づけて、彼らが直面している難題を批判的に分析させ、自分が悪いという意識をなくし、グループが直面している不公正に対して集合的なアクションをするための基盤を作ろうとする。批判的グループワークは、メンバーの個人的な問題がグループの間でどの程度共有されているかを参加者が認識するように推進される。また、それらの問題が個人の失敗から生じているのではなく、社会的な不公正から生じていることも認識させようとする（Mullender and Ward, 1991）。例えば、精神疾患を抱えている人々の支援的グループワークへの批判的アプローチには、精神疾患に対する一般の人々のネガティブなステレオタイプがいかにグループメンバー間の精神疾患の生の体験に影響しているのかを考えることも含まれる（Crossley and Crossley, 2001）。これをよく考えることで、グループメンバーは精神疾患を抱えている人々に対する一般の人々の否定的なイメージに異議を唱えるための集合的な戦略を考えるであろう。批判的、あるいは反抑圧的ソーシャルワークにおいて、批判的分析に焦点を当て、集合的なアクション

を行う力を作り出すことは、この視点に基づくグループワークは、グループが社会的支援といった別の目的を持っている場合でも、ソーシャルアクションの要素を含んでいるということを意味している。

グループを促進する技法

　私が強調してきたように、グループワーク実践にはメンバー間でアイデンティティと目的の共有を確立すること、そしてグループがその変化の目標を達成するのを手助けするアクティビティが含まれる。もしあなたがグループワークに取り組み始めたばかりであれば、グループワーク実践を促進するのに、どこから始めればよいかを知ることは困難であろう。ここで、我々はグループへの参加を促進するために利用できるいくつかの実践的な戦略について考える。グループへの参加の促進に焦点を当て、あなたがメンバーの参加を最大化するのに役立つグループワークのエクササイズに関しては大量の文献がある（Doel, 2006; Garvin et al., 2004）。グループワーカーがどのエクササイズがグループの目的達成を促進するのかを決定する前に、グループの目的、特に変化の目標を明確に意識しておくことが必要である。グループワークのエクササイズは我々の目標達成を促進してくれるが、準備不足、不明確な目的、そしてグループダイナミクスの無理解を埋め合わせてはくれない。

　アイスブレイカーとしても取り上げられる*自己紹介エクササイズ*は、脅威的ではなく、またグループの目的に適したやり方で、メンバーにお互いを知ってもらう機会を作ることを意図したエクササイズである。アイスブレイカーが行われるのは、グループの形成時であり、メンバーに彼らがグループに参加した目的を尋ねるだけのものではない。アイスブレイカーによって、メンバーは、彼らが参加した理由を話し合うことで明らかになる以上に、より全体的な形でお互いを知り合うようになる。アイスブレイカーでは、参加者に個人情報を明かすように求めるべきではないし、グループ内に必要なレベルの信頼関係ができる以前にメンバーを困惑させる可能性がある形で活動に取り組むべきではない。例えば、アイスブレイカーのエクササイズにおいて、虐待や人間関係の崩壊について話し合うよう参加者に求めることは、個人的な脅威となるかもしれ

ない。同時に、アイスブレイカーのエクササイズはグループの目的にかなっていることが必要である。さもないと、メンバーのなかには、そのエクササイズを、そしてグループそのものを時間の浪費だと思う人がいるかもしれない。例えば、若い親の支援グループでは、子どもとともに、また子ども抜きで、「好きな活動」について話し合うといったエクササイズでスタートすることは役に立つかもしれない。それとは対照的に、参加者が自分の名前の由来といった、一見つまらなく見える題材について話し合うことを求められると、参加者のなかには欲求不満を感じる人が出てくるかもしれない。

- グループに対して、ペアを作ってもらい、気晴らし、理想的な休暇の行き先、あるいは子どもの好きな食べ物について話し合うよう求めなさい。
- グループメンバーに対して、例えば写真集といった刺激的な素材を共有することに焦点を当て、それから思い出すことを話し合うよう求めなさい。例えば、親支援グループで、あなたが親、子ども、そして家族についての一連のイメージを提示し、それらについて話し合うようメンバーに求めなさい。

ブレインストーミングとは、参加者が特定の問題に関して頭に浮かんだ広範なアイデアを明確に表現することである。ブレインストーミングはグループを自由にし、広範な見方や可能性を考えさせるために使用されている。ブレインストーミングの中心的なルールは、「誤った答えはない」ということと、参加者には、一見してそれが適切かどうかには関係なくアイデアをいっぱい出すことが求められるということである。ブレインストーミングの意図は、グループメンバー間の創造的な思考を促進し、検討中の問題への対応を進めるなかでグループに対するオーナーシップ意識を高めることである。また、ブレインストーミングは、グループのプログラムを構築するとか、グループが直面している難題の解決策を考えるといったように、広範なグループの問題に関して使用可能である。ブレインストーミングのアクティビティは、「誤った答えはない」という原則を説明すべきグループワーカーによっても導入されるかもしれない。グループワーカー、あるいはグループメンバーはブレインストーミングから出てきたアイデアの1つひとつを書きとめる責任を持つべきである。このアク

ティビティでは即時性が重要である。したがって、アイデアが明確に示された時に記録し、グループのメンバーが全員それを見られたり、理解できる形で示されることが望ましい。ブレインストーミングは、通常、アイデアを評価するのではなく、確認することに焦点を当てた話し合いによって比較的速いペースで行われる。ブレインストーミングから出てきたアイデアのフルセットが記録されたら、グループワーカーはそれらのアイデアをグループで点検する方向に進めることができる。例えば、グループメンバーは、ブレインストーミングで取り組んでいる問題の解決を達成するために、それぞれのアイデアの賛否両論を考えるように求められる。

　*刺激となる素材*とはグループの熟考や話し合いを進めるために使われる広範なアイテムである。刺激となる素材には、写真や絵、言葉やフレーズ、DVDの抜粋や音楽レコードの抜粋といったイメージが含まれる。たいていこのような素材はグループワーカーが提供するが、グループエクササイズの一部としてグループメンバーに対して素材を提供するよう求める場合もある。例えば、グループメンバーは家から彼らの生活の何らかの場面を象徴している写真や物を持ってくるように頼まれるかもしれない。刺激となる素材の選択はグループの目的と明確に結びついているべきである。例えば、ストレングス基盤のワーカーは、特定の力や感情に焦点を当てている「ストレングスカード」を開発してきている。このカードの使い方の1つは、グループメンバーに対して、将来の希望や夢に焦点を当てるイメージを使用する方法である。刺激となる素材によって、すべてのグループメンバーは共通の刺激に焦点づけられ、それによってグループの熟考の助けとなるのである。刺激となる素材は、特定の問題についての対応や気持ちをすばやく正確に説明することが苦手なグループメンバーの参加を促進することにも役立つ。

　ロールプレイはグループに対して、スキルの学習に積極的に取り組ませるのに役立つ。ロールプレイは参加者が1つの役割や人物を演じるシナリオを使用する。ロールプレイはメンバーが経験している「実際の生活」問題を表現する。あるいは、メンバーにスキルを身につけるための機会を提供するように組み立てられている。例えば、アサーティブネススキルの向上を目指すグループでは、メンバーには、彼らの生活のなかでのアサーティブネスを示しながら、メンバー

が経験している特定の難題をロールプレイするように求められるかもしれない。他のメンバーは、そのメンバーに対してロールプレイのなかでそれらのスキルを示し、他者がそれらのスキルを示すのを見る機会を提供できるであろう。ロールプレイの続きは「ディブリーフィング（説明）」である。そこで、グループメンバーは異なる役割を演じたことで経験したことや学んだことをフィードバックし、ロールプレイによる学びを固める機会を持つ。もしロールプレイが参加者の間に情緒的に強い感情を刺激したならば、ディブリーフィングが参加者を他のグループアクティビティにも参加できるレベルの精神状態に復帰させるために使われる。

　コンティニュウム（continuums）には、問題への対応を物理的に示す方法を用いるグループが含まれる。コンティニュウムを使う時、グループワーカーはグループメンバーに対して、ミーティングルームの中央に線が引かれており、その線は何らかの問題に対して、それぞれの端に極端な意見がある異なる立場を象徴していることをイメージするよう求める。例えば、ソーシャルアクショングループのグループワーカーは、グループに対して、一方の端には「この問題に取り組むために公然と抵抗することは、まったく問題ないと感じている」という意見を示し、反対側の端には「この問題に取り組むために公然と抵抗することにまったく不快に感じる」という意見を示しているコンティニュウムのどこに自分を位置づけるかを尋ねることによって、問題に取り組むために公然と抵抗する方法の使用に対するメンバーの態度を考えさせることもできる。さらに、グループワーカーはコンティニュウムのそれぞれのポイントに自分を位置づけた理由についてグループ内で話し合いを進めることもできる。さらに、それがグループとしての将来の活動にどんな意味があるのかを考えさせることもできる。コンティニュウムはグループメンバーがグループ内には多様な選択肢があることを認識し、理解できるようにするための優れた戦略となるであろう。しかしながら、コンティニュウムはメンバーの異なる立場を明らかにしてしまい、対立へとつながる可能性もあるので、怖い側面もある。コンティニュウムにはこのような問題を引き起こす可能性もあるので、使うのであれば、グループのなかの本質的な対立を暴露するために注意深く使用するべきである。

　最後に、グループワーカーは、グループミーティングの間にさまざまなタイ

プの相互作用を起こすために、グループ内で異なるグループ作りの方法を利用することができる。全体グループをペアか、あるいは3人から4人のグループに分解することで、大グループでの話し合いが少数メンバーによって支配されていた状態を解体することができるし、また問題を熟考することや、スキルの実践に焦点化するのに役立つ。特にグループの初期段階では、メンバーのなかには、ペアだと、あるいは小グループだと、あるいは大グループだとより積極的に参加する人がいるであろう。グループワーカーはそれぞれのペアや小グループに対して、小グループのエクササイズで学んだことを大グループに報告させることでグループを進行させることもできるであろう。グループを小グループに分解することで起こるかもしれない1つの問題は、グループ内に派閥ができるかもしれないことである。このような機会を最小限化するために、グループワーカーはすべての参加者がお互いに小グループの話し合いに取り組む機会を作り出し、小グループとペアを多彩にする方法を考えることもできる。これを達成するための方法の1つは、参加者をランダムにペアにし、それまでは一緒になっていないメンバーを探すよう促すことである。また、グループワーカーはミーティングルームの形式がグループの目的に沿った話し合いをするのに役立つかどうかも考えておくことが必要である。また、民主的で、サービス利用者や同僚も参加できるインクルーシブな環境を作りたいというソーシャルワークグループワーカーとしての我々の希望も熟慮することが必要である。しばしばグループの話し合いを進めるためにサークル形式やセミサークル形式が使われている。例えば、多人数のミーティングでは、多数の小テーブルを作って座らせる形式が役立つかもしれない。

グループワークのインターベンションを成功させるための助言

次のチェックリストは、あなたがグループワークをプランニングするのを助けることを目的としている。グループワーカーは次の点を確実に行うべきである。

- グループメンバーは、グループの目標の達成する過程で、グループを成功させるための責任を共有する。これを達成するためには、グループに対して、

グループと個人の目標を話し合い、目標に到達に向けてのグループの進歩をよく考えるための機会を定例的に持つことである。
- 開始時に、ワーカーとグループへの参加者の期待を話し合う機会を持ち、グループの進行に合わせて、この話し合いへ戻る機会も持つ。
- 参加者がグループにアクセスし、グループのために効果的な取り組みが行える環境を作れるようにするために必要な実際的な問題に取り組む。これには、交通手段の問題、障害の問題、子どもの世話の問題、リフレッシュの機会といった問題が含まれる。
- グループが共有している目標の達成に向かって取り組みを進めるための十分な構成ができている。必要な構成のレベルはグループの焦点によって、またグループへのメンバーの参加経験によって変化する。例えば、参加を進めるのに必要な構成のレベルはグループが進むにつれて変化する。
- 問題や対立はできるだけ早く、そしてすべてのグループメンバーの参加を最大限にして取り組むようにする。
- 個人がグループを去ることができ、また目標が達成された時にはグループを終結することができるようにする。

グループワークの事後評価と終結

　最後に、グループワークの事後評価と終結について述べる。ソーシャルワーク実践のすべての方法と同様に、グループワーク実践の事後評価を行うことが大切である。実践の事後評価を行うことによって、我々はグループの満足が達成できたことや、目的が達成できたことは、何がうまくいったからかを知ることができる。また、事後評価が重要なのは、参加者への悪影響を最小限にするためでもある。すなわち、我々のインターベンションが意図していない、否定的な結果をサービス利用者にもたらさないかを知るのである。例えば、事後評価によって、グループのなかではさまざまな理由があって言えなかったグループプロセスについての不満がハイレベルであったことが明らかになるかもしれない。これらの洞察を得ることで、我々はグループワークの方向を転換して、よりうまく意図的な成果を出すことができるようになるであろう。

また、他の形態のソーシャルワークの事後評価と同じように、我々は事後評価の目的と焦点をよく理解しておくことが必要である。事後評価をする目的は我々の実践を改善することであるが、それをする時、我々は実践のどのような要因の改善を目指すのかを明確にすることが必要である。質の高いサービスの提供とグループメンバーの尊重という我々の関心事とともに、我々はグループワーク・インターベンションを経験したことに対するグループメンバーの満足感にも関心を向ける傾向がある。グループワークの効果をアセスメントする時、我々はメンバーにとっての成果に対するインターベンションの影響を理解しようとする。成果をアセスメントする時、我々は我々自身の分析のユニット、すなわちグループのなかで追及された変化の成果は何かを明確に理解していることが重要である。成果の測定において我々が関心を持っている変化のなかには、行動、態度、情緒的状態、知覚の変化と、グループメンバーの社会的環境の変化を含んでいる。例えば、アサーティブネススキルの向上を目指すグループで、我々はその人が家庭や地域のなかでどの程度までアサーティブネスのスキルを実践できるのかや、そのようなスキルの使用が彼の生活の質にどんな影響を及ぼすのかを評価したいと思うであろう。

　グループワーク実践の事後評価は複雑である。というのは、他の形態のソーシャルワークと同じように、グループワークの影響を、グループメンバーの生活のなかの他の要因から分離することが困難だからである。例えば、アサーティブネススキルの改善は、グループのなかで積極的に学んだスキルに基づいているのと同じぐらいに、グループメンバーが新しい仕事に就けたことや不幸な関係から脱出できたことにも基づいているからである。さまざまな倫理的理由と実際的理由で、ソーシャルワーク実践では、無作為にコントロールされた試みが行われることはほとんどなく、そのためにグループワーク実践の影響を確定することは困難なのである（Gant, 2004）。しかし、我々が利用できる多様な事後評価の限界を知り、それらの限界にどのように対処することが可能かについても知っていれば、別の事後評価方法も我々のグループワーク実践をアセスメントし、発展させるのに役立つであろう（Gant, 2004）。

　グループワークのインターベンションに対するグループメンバーの満足感と、グループワークの方法が望ましい変化（個人の変化、あるいはグループメ

ンバーの社会的環境の変化）に貢献したかどうかを洞察するために行う我々の事後評価の価値を高めるためには、さまざまなタイプの情報を基盤にして、グループ内のグループメンバーの話だけを基盤にしないことが重要である。というのは、グループワークの事後評価は「人目のひきやすさに基づくバイアス（attractiveness bias）」の影響を受けやすいのである。すなわち、グループメンバーのグループプロセスと成果に関する報告は、グループの規範と期待に従いたいという願いの影響を受けやすいのである。例えば、虐待からの復帰を目指すグループで、メンバーは失敗したとみなされるのをおそれて、回復の失敗を共有することを嫌がるかもしれない。また、我々は、グループワークのインターベンションがクライエントの目標とした変化の達成に役立ったかどうかをアセスメントできるようにするためには、事後評価をどのようにすればよいのかについても考えることが必要である。

　我々が事後評価で使用する情報にはいくつかのタイプがある。

- **グループプロセスについて思ったことや、満足感についてグループ参加者から得る情報**。我々はいくつかの形でこの情報を得ることができる。例えば、書面調査やグループメンバーとの面談がある。我々はまたグループワーク・インターベンションが目標とした変化に与えた影響について彼らが自分で集めた情報、例えば日記に基づく報告から情報を得ることもできる。
- **グループの変化にかかわる目的に関連して時間経過に沿った形で変化を測定する標準化された道具を使用する**。個人の行動、態度、そして社会環境の変化をアセスメントするために使える標準化された道具はさまざまなものがある。そして、我々は変化をアセスメントするためにそれらを使用することを決定できるであろう（Magen, 2004）。標準化された測定道具のよい点の1つは、それらが広範な脈絡でテストされてきており、インターベンションによってメンバーが目標とした変化が達成できた範囲をアセスメントする時に広範な関連指標を考慮に入れるのに役立つということである。
- **グループメンバーの観察**は成果とグループワークのインターベンションに対する満足感を事後評価する別の方法である。観察データは、我々が観察者に対してグループに求められる成果とプロセスについての考えと一致する行動

や態度を知らせているので、特に彼らのバイアスを受けやすい。もし我々が観察データを事後評価の基礎として利用したいのであれば、システマチックに観察し、データを集めなければならない。例えば、もし我々がグループ内の個人をアセスメントしたいのであれば、我々はそのコンセプトの意味、またどのような行動やスピーチ行動を参加の指標とするのかを明確に理解しておくべきである。

- グループワークによって引き起こされた変化によって、**その生活が変化した他者（グループワークには参加していない人）**の洞察も重要である。例えば、傷つきやすい親のグループ指導において、グループに参加している他の親からの支援だけでなく、親に提供されている支援から利益を得ている子どもの支援による影響も事後評価するべきである。

　グループワークの事後評価は複雑である必要はないが、システマチックではあるべきである（Magen, 2004）。すなわち、グループの成果とプロセスについての情報は定期的に見直すべきである。ほとんどのグループワークのインターベンションはある期間に行われる。時には月を超えて、あるいは年を越えてさえ行われる。したがって、事後評価もずっと行い、変化をとらえ、予期できなかった否定的な結果が出てきた場合は、グループワーク実践の再方向づけもできることが重要である。

　グループワークの終結期には、グループメンバー間の関係は続くとしても、グループそのものの終了に注意を向けることが必要である。グループプロセスの終結は2つの形で起こるであろう。継続グループ、すなわち明確なタイムリミットのないグループでは、その過程でグループを離れる人が出てくる傾向がある。退出の決定は個人の意思決定である場合もあれば、他者が決定する場合もある。例えば、グループのなかには年齢制限を設けているところもある。そして、この制限がグループのアイデンティティを維持するのに重要な場合もある。個人が継続グループを離れる場合には、この出来事をはっきりと示すことが重要である。そうすれば、グループはメンバーの変更を認識することができるし、その人は、個人として自分がグループのなかで達成したこと、貢献したことを認識する機会となる。例えば、アフタヌーンティーのようなお祝いの活

動をすることで、その出来事をはっきりと示すことができるかもしれないし、グループを去るメンバーも含めて、グループメンバーが個人とグループへの貢献や成果についてよく考える機会ともなるであろう。

　他のタイプのグループの終結はグループの解散である。グループはさまざまな理由で解散する。そのなかには、グループに約束の期限が来た場合（この形はスキル基盤のグループには普通に見られる。そのなかには、構造化されたプログラムと合意したセッションの回数が終わったというものも含まれる）、グループの目標が達成された場合がある。また、メンバーがグループの継続に関心を持たなくなったとか、外部資金が引き揚げられたといったように、グループを運営するための資金がなくなったといった事態のために、メンバーが終結を決定する場合もある。終結期がうまく処理されると、メンバーは自分の貢献したことや、グループ内で達成したことに気づくことができる。終結期には、メンバーがグループ経験をポジティブに振り返ることができる。そして、この点は、メンバーがグループワークの成果をもとにして成長していくためにも、また、もし将来機会があれば、グループに参加するよう勇気づける上でも重要である。グループメンバーは、目標を達成したことを認識して、例えばお祝いの会を催したり、植樹のようなグループのシンボルを作成する、といった多様な形でグループの終結をつげることを選ぶかもしれない。このような終結期では、グループメンバーがグループの終結のプランニングに参加できたり、またメンバーがグループ経験に対して考えたことを、お互いに尊敬し合いながら他のメンバーと共有する機会を持つことが重要である。

結論

　本章で、私はソーシャルワーク実践の一方法としてのグループワークの概略を示してきた。私はグループそれ自体が変化の脈絡を提供し、グループメンバーがお互いから学び合えるので、グループワークは他の方法以上に役に立つと主張してきた。グループワークには限界があるし、グループが適さない人もいるし、変化を目指す活動としては不適切な場合があるのは当然である。また、私はグループを用いるソーシャルワーク実践はしばしばリーダーシップに関して

は民主的で、包括的なアプローチによって特色づけられるということも主張してきた。私はグループワーク実践のそれぞれの段階でソーシャルワーカーが用いることのできるスキルと戦略を紹介してきた。それによって、ソーシャルワーカーはメンバーが目標となる変化を確認し、達成することへの参加を促進できるようになるであろう。ソーシャルワーカーはしばしばグループワークを他の実践方法を補完する目的で使用している。本章において私が意図したことは、グループワークの使用と実践についての基本的な理解を提供することであった。それによって、ソーシャルワーク実践の脈絡はどのようなものであってもグループワークの方法を使用することに自信を持てるようになるであろう。

振り返り問題

1. グループワーク理論における混乱段階という用語の意味は何か。また、グループにとってこの段階の目的は何か。混乱段階をグループメンバーにとって建設的にマネジメントするために、グループワーカーには何ができるであろうか。
2. 参加者のなかには行動変容グループへの参加を嫌がる人がいるのはなぜであろうか。どうすれば、グループワーカーはグループメンバーの参加を推し進めることができるであろうか。
3. グループワークへの民主的で、包括的なアプローチとは何か。どうすれば、グループワーカーは彼らのリーダーシップのもとで、このアプローチを行っていることを証明することができるであろうか。

批判的熟考問題

1. グループへの参加に関して、あなたにはどのような経験がありますか。あなたの経験をもとにして、グループの目標達成の成功や失敗に何が寄与したかをよく考えてみてください。
2. あなたのソーシャルワーク実践にとって重要な理論枠組みの1つを頭に浮かべてください。そして、グループワークを行う際に、その理論はあなたのア

プローチにどのように影響しているかを考えてみてください。

> **実践的演習**
>
> 　あなたは、自分が公的ケアを受けなくなった12人の少年、少女のグループ援助を行うために雇われていることをイメージしてください。それらの少年、少女は17歳〜18歳で、全員が虐待やネグレクトのために家族からは引き離されていました。ほとんどの人は10歳になる以前に公的ケアを受けており、里親ケアと施設ケアを組み合わせて生活をしてきていました。現在、彼らは全員があなたの担当地域にある居住ケアホームで生活していますが、そう長くはそこにいることができません。
>
> 　彼らが共通して直面している難題は独立した生活に移行しなければならないということです。それで、あなたの団体は最大６カ月間グループを運営する資金を提供し、彼らが独立生活に移行するのを支援しようとしているのです。地域で生活しなければならないという共通の経験とは別に、彼らは多様な形で働いているし、受けてきた教育も異なっています。６人は学校を中途退学しています。そのうちの４人は小売業や建築業の臨時労働者として雇われています。残りの６人は、現在、学業を終えるため、あるいはさらに学ぶためのどちらかで、フルタイムで勉強しています。
>
> 1. グループの中心的な（諸）目的は何だと思いますか。
> 2. 彼らのニーズとグループの継続期間を考えると、これらの人々にとって適切なグループのタイプは何だと思いますか。
> 3. 彼らにとって効果的にグループワークを行うためのチャンスは何で、難題は何だと思いますか。
> 4. あなたは、どのようにしてこのグループについて変化に向かう環境を作りますか。

パート4　コミュニティワーク、政策立案実践、そして組織変革

　この最終パートでは、「マクロ実践」について考える。第7・8・9章では、ソーシャルワーカーが組織変革に取り組む際に必要な理論的解釈の概略を示す。コミュニティづくり、適切な政策立案、そして組織整備が、我々の考える理論枠組みと矛盾がないことを述べる。

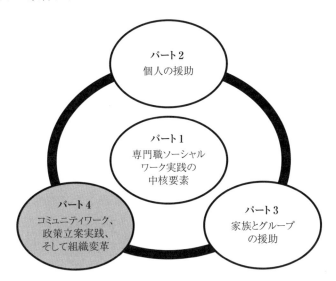

　本著の最終パートで検討する3つの実践方法の要点を示す。第7章では、歴史とコミュニティワーク実践における理論的解釈とスキルについて検討する。第8章では、政策立案実践について述べる。その際、政策立案のスペシャリストが行う政策立案とソーシャルワーク専門職の実践の一部である政策立案実践を区別する。後者は直接的実践に取り組んでいるソーシャルワーカーが使用する方法である。そしてソーシャルワーカーに必要な直接的実践方法に焦点を当てる。第9章では、本書を振り返り、ソーシャルワーカーが、より人間的で、応

答的なソーシャルワークの組織を創るために、ソーシャルワーカーは組織変革をどのようにすればよいかについて検討する。

第7章
コミュニティワーク

　コミュニティワークは、コミュニティに属する個人の理解と、社会的、経済的、政策的変革にコミュニティのメンバーが目を向けるようにコミュニティ力を高めることに焦点を当てる。トゥエルブトゥリーズは、コミュニティワークは「自主的な行動によって自分たちのコミュニティをよくしようとする人々を支援する過程」（Twelvetrees, 2008, p. 1）であると定義している。一方で、コミュニティワークはソーシャルワークの実践方法なのか、それとも別の実践なのかという議論が存在する（Tesoriero, 2010）。私はコミュニティワークについて、コミュニティディベロップメントワーカーとして雇われた場合のように、ソーシャルワーカーがコミュニティワークを主要な活動として取り組む方法として、あるいは他の実践方法と一緒にコミュニティワークの方法を活用する時のように、ソーシャルワークの役割の一部としてコミュニティワークに取り組む方法として言及する。

　まず、「コミュニティ」という用語を定義し、コミュニティワーク実践の5つのタイプを示す。その後、ソーシャルワークにおけるコミュニティワークの歴史と、ソーシャルワークの実践方法としてのコミュニティワークの位置づけ、そしてソーシャルワーク専門職の内外の緊張状態に関して論ずる。次にコミュニティを巻き込み、コミュニティの力とニーズを評価し、参加を促進し、そして実践を評価するために必要なコミュニティワークの実践スキルを紹介する。

コミュニティワークの実践：用語の定義

　コミュニティワーカーは、コミュニティが自分たちの強さと力に気づき、それらを活用したり、メンバーが直面している難題に取り組むためのコミュニティの力を構築する。コミュニティワークに対するワーカーのアプローチは、

コミュニティの強さとニーズ、機関や資金提供団体の期待と役割上の要求、そしてワーカーの理論的方向づけと身につけている実践スキルによってさまざまな形をとっている。トゥルネン（Turunen, 2009, p.49）によると「コミュニティ」は多様な意味を持っている。すなわち、

> コミュニティワークにおいては、少なくとも3つのコミュニティの捉え方がある。1つ目は地理的範囲（地区、村、周辺地域、近隣等）。2つ目は単位となる社会システムと相互作用（アソシエーション、組織、職場、ネットワークなど）。3つ目は単位となるアイデンティティと一体感（価値の共有、伝統、問題、関心、行動様式やライフスタイル）である。

ほとんどのコミュニティワーク実践は、上記の1つ、あるいは3つが結びついたなか—地理的コミュニティ、アソシエーション型コミュニティ、アイデンティティを基盤としたコミュニティ—で行われている。

- **地理的コミュニティ**：人々が居住地を基盤として利害を共有している。そこでの伝統的コミュニティワーク、特に都市部での実践は「ネイバーフッド」ワークと言われることが多い（Henderson and Thomas, 2002）。
- **アソシエーション型コミュニティ**：人々が宗教団体、労働組合、職場のようなフォーマルなアソシエーションにおいて利害を共有している。例えば、公共放送や食料協同組合や労働組合活動の支援にかかわっている人々の全国ネットワークは、アソシエーション型コミュニティと言えるであろう。
- **アイデンティティを基盤としたコミュニティ**：共通したアイデンティティ、特質あるいは経験がコミュニティと結びついている。例えば、施設退所者、あるいは精神疾患や障害を抱えて生活している人々は、アイデンティティを基盤としたコミュニティを形成していると言ってもよいであろう。このタイプのコミュニティは、多くの保健・福祉領域の新しい社会運動の出現とかかわっている。例えば、障害者権利運動や、精神保健消費者運動がある（Healy, 2005）。しかし、地域を基盤としたコミュニティとアイデンティティを基盤としたコミュニティを区別することが困難な場合もある。例えば、遠隔地で

生活している土着住民に対するコミュニティワークには、アイデンティティ形成とコミュニティ形成の両側面が含まれている。

コミュニティワークの実践には多様なタイプがあり、これまでにおびただしい数のコミュニティワークの分類が試みられてきた（Rothman, 2001；Weil and Gamble, 2005参照）。実際、コミュニティワークのタイプが理想的なタイプとして、あるいは明確なタイプとして存在していることはほとんどなく、さまざまなアプローチが組み合わされた形で存在していることが多い（Hoaston, 2003；Rothman, 2001）。例えば、コミュニティディベロップメントワーカーは、ソーシャルアクションを繰り広げようとしているコミュニティの人たちを手助けしているし、コミュニティサービスワーカーは、コミュニティ教育の方法を活用しているであろう。

　ここで、ソーシャルワーク実践の内外で活用されている5つのコミュニティワーク実践のタイプについて述べる。これら5つのタイプは、コミュニティサービス、コミュニティディベロップメント、コミュニティプランニング、コミュニティオーガニゼーション、そしてコミュニティ教育である。コミュニティディベロップメントやコミュニティワークといった用語の明確な定義については、研究者や実践家の間で実に多くの議論が行われており（Twelvetrees, 2008）、このことは概念の混乱を招き、用語についての多くの議論を巻き起こしている（Tesoriero, 2010）。そのような議論があるとしても、現場で一般的に使用されている多くの用語を区別することが重要である。

　コミュニティサービスは、サービス利用者とサービスシステム間の相互作用を高めることに焦点を当てたコミュニティワークの方法である。この方法は、サービス利用者のサービスシステムへのアクセスを改善することや、また、特定のサービス利用者グループの多様なニーズに対応できるように、サービスシステムを改良する取り組みによって達成される。このアプローチはまた「コミュニティソーシャルワーク」や「コミュニティケアワーク」（Twelvetrees, 2008参照）として言及されており、この章で議論されているアプローチの、ソーシャルワークの伝統的モデル、あるいは処遇モデルの最も近くに位置づけられる。コミュニティサービスの仕事の例としては、精神保健ワーカーによるコミュニ

ティアウトリーチのことを考えてみる。具体的には、彼らは精神疾患のために入院している人々を地域社会のなかへ退院させたり、住宅探しを支えたり、また地域の住宅提供者と一緒になって、精神保健ニーズのある人々のために住宅の質ときめ細かな対応を進めたり、精神保健問題を抱える人々が、自分たちを支えることに役立つセルフヘルプサポートネットワークの開発を支援している。コミュニティソーシャルワークの活動は、コミュニティ内のサービス利用者のニーズがよりよく充足されるようにすることによって、保健福祉の他のインターベンションを補うことができる。

　コミュニティディベロップメントは、目標の変更を共有し、それらの目標の達成を目指す協働の取り組みに、市民の参加を促進する活動を含んでいる。コミュニティディベロップメントは、常にではないが、しばしば特定の地域において実施される小グループの実践が特徴である。コミュニティディベロップメントは、しばしばコミュニティの社会的あるいは経済的な力を構築することに集中している（Midgley and Livermore, 2005参照）。コミュニティディベロップメントの実践家は、課題を共有化し、共通のゴールを認識するといったようなコミュニティ力を構築することを探求している（Twelvetrees, 2008）。地域を基盤としている形のコミュニティディベロップメントに焦点を当てて、ロスマン（Rothman, 2001, p.30）は次のように主張している。

　　地域開発（locality development）は、コミュニティ力（自分たちの力で問題を解決する能力）と社会統合（異なる人種、民族、社会階層間の友好的相互関係）を目標とする過程を促進することにより、コミュニティ形成を助長する。

　市民やコミュニティの参加促進というテーマは、コミュニティディベロップメントの文献の至るところで強調されており、コミュニティメンバーの参加を達成するためにさまざまな方法が使用されている。知識やスキルといった、コミュニティメンバーが自分たちを支援する力を構築することの大切さも強調されている。

　コミュニティプランニングは、「ソーシャルプランニング」とも言われ、「犯

罪、住宅問題、精神保健の問題といった実際の社会問題の技術的な問題解決の過程を重視している」(Rothman, 2001, p.31)。このアプローチは、コミュニティニーズの明確化やニーズ対応のために開発を担うソーシャルプランナー、ソーシャルワーカーや保健ワーカーのような専門家の関与に焦点を当てている。専門家の役割は、コミュニティニーズのエビデンスとなるデータ収集や分析と、コミュニティ問題の解決である(Rothman, 2001)。コミュニティメンバーの参加は、会議への参加に限定されがちである。コミュニティプランニングにおけるソーシャルワーカーの役割は、専門職グループ間の連絡や、コミュニティプランニングの促進といった活動であると言えるであろう。トゥエルブトゥリーズによると(Twelvetrees, 2008, p.3)、コミュニティプランニングにおけるコミュニティワーカーの関与は、「プロジェクトを立ち上げたり、サービス提供者が特定のコミュニティニーズに気づくように直接連絡をしたり、働きかけたりすること。そして、サービス改善や方針転換を支援することである」と述べられている。

「コミュニティアクティビズム」とも言われているコミュニティオーガニゼーションは、コミュニティ形成やアドボカシーに対するアクティビストアプローチとつながっている(Bunyan, 2008)。批判的社会科学的理論の視点に基づいて、コミュニティオーガナイザーは、社会における社会的パワーと経済的パワーの不均衡を正すことを探求している。ロスマン(Rothman, 2001, p.33)は次のように述べている。

　このアプローチは、不当な扱いを受けたり、不利益を被っている人々を平等に取り扱ってもらうためには、さらに多くの資源が必要なことをより大きなコミュニティに要求する組織が必要であり、不当な扱いを受けたり、不利益を被っている人々の存在をあらかじめ想定している。

コミュニティオーガナイザーは、共通の抑圧状態を認識し、コミュニティをよりよく扱ってもらえるようにするための合同の活動に参加させるために、不利益を被っている市民を動員しようとしている。コミュニティオーガナイザーが関与する活動には、自覚させる活動も含まれている。すなわち、その過程を

通じて、抑圧された市民が直面している難題に対する個人主義的な説明を拒否し、例えば階級差別、性差別、人種差別のような抑圧に対する社会的な過程の影響をさらに意識させるような活動である。また、公然と行う抗議のような集合的活動も含めた活動をコーディネーションすることも行われている（Ronnby, 2009）。

　評論家のなかには、コミュニティワークを専門職活動として担っているワーカーが、コミュニティの組織化を実行できるかどうかに疑問を感じている人もいる（Rothman, 2001）。専門職ソーシャルワーカーとコミュニティワーカーにとってこのアプローチに問題があり得るのには2つの理由がある。1つは、彼らの主な活動にコミュニティワーク実践に資金も提供している機関への批判することが含まれていると、ワーカーが資金を創設したり、維持し続けることが難しくなるということである。2つ目は、コミュニティオーガニゼーションは、コミュニティ内のリーダーシップに依存しており、専門職ソーシャルワーカーやコミュニティワーカーは、彼らが担当しているコミュニティにとっては部外者となる傾向にあることである。例えば、コミュニティワーカーが同じコミュニティに居住しているとしても、抑圧されたコミュニティが経験している不利益、障害、病気を実際に経験することはないであろう。専門職ソーシャルワーク、あるいはコミュニティワーク実践の主要な方法としてのコミュニティの組織化に取り組むことは困難であるにもかかわらず、専門職ワーカーがコミュニティの組織化活動を推進したり、支えたりする状況もあるであろう。例えば、他の形のコミュニティワークでは人々が望んでいる成果を達成できなかった場合には、コミュニティが政策立案者や政治家のように権力を持っている人々に声を聞いてもらったり、問題を認識してもらうために、より明らかに闘争的な形の活動に取り組むことが必要であろう。

　*コミュニティ教育*は、「普通教育」あるいは「インフォーマル教育」としても知られており、「コミュニティメンバーを仲間の学習者や教師として取り組みに参加させることでコミュニティを認識させたり、創設させる」ことを目的としている（Healy, 2006, p.259）。コミュニティ教育は、開発された地域と開発中の地域の両方でコミュニティディベロップメント活動に組み入れられている（Kane, 2010）。ブラジル出身の識字教育者のパウロ・フレイル（Paulo

Freire）の著作には、コミュニティ教育の理論と実践の基礎が示されている（Kane, 2010）。フレイル（1997）は伝統的教育形式を批判している。なぜなら、彼の見解によると、それは教師が生徒に知識を預ける「銀行貯金モデル」に依存しているからである。その代わりにフレイル（1997, p.64）は問題提示アプローチを支持している。それは批判的理解を展開し、コミュニティのメンバーが批判的意識を基盤にしたソーシャルアクションに取り組むことを奨励している。

　問題提示教育では、人々は自分がいる世界にどう存在すべきかを批判的に理解する力を伸ばそうとしている。すなわち、世界を静止した現実としてではなく、変容している過程として現実を捉えることを目指している。

このアプローチは、コミュニティメンバーのソーシャルアクション力の形成に焦点を当てることから、しばしばコミュニティディベロップメントやコミュニティオーガニゼーションの進歩的形態とされている（Kane, 2010）。

合意モデル　対　対立モデル

　コミュニティワークの類型論と並んで、評論家のなかにはコミュニティワークの合意モデルと対立基盤モデルを区別する者もいる（Rothman, 2001）。合意基盤のアプローチは、確認された社会的ニーズと経済的ニーズを充足するためにコミュニティの力を増進する方法も含んでいる。合意アプローチ支持者は、コミュニティ内外のさまざまなグループやセクター間にパートナーシップを構築しようとしている。オーマーとディマシ（Ohmer and DeMasi, 2009, p.13）は次のように主張している。すなわち「合意形成者は、コミュニティも外部の人口も両者が互いに利益を得られるように権力を創出し、共有し、利用することができると信じている」。

　コミュニティの力を基盤にしたコミュニティディベロップメント（asset-based approach to community development, ABCD）モデルは、コミュニティディベロップメントのなかに合意アプローチの多くの要素を取り入れている。ABCDの基本原則は、変化を維持し続けるためには「関係を重視」しなけれ

ばならない（Kretzman and McKnight, 1993, p. 3）ということである。ABCDは、近隣地域と学校と企業の間の関係のようなコミュニティ内の分野を超えた関係構築を促進している（Mathie and Cunningham, 2003）。

　対立基盤モデルは、社会は特権のある者と片隅に追いやられている者に区別されると理解する。したがって、より多くの力を持っている人（持てる者）の利益と、ほとんど力を持っていない人（持たざる者）の利益の間には本質的な対立があり、「力のある者は強烈なプレッシャーが加えられなければ自分たちの立場を変えようとしない」いう考え方から生み出されている（Hoatson, 2003, p.27）。基本的に、対立基盤モデルは力の有無と、コミュニティの内部や社会の至るところに影響を与えることを重視する。伝統的な批判は、権力や対立を分析や活動の中心に置き、エンパワメントやパートナーシップの考え方をより強く批判している。というのは、対立基盤モデルの考え方は力を持っている人やエリートが地位を維持して利益を得ていることを認めていないからである。例えば、コミュニティオーガニゼーションの伝統を支持する考えをよく検討して、バニアン（Bunyan, 2008, p.125）は次のように述べている。

　　いろんな考え方がある場合に、貧困者や力のない人々の利益が最も満たされるようになるのは、彼らの力が高まり、対立が発生しそうな程度にまで達した時である。対立の可能性と緊張状態がなければ、既存の力関係はチャレンジされないままになり、より急進的で、転換を目指す主張はなされないままになる。

対立アプローチの支持者は、不利益を被っているコミュニティや排除されているコミュニティの多くが直面している抑圧の根本原因に取り組むために、広範な社会転換の達成を目指している。
　コミュニティワークのタイプのなかには、合意基盤あるいは対立基盤のどちらかに分類されるタイプがある。例えば、コミュニティサービスは通常合意基盤であり、一方、コミュニティオーガニゼーションは対立基盤になっている傾向がある。しかし、コミュニティディベロップメントとコミュニティ教育の伝統では、合意アプローチと対立アプローチのどちらにも根拠がある。ロスマン

(Rothman, 2001) は、地域基盤のコミュニティディベロップメントを、コミュニティワークの合意形式として述べている。他方、急進的及びフェミニストコミュニティディベロップメントモデルは、対立の伝統と結びつけている (Dominelli, 2006; Stepney and Popple, 2008参照)。

ソーシャルワークにおけるコミュニティワークの歴史

最貧困の境遇にいる人々の生活改善に関心のある市民による明確な目標を掲げた取り組みの一部としてコミュニティワークの方法が使用され始めたのは、1800年代後半のことであった (Fisher, 2005；Weil and Gamble, 2005)。セツルメント運動は、1870年代のアメリカで出現してきていた慈善組織協会を支配していた個人主義的な支援精神にとって代わってこの期間に出現した (Fisher, 2005)。セツルメント運動は、ジェーン・アダムス (Jane Addams, 1860-1935) の仕事を通じてソーシャルワークに永続的な影響を及ぼした。彼女はこの時のシカゴの有名なセツルメント、「ハルハウス」での出来事を著した (Addams, 1910)。セツルメント運動のメンバーは、個人を支援し、コミュニティを構築するという多次元アプローチを実践した。「個人の支援、コミュニティづくり、社会変革はすべてコミュニティオーガニゼーションの実践ピラミッドにとって不可欠であった」(Fisher, 2005, p.39に引用されたBerryの言葉)。社会福祉事業全般におけるセツルメント運動の影響、また特に出現しつつあった専門職ソーシャルワークへの影響は、心理学的治療がその専門職において立場を獲得するようになった第一次世界大戦後に弱まった。

ロスマン (Rothman, 2001, p.91) は第二次世界大戦後、コミュニティディベロップメント実践とこの事業への国の支援という点で、驚くべき「爆発的発展」が世界中で起こったことを発見した。少なくとも一部で政府のコミュニティディベロップメント活動への新しい関心は、国内的には都会と地方の経済格差、国際的には富める国と貧しい国の経済格差のような、社会経済的不平等への気づきが増加しているという脈絡のなかで、社会不安といった脅威を減少させることに関心が高まったことによって起こったと述べる著者もいた (Midgley and Livermore, 2005；Rothman, 2001)。

1960年代から1970年代に、コミュニティワークの急進的なアプローチが多数出現した。エリクソン（Eriksson, 2010, p.10）によると、この時期に発展した「急進的な側面」には、「社会の周辺に追いやられた人々の間で、自分たちを組織化しようとする考え方が含まれていた。……また、自分たちが人権等に関して明確な立場をとれる『より望ましい』社会を作りたいという大望もあった」。これらの熱い思いは、コミュニティワーク、特にコミュニティオーガニゼーション、コミュニティディベロップメント、コミュニティ教育アプローチに影響を及ぼし続けた（Bunyan, 2008；Tesoriero, 2010）。もちろん、その急進的態度はまったく新しいものではなく、明らかにセツルメント運動の政治的アプローチの再現とも理解される（Rothman, 2001）。しかし、この方向性の再現が可能であったのは、その当時、政治的に積極的な行動主義が受け入れられたからでもあった。ミドゥグレイとリバーモア（Midgley and Livermore, 2005, p.160）によると、「コミュニティディベロップメントがより急進的になると、それはより広範な進歩的運動体と結びついていった」。これらの運動には、パウロ・フレイル（PauloFreire, 1997）が呼びかけているインフォーマル教育運動や、マハトマ・ガンジー（Mahatma Gandhi）の平和主義運動や、ソール・アリンスキー（Saul Alinsky, 1971）の急進的行動主義とフェミニズム（Dominelli, 2006）が含まれている。

　1980年代までに、ますます多くの「先進国」がコミュニティへの合法的なインターベンションを認めるようになっていった。確かに、英国ではシーボーム報告（1968）やバークレイ報告（1982）のようなメジャーな政府報告が、コミュニティを基盤とした予防的で全体的なインターベンションの必要性を強調した（Stepney and Popple, 2008）。同様に、オーストラリア、カナダ、北欧の国々のような多くの「先進国」では、政府はサービス分配への個人主義アプローチと並行してコミュニティワークのインターベンションも支援した（Hutchinson, 2009）。

　1990年代以降、コミュニティディベロップメントは政治状況の変化によって作り直されてきている。すなわち、多くの国々の政府はコミュニティワークの取り組みを支援するようになってきたのである。特に社会経済的に排除された不利益を被っているコミュニティの力の創設を支援するようになってきた。コミュニティワークは、不利益を被っているコミュニティに対する国家支援の対

応に組み込まれてきた。例えば、英国のシュアスタートプログラム（Sure Start Programme）は、脆弱な子どもや親がよりよい生活をスタートできるように、地域コミュニティとサービス機関との間のパートナーシップを促進した（Stepney and Popple, 2008）。しかし、国が採用した新自由主義イデオロギーによって、ソーシャルワークとコミュニティワーク実践の法制化が進み、それによってあらゆる形態のソーシャルワークとコミュニティワークの実践には制限的な状況が作り出されてきている（McDonald, 2006）。現在、コミュニティディベロップメントワーカーは、自分たちの実践がコミュニティの力を構築しており、これらの力が政府や広範囲のコミュニティに社会的、経済的利益を生み出していることを証明しなければならないという大きな圧力に直面している（Stepney and Popple, 2008）。政治的に強い圧力のかかった環境では、コミュニティワーカーが選挙運動のように、明らかな政治的代弁者として従事する機会を減らしてしまう。

コミュニティワーカーは、コミュニティメンバーを巻き込んで、彼ら自身のよりよい質の生活を作ろうとする一方で、本著で説明している他の方法と同様に、この方法もマイナス効果を持ち得ることを認識しておくこともまた重要である。英国の状況について、ステプニーとポプル（Stepney and Popple, 2008, p.50）は警告を発している。すなわち、コミュニティに関する国の関心は、

> 対応が困難で、壊れそうな地域とそこの住人に対する抑制、管理、監視ニーズによって左右される。人々のウエルビーングを促進する上での国の役割は、市場が守られ、拡大されるべきだという前提を基盤としている。……したがって、必要なアイデンティティを提供していたり、厳しい経済成長からの避難所を提供しているとみなされているコミュニティは、不和や不幸の場所でもある。

コミュニティワークを実践しているソーシャルワーカーは、脆弱なコミュニティに対する国の支援の縮小を促進するような抑圧的な主張につながるコミュニティワーク実践の可能性を批判的に熟考しなければならない（Mowbray, 2005）。今日のコミュニティワーカーが難題に直面しているにもかかわらず、

多くのソーシャルワーカーは、コミュニティワークが、孤立を解消し、社会経済的難題に取り組む力を構築し、社会を転換するための鍵となる方法あるいは場であると考え続けている（Hutchinson, 2009；Stepney and Popple, 2008；Tesoriero, 2010参照）。

コミュニティワークとソーシャルワーク：共通点と緊張点

　専門職ソーシャルワーカーとコミュニティソーシャルワーカーのなかには、コミュニティワーク実践がソーシャルワークの実践の方法かどうかと疑問に思っている人もいる。本書において、コミュニティワーク実践を専門職ソーシャルワークの方法として示しているのに対して、コミュニティソーシャルワークはソーシャルワークの方法ではあるが、幅広い実践者が担い、ソーシャルワーカーだけが独占するものではない専門的な領域だと考えている（この議論に関しては、Rothman, 2001参照）。

　ソーシャルワーカーがコミュニティワークの方法を、学問領域としても、専門職としても不可欠であると考えている理由がいくつかある。第一に、ソーシャルワーク実践の中心的枠組み（Healy, 2005）であるエコシステム視点は、サービス利用者の生活を形作っているコミュニティシステムの重要性を強調しているからである（Stepney and Popple, 2008）。加えて、サービス利用者が直面している問題の多くには、個人的ではなく、社会的原因があり、それに対するコミュニティの対応が要求されていることを示す調査研究のエビデンスがあるからである（Vinson, 2007参照）。さらに、調査研究によるエビデンスは、コミュニティワークはサービス利用者に対して、よりよい健康、教育、ソーシャルインクルージョンという結果をもたらしていることを示唆しているからである。トゥエルブトゥリーズ（Twelvetrees, 2008, p.200）によると、「言葉のあらゆる意味において、組織化されたコミュニティは健全なコミュニティとなる傾向にあり……そして、またコミュニティワーカーがコミュニティの組織化に寄与していることも明白である」。

　しかし、コミュニティワークの開発と実践に対して、ソーシャルワーカーが広範囲にかかわっているにもかかわらず、コミュニティワークをソーシャル

ワークの方法として認めることに対して、ソーシャルワーク専門職とコミュニティワークの分野にいる人々との間で緊張が存在している。コミュニティワークが、専門職ソーシャルワークの中心となっている個別的治療アプローチと並び立つのかと疑問を呈する者がいるのも確かである（Reisch, 2005参照；Turunen, 2009）。このような専門職ソーシャルワークとコミュニティワーク間の緊張状態は、1960年代と1970年代のソーシャルワーク専門職内に現れた急進的な動向に歴史的経緯がある（Berru and Brake, 1975参照）。すなわち、ソーシャルワークの内部で、急進的な批判者が50年間にわたってその専門職を支配していた精神力動的な視点に依拠していることを批判したのであった。その理由は、その視点ではサービス利用者が経験している社会的不公正や抑圧の問題に取り組めていないということであった（Healy, 2005）。同時に、急進的コミュニティワークの伝統のなかにいる人々の多くは、当時支配的であった精神力動的な枠組みは社会的不公正と抑圧の問題に取り組めていないと考え、自分自身を専門職ソーシャルワークから距離を置こうとした（Mayo, 1975）。そのようなことがあって、ソーシャルワーク一般、特に精神力動的な実践モデルに対する代わりの方法としてコミュニティワークを定義する人も出てきたのである。一部の人によって支持されているように、コミュニティワークを使命（vocation）とする見方（Westoby and Dowling, 2009参照）と、専門職や職業とする見方の間に明確な緊張状態も存在している（Fisher, 2005）。

　コミュニティワークをソーシャルワークの方法と考える見方と、コミュニティワークをひとつの分野とする見方の間の緊張状態が未解決のままである一方で、コミュニティワークは専門職ソーシャルワークとは相入れないという主張には、いくつかの理由に基づいて異議を唱えることができる。

1. いくつかの形態のソーシャルワーク実践の治療志向は、コミュニティワーク実践を補足していると考えられる。
2. 今日、ソーシャルワークの専門職は、個別的、あるいは精神力動志向のみであるとは言えない。ソーシャルワーカーのなかには、個別的アプローチを採用している実践者がいることは事実であるが、それを完全に、あるいは主に対人関係の仕事に集中する専門職であるとするのは不正確である。ソーシャ

ルワーカーは、調査研究者や実践者としてコミュニティワークに幅広くかかわっており（Stepney and Popple, 2008)、国際ソーシャルワーカー連盟（IFSW, 2000）は、コミュニティワークの方法は、実践者が活用する方法の一部であると認めている。
3. 使命としてのコミュニティワークと、仕事あるいは専門職としてのソーシャルワークを区別することは、さまざまな角度から批判できる。実際、ソーシャルワーカーと同じように、多くのコミュニティワーカーが仕事をするために国家資金に依拠するようになり、少なくとも部分的に、国が決めた一定の政策目標を達成することが要求されている。
4. しかしながら、コミュニティワークを使命として明確化しようとする際に、最も問題となるのは、この立場に立つことで浮上するジェンダーにかかわる問題である。実際、コミュニティワークや、もっと一般的にはコミュニティサービスに従事しているフェミニストのライターは、国が、常にコミュニティ内の女性の無給、あるいは低賃金の労働を当てにし続けていることに対して異議を唱えてきた（Dominelli, 2006）。不十分な金銭報酬（あるいは報酬がないこと）や、職業として認められていないことはコミュニティワークの際立った特徴である。そして、それはソーシャルワークの実践者やコミュニティワークの実践者の大部分を占めている女性ワーカーにとっての不公平状態につながっている。それはまた、代わりとなる独立した収入源がない者にとっては、就労継続が不可能であるということでもある。

コミュニティワークのスキル

　ここで、議論をコミュニティディベロップメント実践のための実践スキルに移す。ソーシャルワーカー、とりわけ非政府機関で働いているワーカーは、孤立をなくし、コミュニティが共有している強さ、ニーズ、目標を明確にする機会を作り、またコミュニティに影響を及ぼす具体的な政策や実践を形作っているコミュニティメンバーの参加を促進するという目標達成に向けて、コミュニティディベロップメントにかかわっている。コミュニティディベロップメントワーカーが彼らの仕事で使用しているスキルと技法は非常に幅広く、我々がこ

こで提示できる範囲は限られている。ここでは、第1章で示したソーシャルワーク実践の4段階モデル、すなわちエンゲージメント、アセスメント、インターベンション、そして事後評価が、いかにコミュニティディベロップメント実践に応用できるかを概説する。説明するスキルはコミュニティディベロップメントの合意モデルと対立モデルのどちらにも関係するスキルである。

コミュニティに取り組ませる

　コミュニティに取り組ませる過程は、いくつかの点で対人関係の実践と異なる。最も重要なことは、コミュニティワーカーは積極的にコミュニティにアウトリーチしなければならないことも、彼ら自身とコミュニティの間に任意で、目的のある関係を育成しなければならないことである。このように、アウトリーチに焦点を置くことは対人関係を重視するソーシャルワークとは異なっている（第3章、第4章参照）。というのはその場合には、サービス利用者自身がケースワークサービスを探し出し、保健福祉サービスの一部としてケースワークサービスを受給しているからである。また、法令に基づくソーシャルワークのケースでは、サービス利用者はサービス受給を強いられる。コミュニティワーカーは、コミュニティメンバーに共通するアイデンティティを構築するために積極的な役割を担うだろう。すなわち、地域のメンバーや共通の関心を持っている人々は自分たちをコミュニティの一員とは思っていないかもしれないのである。またワーカーは、コミュニティの行動力やニーズと強さを確認する際に、コミュニティの参加を促進する方向でコミュニティに取り組ませることが必要である。ヘンダーソンとトーマス（Henderson and Thomas, 2002, p145）は、コミュニティワーカーは「そうすることが困難な時もあるが、グループメンバーが担うべき主要なリーダーシップの役割を引き受けたいという誘惑とプレッシャーには抵抗すべきである」と主張している。私はコミュニティとともに取り組む過程を、プレ計画とコミュニティとのミーティングの2つの段階に分けている。

段階1：プレ計画

　プレ計画は、コミュニティメンバーとのミーティングの前に、コミュニティを知る段階である。この段階では、コミュニティメンバーとの最初のミーティ

ングの信頼性を高め、またコミュニティ内の問題やサブグループを確実に理解することに役立つ知識の基盤を作る。コミュニティメンバーとのミーティングの前に押さえておかなければならない重要事項が2点ある。すなわち、

- コミュニティの特徴を知っておくこと。過去から現在までのコミュニティの状況に関して調べる。
- コミュニティワーカーの果たすべき役割を知っておくこと。コミュニティワーカーは、自分たちの役割がどのように発展してきたのかということ、雇用者と資金提供団体、そしてコミュニティメンバーのワーカーの役割に対する期待を理解しておくことが必要である。

コミュニティワーカーが、コミュニティに対して自分たちと自分たちの役割を方向づけるために活用できる戦略にはいくつかある。

- **コミュニティの観察**：我々は、ビル、店舗、娯楽施設のような物理的構造物、それらの間に存在しているサブグループやネットワーク、学校、保健施設のようなインフラ、そして富める者とそうでない者の資金力の差のような社会的相違を含むコミュニティの特徴を観察できる。
- **コミュニティの歴史を知っている人々とのミーティング**：例えば、もし我々がアイデンティティ、あるいはつながりを基盤にしているコミュニティで活動するのであれば、コミュニティ形成に古くからかかわっている人々とミーティングすることは有効である。
- **機関の文書のレビュー**：例えば委員会議事録や年報、資金提供申請書のような機関の文書。
- **メディアスキャン**：メディア分析によって、コミュニティメンバーにとって最も重要な問題についての情報が得られる。この分析によって、ステイクホルダーや部外者がコミュニティをどう理解しているかがかなり明らかになる。

段階2：コミュニティミーティング

　コミュニティメンバーとのミーティングと、彼らとの協働関係を発展させるこの初期段階は、「交渉の入り口」である（Henderson and Thomas, 2002, p.42）。ワーカーはコミュニティメンバーとの出会い、仕事のための関係を確立することを目標とする。そして、その取り組みは、コミュニティの強さ、チャレンジ精神と目標、さらにコミュニティワーカーとしてのワーカーの役割についての理解を基盤にするべきである。この役割のなかには、コミュニティメンバーの生活の質向上を目指すコミュニティディベロップメント活動をコミュニティメンバーに理解させることと、その活動への参加を促進する役割も含まれる（Twelvetrees, 2008）。

　交渉段階の中心的な目標は、コミュニティワーカーがコミュニティの広範な区域や、既につながりを持っていたり、既に機関の取り組みに従事している人たちだけでなく、階層横断的な人たちと目的ある関係を構築し始めることである。コミュニティワーカーが、コミュニティメンバーと仕事を進めるための関係を持ち始めることを目的として彼らと出会う方法がいくつかあり、これらの戦略のすべてにコミュニティへの積極的なアウトリーチが含まれている。これを達成するための方法の１つは、コミュニティメンバーが集まる場所に出向くことである。例えば、近隣ワーカーはシニア世代の集まり、親支援グループ、そしてスケート場に出向くであろう。また、近隣ワーカーは、地域のメディアや施設、そしてコミュニティで利用されているウェブサイトで、自分たちの情報と役割を伝えることもできるであろう。例えば、近隣ワーカーは、自分たちのことや、自分たちの役割を学校の新聞やローカル新聞で広報するかもしれない（Healy and Mulholland, 2007, 第7章参照）。近隣ワーカーはまた、この情報を配信するために、機関、地域のウェブサイト、ニュースレターも活用するかもしれない。ウェブサイトやニュースレターによる情報配信は、コミュニティワーカーが直接コミュニティと対面関係で行うミーティングを補うために使うことができるであろう。

　コミュニティとのフォーマルなミーティングの開始は、コミュニティに活動に取り組んでもらうために重要な方法であるが、困難を伴うものである。もし

コミュニティが強いアイデンティティを有し、我々の機関と良好な関係があれば、コミュニティワーク実践者を紹介するイベントはコミュニティと目的ある関係を構築するための方法としては有効な方法であろう。しかし、コミュニティ意識が弱かったり、コミュニティに敵意がある場合には、この方法は問題となるであろう。このような場合には、最初にコミュニティ内のサブグループの人々と出会い、彼らと建設的に協働する我々の能力に対する彼らの信頼感を勝ち取ることが必要であろう。コミュニティワーカーのなかには、親近感と友好的な雰囲気でコミュニティに取り組んでもらうための方法として、オープンスペースでのピクニックのようなイベントを催すことが有効であるとする者もいる（Compass, 2002参照）。次に、コミュニティワーカーがコミュニティメンバーの取り組みを促進するために使用できるいくつかの戦略を紹介する。

- 確実にミーティングを行うために、コミュニティ内の特定の人々を対象とした場所よりも、中立的な場所で実施する。例えば、若者は高齢者会館のような場所でのイベントには出席したがらない。
- コミュニティメンバーに自分たちの好意を示すために食事や軽食を提供する。
- コミュニティメンバーにコミュニティに対するメンバーの意見とコミュニティにおける我々の役割をはっきりと、しかし控えめに理解してもらうことに焦点を当てる。ここでは、我々がコミュニティの歴史、コミュニティが現在持っている強さと、抱えている問題を一定程度理解していることを示すことで、コミュニティを理解するために我々がプレ計画作業に取り組んできたことを示すことが重要である。
- このイベントがコミュニティ全体に周知されていることを確かめる。
- コミュニティメンバーがミーティングに参加しやすいように支援する。例えば、子どもの保育があれば、もっと参加しやすくなる親がいるかもしれないし、送迎を求める人がいるかもしれない。これらの資源が利用できるようにすることは好意の証となるし、さらに重要な点であるが、参加しにくい人々の参加を支援できるであろう。

第7章　コミュニティワーク

コミュニティアセスメント：コミュニティプロファイルの作成

　コミュニティプロファイルの作成は、コミュニティ力やニーズのアセスメントに関して定評のある技法である。ハーティンとパーシースミス（Hartin and Persy-Smith, 2007, p.5）は、コミュニティプロファイルを次のように定義している。

　　コミュニティと考えられていたり、あるいはコミュニティだと考えている人々のニーズと、コミュニティの積極的な関与のもとで、活動計画や、その他コミュニティの生活を改善するための手段を発展させる目的で行われている資源を包括的に描写することである。

　この定義において、我々はコミュニティプロファイルを、コミュニティのニーズ、強さ、そしてコミュニティ資源を示すものであり、またコミュニティづくり活動の基盤を提供するものと考えている（Kretzman and McKnight, 1993参照）。「ニーズ」という用語は広範囲な不足、例えばコミュニティがより高い生活の質を達成するのを妨げるような個人的、社会的、経済的あるいは物理的資本の不足のことである。例えば、社会資本のレベルが低いと、コミュニティメンバーの孤立や恐怖感につながるであろう。また、他のコミュニティでは、ビジネスのような経済的資源が欠乏すると、コミュニティメンバーの雇用やサービス選択が制限されるであろう。「資源」とはコミュニティに存在していて、コミュニティの生活の質の向上に寄与する力や資本の形を指している。これらの資源は、例えば学校やコミュニティ団体のような人と社会資本だけでなく、会社や、ビルのような物理的なインフラも含んでいる。プロファイルを進める際に、コミュニティワーカーは、現在利用されている資源だけでなく、例えば廃屋や社会的ネットワークの開発中エリアなどの現在未活用の資源も探している（Hartin and Persy-Smith, 2007）。

　コミュニティワーカーは、以下に示す目標を達成するためにコミュニティプロファイルを使用することができる。

- 共有している問題のメンバーへの認識促進と、それら問題の対応への参加促進によるコミュニティ構築。
- コミュニティとともに行う、コミュニティのためのアドボカシー。コミュニティへのさらに多くの資源配分のために政策立案者と資金提供者にコミュニティプロファイルを使用。
- 強さとニーズの把握を基盤にして、集合的活動を理解し、優先順位をつける援助。

コミュニティプロファイルは包括的であるべきである。すなわち、広範なニーズと資源を検討すべきである。アセスメントすべき領域には次のものが含まれるべきである。

- **人的資本**：すなわちコミュニティメンバーの個別的能力や関心。
- **社会的資本**：例えばコミュニティメンバーがコミュニティの内外で持っている社会的ネットワーク。
- **物理的資本**：物理的なインフラを含む。
- **環境資本**：特にエリア内の自然環境。
- **金融資本**：そのエリア内の参加企業と、企業活動の資金を活用するコミュニティメンバーの力。
- **政治的資本**：すなわち、選挙へのコミュニティメンバーの積極的な参加と、メンバーが持っている下院議員や政治団体の代表者とのネットワーク。

ソーシャルワーク実践における対人関係の方法では、個々人のニーズと強さを明確にする取り組みに個々人が参加することは、過程において重要な側面である。それと同じように、コミュニティをプロファイル作成に参加させることもコミュニティディベロップメント実践の重要な側面である。ハーティンとパーシースミス（Hartin and Persy-Smith, 2007, p.8）は次のように主張している。

　コミュニティの全面的な協力と参加で作成されたプロファイルは、アク

ションプラン作成の基礎となる包括的で正確なコミュニティ描写となるであろう。

コミュニティプロファイルの作成に市民が参加することによって、アセスメントがより正確になるだけでなく、コミュニティメンバー間の信頼関係の構築と、ワーカーとコミュニティメンバー間の信頼関係の構築にもつながるであろう。

情報源はコミュニティプロファイル作成のために使用されるべきである（Hartin and Persy-Smith, 2007）。そして、市民参加を促進するというコミュニティワークの原理と一致していることであるが、知識を高めるための活動にコミュニティメンバーに参加してもらうこともまた重要である。コミュニティプロファイルの計画立案においては、コミュニティワーカーは、国や地方自治体の統計データベースのような既存の情報源から得られるデータと、コミュニティから得るべきデータを区別するべきである。アクセス可能で信頼性の高い情報が既にある場合は、データ収集に時間と労力をかけないことが重要である。

コミュニティに関する既存の情報源は、コミュニティに関する情報構築の重要な基盤となる。例えば、住宅、保健、教育、児童養護と福祉、教育、そして投獄といった広範な社会指標に関連した国の人口動態統計から得られる情報は、あなたが働きかけているコミュニティが、他のコミュニティと比較してどのような状況であるのかを理解することに役立つ。このような情報は政策立案者にとって極めて重要であり、コミュニティプロファイルの重要な一部分である。国と地方の統計データの比較は、政策立案者が魅力的なコミュニティの青写真を描くことに役立つだけでなく、活動が必要なコミュニティを明らかにすることにも役立つであろう。例えば不利益を被っているコミュニティでは、健康状態（喫煙と呼吸状態の関連）と社会指標（入牢割合）の割合は高い傾向にある。コミュニティプロファイルを作ることによって、コミュニティワーカーは、なぜ健康状態と社会指標が他のコミュニティ（より有利なコミュニティ）と異なるのかを批判的に考えるようになるであろう。そしてこのことは、健康増進に向けた計画や、若者の犯罪率を減らすコミュニティの予防計画といったアクションプランにつながるであろう。

次に、コミュニティプロファイルを作る上で役立つと思われる統計のタイプを示す。

- 国勢調査や健康、教育、福祉ニーズに関するデータのような国民の保健と社会的な統計。すべての先進国では、政府がこのようなデータを集め、一般公開されている。
- 関係する保健、教育、社会福祉機関のサービスに関する統計。政府の各部署はサービスの給付と費用のレベルに関するデータを集めている。このデータは国家レベルと地方レベルで入手できるであろう。
- サービス給付の範囲と程度、地方の人口プロファイル、保健、教育、そして社会の動向に関する地方公共団体の統計。
- 不利益状況についての特別な情報。政府や非政府部門の特別の部署やアドボカシーグループは不利益状況の指標に関するデータを集めている。そのなかには、住宅ローンの焦げ付きの割合、電力供給停止、主要な収入源を政府予算に依存する人口の割合を含む収入のレベルといった課題についての情報が含まれている。

国と地方自治体の人口とサービスに関するデータのなかには一般市民が利用可能なものもある。例えば、政府の年報ではサービス支給量と支給額が報告されている。しかし、政府データのなかには図書館やあなた方の組織で購入しなければならないものもある。したがって、データ源を調べるためには、総合図書館にアクセスすることが重要である。図書館司書は入手可能な統計データを紹介してくれる。

コミュニティの人々とともに集めたデータもまたプロファイルに役立つであろう。二次的な情報源に頼るよりも、直接コミュニティから引き出すべき種類のデータもある。例えば、

- コミュニティメンバーのニーズ、強さ、力の認識に関するデータ。
- 生活の質とコミュニティメンバーのサービス利用に関するデータ。
- コミュニティメンバーの生の生活経験の話のような質的情報。

第 7 章　コミュニティワーク

このような情報の収集方法はいくつかある。

- **コミュニティ調査**：例えば、コミュニティの力についての調査、住民監査、あるいはコミュニティの調査。
- **参与観察による調査**：人々のさまざまなコミュニティの資源利用を観察する。例えば：誰がコミュニティ内の図書館やレクリエーション資源をよりよく利用しているかを観察する。
- **フォーカスグループ**：すなわち、コミュニティの特定グループに焦点を当てて調べる。
- **コミュニティフォーラム**：例えば住民会議。

　コミュニティ調査の優れた点は、コミュニティを横断的に相当量の情報を集めることができることである。参与観察による調査によって、ワーカーや調査者は、コミュニティメンバーが気づいていない、あるいは不正確に認識されている実践や活動についての情報を得ることができる。例えば、コミュニティメンバーのなかには、若者は「1日中ショッピングモールをうろつき、買い物客を困らせている」と思っている人もいるが、ショッピングモールの参与観察による研究は、少数の若者が1日のうちある決まった時間に、ショッピングモールに現れていることを示している。フォーカスグループと住民会議は、コミュニティメンバーにとって、認識を共有し、コミュニティメンバーの生活経験を共有する優れた機会となっている。
　下記にコミュニティ調査の簡単な質問例を示す（Ohmer anda DeMasi, 2009より）。

あなたが住んでいるコミュニティについて、あなたの意見をお聞かせください。

1.この場所に何年お住まいですか？

2.あなたが住んでいるのは持ち家ですか？賃貸ですか？その他＿＿＿＿＿＿＿＿＿＿。

3. あなたが考えるこの場所の好きな点は？コミュニティの強さ、そして、あるいは長所は何だと思いますか？

4. あなたが考えるこの場所の嫌いな点は？コミュニティの弱みや問題は何だと思いますか？

5. あなたはどのような地域組織に所属していますか？

6. その地域組織でのあなたの活動頻度は？

7. 次の質問について、1～5のうちあてはまる番号に○をしてください。1は強く否定、5は強く肯定を示しています。
・これから5年間は、この場所に住み続けたい。

　　　　　　1＿＿＿＿＿2＿＿＿＿＿3＿＿＿＿＿4＿＿＿＿＿5
　　　　　　強く否定　　　　　　　　　　　　　　　　　強く肯定

・選択した理由を書いてください。
＿＿＿＿＿＿＿＿＿＿＿＿＿＿＿＿＿＿＿＿＿＿＿＿＿＿＿＿＿＿＿＿＿＿＿＿
＿＿＿＿＿＿＿＿＿＿＿＿＿＿＿＿＿＿＿＿＿＿＿＿＿＿＿＿＿＿＿＿＿＿＿＿

8. フェースシート（年齢、生年月日、世帯収入、職業、世帯人数、子どもの数）

　この簡単な質問によって、回答者のコミュニティの強さ、弱さ、コミュニティへの関与レベルについて、そしてコミュニティに住み続けようという思いを知ることができる。人口構成に関する統計情報とコミュニティの保健、社会、教育ニーズが結びつく時、コミュニティの力と難題を包括的な像として描くことができる。
　データ収集にコミュニティが参加することは重要である。というのは、参加はコミュニティディベロップメントの中心原則であるだけでなく、コミュニ

ティプロファイルの目的の1つが、コミュニティ活動のベースとなる知識の構築であるからである（Hartin and Persy-Smith, 2007）。コミュニティは、データ収集道具の設計（調査、フォーカスグループやフォーラムといった）やデータ収集とその分析にかかわることができる。コミュニティワーカーは、コミュニティの関与を促進するための牽引役を担い、データ収集の手段を設計するためのミーティングを実施し、調査の管理やデータ入力のトレーニングを行い、そしてデータの検討にコミュニティを参加させるような活動を実施することが必要であろう。

　データ収集には、メール、インターネット、電話、直接対面といったように、多様な方法がある。それぞれ長所と短所がある。なお、これらの方法に関する幅広い情報は、コミュニティ研究と一般的な社会調査に関する文献のなかで概説されている（Hartin and Persy-Smith, 2007; Rubin and Babbie, 2007参照）。例えば、メールによる調査は、回答率が低くなる傾向にあり、インターネットや電話による調査には、これらの機器を使用しないコミュニティメンバーがしばしば存在する。直接対面による調査はデータ収集に手間がかかる。しかし、もしワーカーがデータ収集でコミュニティを巻き込むことができていれば、直接対面のインタビュー調査の過程は、コミュニティづくりの過程の一部となり得る。データ収集の方法決定に際しては、ワーカーはコミュニティにかかわる機会や、参加する機会を探すことが重要であると同時に、プロファイルのためにコミュニティを横断的に対象とする最善の方法を使用することが重要である。

　コミュニティでデータ収集する際の留意点を以下に示す。

- データ収集の目的を明確にする。プロファイルが何のために使用されるのかを考え、収集されたデータをその目的に応じさせる。
- 例えば、ニーズに関して収集されたデータと強さについてのデータのバランスをとりコミュニティのエンパワメントに役立てる。
- コミュニティメンバーが、データ収集の過程に参加する機会を保証する。
- コミュニティプロファイルの作成に参加するコミュニティメンバーの参加の時間に気を使う。データ収集と分析について、最もメンバーの時間を使わず、最も効率的な方法を選んでバランスをとる。

- コミュニティメンバーがプロファイル開発に貢献できるさまざまな方法を提供する。例えば、筆記や口述、視覚化されたフォーマットといったさまざまなデータ収集の方法を提供することは、さまざまな読み書き能力や参加できる時間、そして好みの参加方法の違う人々の参加を最大限にすることにつながる。
- 必要な時間を短縮したり、データ収集の途中でタイムリーに反応を示すことによってデータ収集への参加者の貢献に対して感謝の気持ちを示す。

データが収集されたら、情報を分析し、公表する必要がある。データ分析の方法は、収集されたデータによる。コミュニティプロファイル作成の過程で収集されたデータの量的、質的な分析方法について詳細な情報を求めている読者は、応用社会科学の調査研究の文献、コミュニティプロファイルとコミュニティ調査についての詳細な実践ガイドも調べるべきである（Hartin and Persy-Smith, 2007; Kretzmann and McKnight, 1993参照）。シンプルなデータ分析方法を使用しても、横断的なコミュニティメンバーと関係者に対してプロファイルの妥当性を示すことができる。すなわち、プロファイルは、社会科学の調査研究を行うものというよりも、むしろ主にコミュニティとのエンゲージメント、アセスメント、アドボカシーを行うためのツールなのである。ハーティンとパーシースミス（Hartin and Persy-Smith, 2007, p.107）によると、

> 度数といくつかのクロス表、そしてインタビューやグループディスカッションから導かれた言葉と適切な写真があれば、ほとんどのコミュニティプロファイルは作成することができる。手作業でデータ分析することは難しいことではなく、もしそれを集団で行えば、興味を引き起こし、啓発的になり、楽しいものともなる。

コミュニティデータの分析で重要な点は、関係者が理解しやすいコミュニティ像の構築を目的とすることである。さらに、分析過程はコミュニティの新しい理解を生み出し、またそれ自身がコミュニティを築く共同的活動となり得る。ここで我々は、コミュニティプロファイル作成に関するデータ分析の簡潔

第7章　コミュニティワーク

なポイントを示す。

　主に、量的な素材は、記述的アプローチや比較アプローチを使って分析されるであろう。すなわち、推論的アプローチも可能であろうが、これらの技法を使うと、統計の基礎知識のない読者を離脱させてしまうというリスクがある。コミュニティプロファイルで示されるべき記述的統計は、コミュニティとサブグループの全体的な大きさと特徴に関する情報を含んでいる。例えば、プロファイルは以下のものを含むであろう。

- 市民の年齢階級別割合に関する情報、例えば幼児、若者、あるいは退職者層。
- 社会経済的階層に関する指標、特に所得水準と収入源。
- コミュニティの安定性に関する指標、例えば持ち家率や、長期居住者の割合。
- 住居のタイプに関する情報、例えば公営住宅と持ち家の割合。

　例えば、若年層の割合の高さ、あるいは疾病による負担の高さといったコミュニティの人口構造の特徴（より広い社会基盤と異なる点）を浮き彫りにすることにも役立つ。もし政策立案者や政治家にインパクトを与えようとするなら、これらの違いを強調することが特に重要である。

　コミュニティプロファイル作成に最適な量的データの分析方法が2つある。1つは、主題の分析である。これは、コミュニティワーカーがデータ全体にかかわっているテーマをまとめる。例えば、コミュニティの強さに関するコミュニティメンバーの理解というテーマの存在が確認されるであろう。どのようなテーマがあるかは、それがデータのなかに現れる頻度によってわかるであろう。もう1つは、ケーススタディによるものである。ケーススタディは、データ分析から明らかになった考え、またはテーマの例証に役立つ。例えば、回答者がその場所に受け入れられていると感じているのが、そこにとどまっている動機であると話しているのであれば、あなたはそのコミュニティにやって来た人のしてきた経験を、ケーススタディとして取り入れることもできる。ケーススタディは、外部の関係者にコミュニティメンバーの経験を説明する強力な方法である。

　最後に、コミュニティプロファイルの提示について説明する。プロファイル

は、一緒にやっていこうと考えている聴衆を取り組みに参加させるような方法で提示されなければならない。数ある難題の1つは、聴衆がさまざまな知識基盤と関心を持っていることである。例えば、政策立案者もさまざまな関心を持っているであろう。政策立案者はあなたがプロファイルする特定のコミュニティについて、地方や、国内の他のコミュニティと比較してどうであるか、コミュニティメンバーの関心はどのようなものかを知りたいかもしれない。また地域のサービスとコミュニティの関与レベルを改善する活動に興味があるかもしれない。これらの違いがあるので、あなたはさまざまな方法で報告書が読まれるように考えることもできるであろう。例えば、文書による方法に加えて、コミュニティフォーラムでのプレゼンテーションのような口頭による方法を考えることができるであろう。

コミュニティプロファイルの提示に際しては、広範なコミュニティメンバーが最大限アクセスできるようにすることが重要である。最大限にするために役立つ方法を次に示す。

- **明快、単純な言葉を使い、専門用語は使用しない**。もし、例えば政策立案者のような関係者だけにしかわからない特殊な略語や他の用語を使用する必要があるならば、報告書に用語集を設けることを検討する（Hartin and Persy-Smith, 2007）。
- 鍵となるメッセージを強調している**短い実施要領を提供する**。
- プロファイルに基づいて、**メッセージと所見を要約する**。そして、例えば政策立案者や実践者やコミュニティメンバーのようなさまざまな関係者のために次の段階に向けた提言も含める。
- **明確で、理解しやすく全体の構成を示す**。例えば内容や各節の一覧表を示す。
- **量的素材と質的素材をミックスしてまとめる**。どちらか1つのみをベースとした報告書は、聴衆を遠ざけるであろう。例えば、量的報告書はコミュニティの関係者に「つまらない」と思われるであろう。しかし質的データだけに集中した報告書は、あまりに地域限定的だと政策立案者や政治家に理解されるであろう。
- あなたがプロファイリングしているコミュニティの特徴を示している**ケース**

第7章　コミュニティワーク

スタディを使用する。例えば、あなたのプロファイルがコミュニティの力と強さに焦点を当てているのであれば、あなたはこれらの強さと力を示しているケーススタディを使用するであろう。
- コミュニティの地図や写真のような**視覚イメージ**を含める。しかしながら、そのために、あなたはコミュニティメンバーから彼らとコミュニティの写真を使用する許可を得、今後数年間は、彼らが一般の人々にコミュニティと同一視されるといったことの意味についても理解を得ておかなければならない。
- 可能であれば、**専門のグラフィックデザイナーと印刷サービスを活用する**。最終成果物があなたとあなたがかかわったコミュニティが、自信を持ってコミュニティ内で使用できるようにするためであり、また、政府や私的な資金提供機関のような関係者に対しても代弁しやすいようにするためである。

参加促進

　コミュニティディベロッパーは、改革を進めるための計画の作成や達成のためにコミュティメンバーの最大限の参加を目指している。トゥエルブトゥリーズ（Twelvetrees, 2008, p. 3）によると「コミュニティディベロップメントワーカーは、人々が取り組もうと決心したことに関して、彼らとともにファシリテーターとして働き、彼らの集団的な目標の達成を支援する」。この文章は専門家を当てにしないで、改革へのコミュニティの参加を促進することの大切さを強調しているのである。それは初期の取り組み段階から、インターベンションと事後評価にまで至るコミュニティディベロップメント実践のすべての段階の特徴である。ここで、コミュニティワークのインターベンション段階での参加促進方法に焦点を当てる。

　いったんコミュニティプロファイルが作成されると、次はコミュニティメンバーとともに行動計画を作成する段階になる。行動計画策定でコミュニティメンバーの参加を最大限にできる方法が少なくとも2つ存在する。1つ目は、コミュニティ内で行動計画を策定するために、できるだけ多くのサブグループを含む住民会議の開催を促進することである。この方法はコミュニティ内のさまざまなサブグループのメンバー間のつながりを作り、共通の問題を認識させる

のに役立つ。このような性質の住民フォーラムには、ミーティングの開催を進めたり、コミュニティ内のさまざまなサブグループに適した促進方法を取り入れたりする。コミュニティの参加促進が重要になるため、計画立案にはかなりの努力が必要になる。この方法は、コミュニティ内のさまざまなサブグループが、各グループの違いを超えた共通の問題を確認できる時に、最もうまくいく。例えば、あるコミュニティでは、脆弱な公共交通機関による社会的孤立や、スティグマ化された一般的なイメージが、コミュニティ内のサブグループ全体で共通理解されている。

　コミュニティワーカーがコミュニティ全体を巻き込める他の方法は、コミュニティ内のサブグループと活動のためのミーティングの開催を促進することである。この方法のよい点は、コミュニティワーカーが促進の過程を特定のサブグループによりうまく合わせることができる点である。例えば、コミュニティワーカーは、コミュニティの行動計画への参加を高めるために、若者向けにはグラフィックアーティストを活用するであろうし、高齢者向けには他の技法を使用するであろう。このアプローチの短所は、コミュニティ内の分裂を促進してしまうかもしれないことである。したがって、コミュニティワーカーが、始めにコミュニティの行動計画策定のためにサブグループを動かすのであれば、サブグループ間の協働を促進する方法の提供について検討するべきである。

　住民ミーティングはコミュニティを一体化する方法として広く活用されているが、コミュニティ内では発言権がないと思っている人々にとっては魅力がないものに見えるかもしれない。コミュニティミーティングへの独創的なアプローチは、広範囲のコミュニティメンバーに取り組んでもらうために役立つであろう。独創的なアプローチのいくつかは次のとおりである。

- コミュニティで、「アイデアフェスティバル」や「シンクタンク」を設ける。そこでは、単に従来型のミーティングへ参加するのではなく、コミュニティメンバーが集って、アイデアを共有する。
- コミュニティの参加を促進するためにコミュニティアートを活用する。
- 改革の達成に向けて、コミュニティ内で使われている方法を視察するために、他のコミュニティへの訪問を促進する。

独創的アプローチは、コミュニティメンバーに新しい方法と新しい手段で取り組ませることを必要としている。そして、これによってコミュニティ内の既存の権力関係を崩すことができる。

コミュニティワークの実践マニュアルは、コミュニティメンバーの集団的活動計画への参加を促進するためのアイデアを提供している（Ohmer and DeMasi, 2009参照）。組織改革でよく活用されているSWOT（S：強さ、W：弱さ、O：機会、T：脅威）分析は、行動計画の開発にコミュニティメンバーの参加を促進するための枠組みも提供できる。この枠組みは、コミュニティメンバーが以下に示す事項のエビデンスについて考えてもらうために使用することができる。

- **コミュニティの強さ**：例えば、コミュニティプロファイルは、コミュニティの多くの人々がこの地域にとどまりたいと感じ、コミュニティづくりの活動に参加したいと望んでいることを明らかにするであろう。
- **コミュニティの弱さ、あるいは難題**：例えば、コミュニティプロファイルは高いレベルの健康問題や教育における排除の問題について明らかにするであろう。
- **コミュニティにとってのチャンス**：例えば、コミュニティプロファイルは、狭いエリアには存在しないか、あるいはよく発展していない特定サービスへの強い要求があることを明らかにして、コミュニティビジネスを展開するチャンスがあることを示すであろう。
- **コミュニティに対する脅威**：例えば、コミュニティプロファイルはコミュニティが報道の結果として汚名をきせられていることを示すであろう。

次のような条件があれば、行動計画がコミュニティワーク実践にとっての有益な基盤となる可能性がある。

- 行動計画が特定の関心を持つグループだけに認められるのではなく、広範囲のコミュニティによって「認められる」。
- 計画の実施に関心のあるすべてのコミュニティメンバーが、計画実現に向け

て果たすべき役割を持っている。
- 短期目標と長期目標を含んでいる。
- 行動目標の順位が示されていること。それによって、コミュニティメンバーは難題だと感じるかもしれないが、計画に押しつぶされずにすむ。そして、コミュニティメンバーが最も取り組みたいと思っている目標が優先される。

　行動計画が作成されると、コミュニティワーカーは、計画の実行へのコミュニティメンバーの参加を促進する。すると、コミュニティ内のグループが行動し始める場合があるかもしれない。他の場面では、コミュニティワーカーはコミュニティメンバーを集めるために、積極的に動くことが必要になるかもしれない。行動がコミュニティメンバーによって始められたのか、コミュニティワーカーによって始められたのかはともかく、コミュニティ全体が行動計画を知り、行動計画に参加してもらうことが重要である。これは、口コミ、ウェブによる情報提供も含めて、活動をコミュニティに知らせるための多様な方法によって達成される。また、学校や、ショッピングセンターや高齢者市民ホールのようなコミュニティメンバーが集まる場所で情報を提供することも可能である。
　信頼関係の欠如や、コミュニティメンバーの力と行動計画のミスマッチは、計画遂行におけるコミュニティの参加を妨げる。これらの障壁は、教育と雇用機会からの排除を含めて、市民が排除を経験するコミュニティで見られるであろう。コミュニティワーカーは、コミュニティディベロップメントの過程で、確実にコミュニティメンバーが目標達成に向けて自信を持つようにすべきである。このような理由から、比較的小さく、達成可能な目標でスタートすることが有益である。オーマーとディマシ（Ohmer and DeMasi, 2009, p.254）は「能力は自信を育てる。小さなプロジェクトでも、それが完結すると、住民はより大きな夢を見始めるであろう」と述べている。
　コミュニティワーカーは、コミュニティメンバーがコミュニティが持っている力と行動目標との間のミスマッチに取り組むためのトレーニングと教育を促進することができる。例えば、コミュニティメンバーは、マスコミや政策立案者に向けて自分たちのことを訴えるために、コミュニティ目標を達成するのに必要な読み書き能力を身につけていないことに気づくかもしれない。コミュニ

ティワーカーは、読み書きの教育者とメディアの専門家を巻き込んで、ニーズが確認された地域でスキルを構築するために、コミュニティメンバーを支援するであろう。コミュニティ教育の原則とも一致するが、教育と訓練の過程は、コミュニティメンバーの生の経験を尊重し、コミュニティメンバー間のさまざまな学習スタイルにも対応することが極めて重要である（Healy, 2006; Twelvetrees, 2008）。

　最後に、例えば保育や移動に関する資源不足は、コミュニティメンバーが行動計画に参加する際の障壁となる。しかし、コミュニティメンバーは資源の問題を取り上げることをためらうかもしれない。なぜなら、それによって彼らが恥ずかしい思いをするかもしれず、また支援を受ける権利があるとは思っていないかもしれないからである。あるいは彼らは、このような自明のニーズがこれまでずっと検討されてこなかったことに不満を抱いているからかもしれない。コミュニティワーカーは住民参加に必要な資源や支援についてコミュニティメンバーと話し合うべきであるが、その一方で、彼らはコミュニティメンバーが参加できるようにするための細かい事柄についても考えるべきである。参加を最大限にするための検討事項には、コミュニティ活動を行う時間と場所の問題もある。例えば、有給雇用で働いている人々は就業時間中のコミュニティ活動には参加できないであろうし、親は子どもが学校に行っている以外の時間帯のミーティングに参加することが難しいであろう。

コミュニティワークの事後評価

　コミュニティワークの事後評価には、過程、結果、アウトプットに関してコミュニティワーク実践の効果と効率を問い、そして結論を導きだすための、巧みにデザインされた体系的なアプローチが含まれている（Wadsworth, 2011）。もし事後評価が我々の仕事の継続的な改善に役立てるためのものであるならば、事後評価はインターベンションの最後に行うだけでなく、始めから行うことが必要である。事後評価はコミュニティワーク活動を含むすべてのソーシャルワーク実践のなかで、ますます重要になってきており、このテーマに関する文献も最近出版されている（Ohmer and DeMasi, 2009; Twelvetrees, 2008）。本節では、コミュニティワークの事後評価に関するいくつかの鍵となる論点を

簡単に取り上げる。

　事後評価の計画立案では、何を評価するのかを明らかにすることが必要である。しかし、これは難しい。なぜなら、市民参加の拡大やエンパワメントの推進といったコミュニティワーク実践の目標は大きすぎ、アセスメントが困難なように見えるからである。事後評価は過程、結果、そして／あるいはアウトプットの目標に焦点を当てるであろう。過程の目標は、例えばプロジェクトの目標の決定に市民が参加した程度といったように、コミュニティメンバーがいかにプロジェクトに取り組んだのかという指標のことである。結果の目標は、コミュニティワークの実践が個人やコミュニティの改革に貢献した程度のことである。例えば、「個人の知識、態度、行動の変化」、あるいは「対象となっているコミュニティの経済、社会、そして／あるいは物理的変化」がそれである（Ohmer and DeMasi, 2009, p.330）。アウトプットの目標は、商店参加のマニュアル、DVDや地域コミュニティの案内書のようなコミュニティ活動によって生み出された産物である。

　事後評価の次の段階は、目標の活用である。すなわち、目標に関する指標の確認である。指標とは、例えば、コミュニティディベロップメント事業のような活動が目標の達成に役立った程度を評価するための尺度である。理想的には、量的、質的アプローチの組み合わせによって実践を評価するべきである（Mitchell and Correa-Velez, 2010）。量的・質的データを組み合わせると、コミュニティの目標達成に向けての進展、あるいは進展不足の背景となっている理由を鋭く理解できるようになる。例えば、コミュニティメンバーの参加・不参加に関する質的フィードバックによるグループへの参加者数やイベントへの参加者数に関するデータは、我々がコミュニティメンバーを特定の活動に取り組ませる方法を理解するのに役に立つ。我々が取り組みを進めている途上においても、事後評価は実践の必要な情報となる。すなわち、それは進歩の状況について、短期的な進め方、中期的な進め方、そして長期的な進め方の違いを明確化するのに役立つ。何を短期、中期、長期とするべきかという時間の枠組みは、あなたが取り組んでいるコミュニティワークの特質によって多様である。例えば、4カ月間学生を現場に配置するといったコミュニティワークのプロジェクトでは、短期は2週間を目途に、中期をなかほどに、長期を4カ月とされるで

あろう。実践過程のさまざまな時点のデータを明確にしたり・収集したりする取り組みが重要なのは、その情報によって、あなたがプロジェクトの目標に向かって進んでいることが証明できる場合や、データの評価によって問題が明らかになって実践の方向を変えたい場合に、その情報がプロジェクトの成功につながるかもしれないからである。

　表7.1は、コミュニティディベロップメントのプロジェクトにおける過程、結果、アウトプットそれぞれの目標として用いることのできる指標を示している。コミュニティディベロップメントの目標達成に向けた短期・中期・長期の指標も示している。

　「何を」事後評価するかが明らかになれば、誰のために評価するのかを明らかにすることが必要になる。コミュニティワークの事後評価には少なくとも3種の聞き手が存在する。すなわち、資金提供団体、コミュニティワーカーを雇用している機関、そしてコミュニティメンバーである。資金提供団体は、資金提供の条件としてフォーマルな事後評価を要求し、しばしば事後評価するためのフォーマットを示すであろう。雇用機関もまた、機関の事業の継続的な改善を確実なものにするために事後評価を求めるであろう（Henderson and Thomas, 2002）。オーマーとディマシ（Ohmer and DeMasi, 2009, p.321）は「事後評価は組織と住民が、より現実的で達成可能なゴールを明らかにし、設定することに役立つ。成功は文書化できる……停滞は早目にとらえることができるようになる」と主張している。参加に関するコミュニティワークの原則にかなっていることであるが、事後評価にはコミュニティメンバーを巻き込むべきである。加えて、コミュニティメンバーを巻き込み、自分たち自身を事後評価することによってコミュニティメンバーはコミュニティの難題や強さを理解し、それを基盤に行動する。実践の事後評価にコミュニティメンバーを巻き込む方法の1つは、批判的なレファレンスグループを作ることである。レファレンスグループとは、コミュニティメンバー、特にコミュニティで排除されたり、不利益を被っているコミュニティメンバーで構成されるグループである。彼らはコミュニティメンバーとしての実際の生活経験に基づいてフィードバックや指導の提供の助けになるであろう（Wadsworth, 2011）。

　次にコミュニティワーク実践の事後評価の方法を考える。コミュニティワー

表7.1 コミュニティディベロップメント・プロジェクトにおける過程、結果、アウトプットの目的に関する指標

目的	進歩に関する短期指標例	進歩に関する中期指標例	進歩に関する長期指標例
過程：コミュニティメンバーがコミュニティ構築プロジェクトに参加	活動計画にかかわっているワーキンググループに参加しているコミュニティメンバー数。活動計画の作成過程に関するコミュニティメンバーの満足感情。	コミュニティプロジェクトに参加するコミュニティメンバーの人数の増加と範囲の拡大。コミュニティディベロップメントの過程に関する意識調査で、「満足」とするコミュニティメンバーが過半数を占める。	支えられはしたが、3カ月以上にわたって、少なくとも50%以上の人がコミュニティのプロジェクトに参加したというエビデンス。
結果：コミュニティメンバーの読み書き能力の向上	コミュニティの読み書き能力向上のプログラムを計画するために、コミュニティメンバーと教育者でワーキンググループを形成する。当面の読み書きレベルのベースラインを決める。	読み書きプログラムが設立され、設定された最小限の人数のコミュニティメンバーが参加する。	プログラムを修了した参加者の過半数に読み書き能力の向上が見られる。
アウトプット：コミュニティメンバーが健康とコミュニティサービスにアクセス可能となる情報を入手できる	コミュニティメンバーと、プロジェクトにかかわる保健やコミュニティサービス提供者といった関係者によって構成されるワーキンググループの設立。当面知っておくべきコミュニティについての知識のベースラインの構築。	プロジェクトを進めるために、コミュニティメンバーとサービス提供者が定期的に会合を継続する。	地域の保健とコミュニティサービスのマニュアルがコミュニティメンバーによって作成され、関係者に配布される。

ク実践の環境は複雑である。すなわち、そこでは、さまざまな個人的、地域的要因が結果に影響を及ぼしており、「科学的」評価の障壁となっている。例えば、ランダムなコントロールデザインは、エビデンスベースの評価の「ゴールドスタンダード」として広くとらえられているが、コミュニティワーク実践では、

グループのコントロールと、インターベンションを区別することに倫理的・方法論的困難さが存在している。したがって、コミュニティ実践の事後評価においてはより自然な形の調査がしばしば行われている。コミュニティ実践という面での評価に関して、ウォズワース（Wadsworth, 2011, p.38）は次のように述べている。

　我々は、我々が普段の生活で行っているのと同じやり方で、人々にとっての本当の意味を発見しようとしている。……我々は「自分なりのやり方で」生活しているものなので、顕微鏡を覗き込む研究室の科学者というよりも、共感できる人類学者に似ている。

　コミュニティワーカーは、コミュニティワーク活動の過程、結果、アウトプットについてコミュニティメンバーと他の関係者の意識に関する情報収集を、自然な形で評価する。その際、コミュニティメンバーの経験に関する情報収集は、コミュニティワーク活動に直接参加した人々だけに限定するべきではない。コミュニティワーク活動に間接的に影響のあるコミュニティ内の他の関係者の情報も収集するべきである。

　事後評価データの収集過程は、負担を最小限にして、効率的に行うべきである。また、コミュニティの範囲で改革を達成するために、一緒に取り組むようコミュニティメンバーを支援するというコミュニティワークの目的に我々は焦点を絞るべきである。事後評価は直接的なコミュニティワークに対する我々の焦点を改善するためのもので、それを取りかえるためのものではない。直接的な実践における事後評価の負担を減らすために、コミュニティワーカーは、事後評価の情報源としてできるだけ既存のデータを使用するべきである。既存データには、既存のプロジェクトにコミュニティが参加した記録、サービス利用者の知識やスキルに関する基礎的データも含まれる。

　コミュニティメンバーから直接事後評価データを集めることが必要な場合は、そのコミュニティにとって適切なデータ収集のアプローチを使用することが重要である。不利益を被っているコミュニティでは、メンバーのなかには読み書き能力が低いという理由で、口頭によるコミュニケーションを好み、筆記

式のデータ収集を嫌う人がいるかもしれない。例えば、先住民のコミュニティのなかには、筆記式のコミュニケーションより口頭によるコミュニケーション使用を好むところもあるであろう。さまざまな種類のデータ収集方法を使用することは、コミュニティのなかのさまざまな人々の参加を最大化することに寄与するであろう。筆記式の評価データ収集法に代わるものには次のものが含まれる。

- **観察データ**：事後評価者が体系的な方法で、過程あるいは結果の指標に関するエビデンスを求めて、コミュニティ内の活動を観察する。例えば、評価者はコミュニティメンバーがどのようにコミュニティミーティングでリーダーシップをとるのかを観察するといったことであろう。
- **グループインタビュー**：事後評価者は、例えばフォーカスグループや「麻うちサークル」(オーストラリア先住民が使用)に出向いて、そこでコミュニティワーク活動の発展（あるいは別の側面）を事後評価するために、コミュニティメンバーと対面する。
- **個別インタビュー**：時間はかかるが、コミュニティメンバーと他の関係者の多様な意見と経験を洞察しようとする時には有効である。

事後評価データの分析は、まず、過程、結果、アウトプットの目標を達成するためには何が役立ち、また何が必要であるかの理解を促進することに焦点を当てる。確立された社会科学研究の使用は透明で、信頼のできる分析に役立つ。量的データ分析は、記述的技術が必要だろう。とりわけ、中心的なコミュニティグループへのコミュニティメンバーの参加増加に関するエビデンスのような、指標の分析が必要だろう。質的データの分析は、確認された過程、結果、アウトプットを達成するために、主として関係者の成功の経験と理解、あるいは、コミュニティワーク実践についての経験と理解を引き出すべきである。

共有された課題を基盤にして集合的に行動するためにコミュニティメンバーの力を構築するという、コミュニティワークの目標とも適合しているが、コミュニティワーカーは評価結果を解釈し、それに基づいてコミュニティの参加促進に向けて介入するべきである（Wadsworth, 2011）。すなわち、評価はキーメッ

セージをはっきりと示し、コミュニティで容易に使用できる短いレポートのような理解しやすい様式でなければならないのである。コミュニティワーカーは、事後評価結果を議論し、どうすれば調査結果によってコミュニティとの継続的な取り組みを改善できるのかについて検討するために、コミュニティメンバーとのミーティングを開催して、コミュニティとのかかわりをさらに促進することができる。

結論

本章で、コミュニティワークをソーシャルワークの実践方法として議論してきた。ソーシャルワーカーのなかには、コミュニティワークの実践を専門とする人がいるかもしれないが、すべてのソーシャルワーカーがこの実践方法を知ることが重要である。コミュニティワーク実践は、コミュニティの強さを構築するためにコミュニティの集合的な力を高め、コミュニティが直面している課題に人々とともに取り組む方法として、ソーシャルワーカーに提供できるものを多く持っている。

振り返り問題

1. ソーシャルワーカーがコミュニティワークの実践に携わることが重要なのはなぜでしょうか。
2. 本章で定義されたコミュニティワーク実践の5つのタイプとは何でしょうか。
3. アイデンティティを基盤としたコミュニティワークと地域性を基盤としたコミュニティワークの相違点は何でしょうか。
4. コミュニティのプロファイルを作成する際に、コミュニティのニーズと強さに注意を払うことが重要なのはなぜでしょうか。
5. ソーシャルワーカーが実践の目標を定め、コミュニティ実践の結果を評価する取り組みにコミュニティメンバーの参加を促進する時、どのような方法を使うことができるのでしょうか。

批判的熟考問題

1. あなたは、個人に対するソーシャルワーク実践とコミュニティに対するソーシャルワーク実践の類似点と相違点をどのように考えますか。
2. コミュニティワーク実践への合意モデルアプローチと対立モデルアプローチを比較して、対比してください。
3. コミュニティワークは、ソーシャルワーク実践方法なのか、あるいはまったく別の分野のものなのかといった、大きな意見の相違があります。この長年にわたる論争についてあなたの見解はどのようなものですか。

実践的演習

あなたは大都市のはずれの不利な立場に置かれた地域で働いているとします。その地域特性としては失業率が高く、特に25歳以下の若者の失業率が高いです。アフリカや中東といった戦争で荒廃した地域からの難民としての移住者が多くを占め、文化的言語的に多様な人々の割合は、全国平均に比べて高いです。犯罪発生率は全国平均よりかなり高く、その地域の高齢者は夜間の外出が怖いと報告しています。

最近、アジアからの難民としてやってきたばかりの若者は、そのコミュニティで高齢者への暴行と強盗で逮捕されました。被害にあった高齢女性は、暴行による怪我で入院しました。新聞とテレビはこの事件を最近のニュースとして、ひどく殴られた姿で病院のベッドに横たわる入院中のこの高齢女性の写真とともに、大きく取り上げました。このような映像から、問題の周辺で組織化されている住民グループとコミュニティ感情に大きく火がつきました。住民のなかにはコミュニティにやって来る難民の数を減らすために組織を作ろうとしている人もいます。一方では、文化的言語的に多様なコミュニティのリーダーのような人々は、若者を地域内のコミュニティにもっと受け入れるための良策を見つけたいと思っています。これらのリーダーは、文化的言語的に多様な背景の若者は、地元の学校で差別を経験し、教育や雇用の機会から除外されていると主張しています。あなたが所属する機関の多文化支援ワーカーは、あなたにコミュニティ内の緊張状態に対応し、地域に受け入れられるようにサポートしてほしいと頼んでいます。

1. このケーススタディで示されているようなコミュニティが持っている強さと抱えている難題を確認してください。
2. このようなコミュニティの難題の取り組みにコミュニティメンバーが参加しやすくするためにはどうすればよいかを議論してください。

第8章
政策立案実践

　本章において、私はサービス利用者やコミュニティとともに、また、それらのために社会政策を構築し、実施していく取り組みにおけるソーシャルワーカーの役割を検討する。私はチャピンの社会政策についての定義を採用する。すなわち、社会政策とは、「人々がニーズを充足するのを助けるために、政府や民間機関によって提供される給付やサービスを統治している法律、規則そして規定である」(Chapin's, 2007, p.1)。政府と保健福祉サービスの担当部局は、社会政策を立案し、また使用して、無限のニーズがあり、それらのニーズの充足方法には競合する考え方がある脈絡のなかで、限られた資源の割り当て方法に関して意思決定する(Chapin's, 2007)。社会政策がすべての人々に影響している一方で、ソーシャルワーク実践において、我々は、しばしば、脆弱な人々、例えば家庭を離れるニーズを持っている子どもや、慢性的な精神疾患、身体的な健康問題、そして障害のある人が利用できる資源の範囲と特質を形作る政策にかかわる(Rocha, 2007)。ソーシャルワーカーは、社会政策が彼らの援助しているサービス利用者とコミュニティのニーズに対応しているようにすること、そして市民が政策立案過程に参加するための機会を促進することにおいて重要な役割を持っている。

　本章において、私はソーシャルワーク実践の1つの方法として政策立案実践を定義する。そして、すべてのソーシャルワーカーが積極的に政策立案実践に携わることが必要な理由についても説明する。私はソーシャルワーカーがサービス利用者やその他の市民とともに取り組み、また彼らのために取り組むための政策立案実践の6つの段階について概要を示す。さらに、私は我々の実践を支えている人道主義者の価値観を政策実践に取り入れる方法、特に政策立案実践において市民参加を促進する方法について説明する。

政策立案実践：それは何か、それはなぜ重要なのか

　政策立案実践とは、政策のデザイン、実行、事後評価、または政策の改革を含む実践のことであり、それを通じて、政府や保健福祉サービス機関が人々に対する給付とサービスの提供を管理する実践である（Chapin, 2007; Rocha, 2007）。ソーシャルワーカーは政策立案実践に積極的にかかわることが必要であるが、それは社会政策が我々の実践の範囲とサービス利用者の利用可能な給付とサービスを決定するからである（Fawcett et al, 2010; Chapin, 2007）。ヤンソンは（Jansson, 2008, p.104）、「一言でいえば、政策アドボカシーとは、専門職者によるインターベンションである。なぜならば、直接援助のサービスと同じように、それは市民とクライエントの福祉の改善に連動しているからである」と主張している。

　「政策」という用語は、「決定された行動の方向に関しての目標、戦略、そして合意事項を反映した公式に採択された声明である」（Netting et al., 2008, p.331）。政策の例としては、地域の住宅ニーズを充足するために公営住宅という資源をどのように割り当てるのかについての政府による声明、あるいは脆弱な家族を援助するためのアプローチに関して、非政府組織のコミュニティサービス機関が出している声明も含まれる。政策は、政府や組織の目的、サービスや資源（金銭的援助など）の受給資格、そして資源の割り当てについて意思決定するための基準を明確にするのに役立つ。広範な政府や組織の政策は、サービス利用者のサービス利用や、教育や雇用などの他の資源の利用に影響を与える（Weiss et al., 2006）が、本章では、我々は社会政策にかかわる政策立案実践に主として焦点を当てる。ファウセットら（Fawcett et al., 2010）によると、社会政策は、3つのタイプの資源のガバナンスとかかわっている。すなわち、

● **現金給付**：年金や他の所得補助（直接支払いとして知られている）、あるいは税制を通した現金払い戻し（間接支払いとして知られている）のようなものである。また、保健福祉サービス機関は、短期的な資金援助などの現金給付を行っている。現金給付に関する政策は国によってかなり異なっている。

- **サービス**：これは家族や個人を支援するサービスを提供することである。政府や保健福祉機関は、サービス提供を通して多くの社会政策の目的を達成しようとしている。それ故に、社会政策は、しばしば、提供するサービスの種類と範囲、サービス受給資格の基準についての声明を含んでいる。例えば、親を支援するためのサービスは、サービスを受けるための年齢に関する受給資格基準を設定している。これらの基準は、サービスが対象だと考えている人々に確実に届くようにするのに役立つ。
- **規則**：これは「組織と個人ができること、できないことを定めている履行規則」である（Fawcett et al, 2010, p. 9）。広範で多様な規則が、機関が行う仕事の範囲を決めている。そして、ソーシャルワーカーはそこで実践をしているのである。例えば、ソーシャルワーカーには、法令やその他の規則によって児童虐待や公衆衛生といった一定の問題について報告をしなければならないかもしれない（第4章を参照）。我々の実践を形成している他の規則のなかには、労働衛生と安全、そして反差別に関する法律も含まれている。実践者として、我々は我々の仕事と関連している部門の実践を形成している規則についても十分に承知しておくことが必要である。例えば、我々には住宅、賃借あるいは雇用規則に関する知識も必要である。それによって、我々が援助しているサービス利用者とコミュニティのメンバーが規則の下で公正に扱われるようになるのである。

多くの国における政府機関に対する管理主義の影響の増大によって、社会政策を作り出している国家組織と、社会政策を実施する上で大きな役割を果たしている営利、非営利部門が分離されてきた（Healy, 2009; Mcdonald, 2006）。このような状態になることは、政策設計に公的な責任を持っている人々が、政策のインターベンションを直接受けている人々の生の生活や、サービス提供の複雑さや、しばしば社会政策が向けられている脆弱なコミュニティや個人に対するコミュニティディベロップメント活動に関して限られた知識しか持っていないということを意味しているのである（Mullaly, 1997）。このような脈絡において、ソーシャルワーカーと彼らが援助する人々が参加することは、サービス利用者のニーズと利益に対する社会政策の対応を高めることになるであろう。

我々が雇われている組織の社会政策が、外部から受け取っている資金も含めて、我々を雇用している組織が保持している資源の割り当て方法に影響を与えることによって、我々の仕事は形成されている。保健福祉サービスに関する社会政策は政府の社会政策によって形成される。というのは、政府の資金提供者は規定された政策の目的と法的義務を組織が充足することを要求するからである。保健福祉サービス組織の社会政策は地域的要因、特に、機関の使命、制度哲学、そしてサービス提供者とサービス利用者が機関の社会政策の立案に参加できる程度に影響される。ソーシャルワーカーが保健福祉サービス機関の政策に直接的に影響を及ぼせる機会は、機関の大きさによって異なっている。すなわち、直接的参加は規模が大きくなるほど、そして官僚的になるほど困難になる。また、その機会は、組織のなかにサービス提供者とサービス利用者が政策のデザイン、実行、そして事後評価に参加できるための仕組みが備わっている程度によっても影響を受ける。なお、そのような仕組みがない時でも、ソーシャルワーカーは、サービス提供の目的を達成するための組織の社会政策の効果に関する知識基盤を構築することによって、組織環境のなかで政策に影響を及ぼすことができる（Jansson, 2008）。

次はあなたの番です…

　例えば、家庭にいることができない児童や知的障害を持つ人々のように、あなたが援助することに関心を持っている、あるいはあなたがかかわった経験のあるサービス利用者やコミュニティのグループについて考えてみましょう。

1. あなたは、このようなサービス利用者の人々や、彼らが属しているコミュニティに対して影響を与えている社会政策のことをどう思っていますか。
2. どのような形で、既存の社会政策がこのような人々の生活に肯定的な影響を及ぼしているのでしょう。
3. どのような形で、これらの政策がこのような人々の生活にネガティブな影響を及ぼし

ているのでしょうか。例えば、サービス利用者やコミュニティが、政策の成果として要求しているサービスや他の資源の利用がシステムとしてできなくなっていることはありませんか。

ソーシャルワーカーと政策立案実践

　すべてのソーシャルワーカーは社会政策の過程にかかわっている。そのなかには、実践方法の中心として政策立案実践を専門としているソーシャルワーカーもいる。彼らはときどき「ポリシー・エキスパート」と呼ばれている（Rocha, 2007に引用されている Wyers, p.2）。ポリシー・エキスパートであるソーシャルワーカーは多様な政策実践の役割を果たしながら働いている。例えば、彼らは政府の官僚機構のなかで働いて、社会政策を設計し、実行し、事後評価する政策立案者の役割を果たしている。我々がこの本のなかで考察している他の方法と同様に、政策立案実践の方法にかかわることはソーシャルワーカー独特のことでない。事実、ソーシャルワーカーはしばしば政治やマネジメントや司法といった他の広範なバックグラウンドを持つ政策ワーカーと並んで働いている。

　一部のソーシャルワーカーはポリシー・エキスパートとして働いているかもしれないが、ほとんどのソーシャルワーカーは公的資金で賄われている保健福祉サービス機関において雇用されることを通じて政策立案実践にかかわっている。このような機関は組織内の社会政策に対してと同様に、政府の資金提供団体に対して規定された社会政策の目的を達成する責任を負っている。例えば、コミュニティ基盤の精神保健サービスは、資金を受けるための条件として、サービスによるアプローチはどのようにして政府が政策目的、例えば精神疾患を抱えながら生活している人の入院率を下げるという政策目的を達成するのを援助するのかを示すことが求められるであろう。本章で、我々はポリシー・エキスパートの人、あるいはそれを目指している人だけでなく、すべてのソーシャルワーカーのために政策立案の仕事の基礎を提供することに関心を持っている。

　ソーシャルワーカーは社会政策のことをよく知っていて、積極的な利用者に

なることが必要である。というのは、これらの政策は我々がソーシャルワーカーとしてするべき範囲と我々が援助する人の権利を決めるからである（Chapin, 2007）。ソーシャルワーカーの理論基盤、特に人々と環境との間の相互作用の改善を重視する理論基盤は、社会政策の方法を我々の仕事に組み入れることを要求している（Jansson, 2008; Netting et al., 2008）。同様に、社会正義を重視する価値観から、我々はサービス利用者が政府や機関の政策の下にある権利を行使できるようにするために、社会政策を理解することが必須となっている（Netting et al., 2008）。例えば、ホームレスになりそうな脆弱な状態の若い家族を援助する時、我々には政府の法律と政策下でその若い家族が受給できるようになっている所得補助政策や住宅政策を含む広範な社会政策に関する知識が必要であろう。また、その若い家族を援助するためには、我々は彼らと関係するサービス機関の政策を知ることも必要であろう。例えば、どの機関が緊急の宿泊施設を提供してくれるのかや、その機関の宿泊施設の割り当てに関する政策を理解することが必要である。

　ソーシャルワーカーが社会政策を形成する１つの方法は、社会政策と組織の政策を解釈することや、それらについて意思決定する方法である。リプスキー（Lipsky, 1980）は「ストリートレベル官僚」という語句を作り出した。そして、政策の目的を解釈する際に、ソーシャルワーカーやその他の最前線ワーカーの判断がサービス利用者のニーズ、権利、受給資格の認識に強い影響を与えることを示した。ソーシャルワーカーは、ストリートレベル官僚として「誰がサービスを得られるのか、それはなぜか、そして彼らはどのようなサービスを、どのようにして得るのかに関して大きな違いを作り出している」（Fawcett et al, 2010, p.124）。例えば、オーストラリアのクイーンズランドの児童保護サービスにおける家族グループミーティング（FGM）に関する我々の研究において、我々は個々の家族グループの召集者がクイーンズランド児童保護法の下で、意思決定にかかわる家族の権利をかなりさまざまに解釈していることを発見した（Healy et al, 2011）。ニュージーランドで作られた家族グループミーティングの原則を使って、FGM召集者のなかには家族の参加という政策目的を達成しようとしている人がいる。彼らはミーティングの前に、何度も家族に会って、意思決定の過程を説明し、家族に意思決定の過程に参加する準備をさせ、そし

て、幼児のようなミーティングの場にいない家族メンバーをどのようにして代理してもらうかを考えさせている。また、別の召集者は、家族の参加に関する法律と政策をより狭く解釈して、ミーティングに先立って家族とともに取り組みを進め、両親にミーティングのことを意識させ、可能な場合には、もし少しでもそれを重視するのであれば、ミーティングに出席させることに焦点を当てている。他の最前線の保健福祉サービスワーカーと同じように、ソーシャルワーカーも社会政策の目的の配置を決定する判断を行っているが、我々は管理主義の社会サービス機関への影響が最前線における意思決定に影響していることを認めている（Walton, 2005）。

ソーシャルワーカーが政策を形成する別の道筋は、「新しい政策を確立する取り組みをするか、あるいは既存の政策を改善する取り組みをするか、また他の人々の政策立案を阻止する取り組みをするかにかかわらず、立法の場、機関の場、そしてコミュニティの場において政策を改革する取り組みに積極的に参加することを通す道筋である」（Jonsson, 2008, p.14）。ソーシャルワーカーは、比較的無力な人々が、自分たちのニーズと、それに対する政府やサービス機関による対応を理解できるように援助することを目指して政策の改革に取り組んでいる（Jansson, 2008）。政策の改革へのソーシャルワーカーのかかわりは、彼らがサービス利用者の生活に影響を及ぼしているサービスのシステム内で多面的な役割を果たしているために複雑である。特に、第4章で議論したように、法令に基づくソーシャルワーカーは、法令に基づくサービスの提供に従事する。そして、そのような仕事はサービス利用者の一部の人々には抑圧的なものとして経験されるものである。しかし、ソーシャルワーカーは、サービス利用者、コミュニティのメンバー、そしてステイクホルダーとともに政策立案活動に参加し、例えば家庭外で世話を受けている子どもの親のニーズ（Dumbrill, 2010）、家庭内暴力にさらされている女性のニーズ（Dani and Lockhart, 2003）、慢性的な精神保健の問題を経験している人々のニーズ（Carpenter, 2002）といったような広範な社会的問題と、それらに対する政府とサービス機関の対応を認識させようとしているのである。

社会政策に関する討議に取り組む：政策上のジレンマに対する取り組み

　私は、すべてのソーシャルワーカーが社会政策にかかわっていることを示してきた。しばしば、これらの社会政策は倫理的問題を引き起こしている。というのは、我々は、ソーシャルワークを支えている人道主義的な価値観と、政策の展開と実行に影響を及ぼしている価値観の間の緊張を経験するかもしれないからである。最も明らかな緊張の1つは、市場開放や競争原理を強調する政府の政策に影響を及ぼしている新自由主義的な経済重視の価値観と、多くのソーシャルワーカーを新自由主義的な価値観をもつ勢力に挑戦する方向に導いている社会正義と公正さを重視する価値観の間の不一致である（Healy, 2005; McDonald, 2006）。ソーシャルワークの価値観と社会政策との間の緊張はかなり微妙な議論となることもある。例えば、児童保護の目標を達成すると、脆弱な児童に対する親の自己決定権を抑えてしまうかもしれない。ソーシャルワーク実践も政策立案も不完全な領域なので、我々は、例えば自己決定のような価値観に対して、サービスへのアクセスのようなもう1つの価値観を妥協させなければならないかもしれない。我々は政策過程に参加するので、政策目的を達成するために、政策上の立場が短期的、長期的に持っている意味を戦略的に考えられることが重要である。私がホームレスの人々のための支援サービスで働いていた時にかかわった状況のなかから次の事例を選んだ。それはローカル企業から、我々のサービス組織が彼らを寄付者として喜んで認めてくれる代わりに、我々のサービスを利用しているクライエントに食べ物を提供したいという申し出があり、議論をした事例である。その申し出は、サービス利用者の尊厳と、企業やその他の部門との協働の重要性に関連して多くの倫理的難題を作り出した。この例を読み通し、このケースであなたが重要だと思う価値観は何かと、この問題に対する対応として、あなたは組織に対してどんな政策的立場を採用するように提案するか、考えてみたい。

> **次はあなたの番です…**
>
> 　あなたは、脆弱な若者を支援するユース・サービスで働いているとイメージしてください。若者の多くはホームレス、あるいは標準以下の宿泊所にいます。そして、ほとんどが低所得であり、家族の支援はほとんどありません。地域のあるパン屋さんが、2日か3日前に焼いたパンや丸パンのような、もう販売できないパン製品をあなたのサービス事業所に提供したいと申し出てきました。パン屋さんは、その品物は食べられるが、客はその日に焼かれた物を好むと言っています。そのパン屋さんはあなたのサービス事業所に、恵まれない若者への「恩返し」として古くなったパンを提供すると申し出ているのです。また、そのパン屋のオーナーは、もしあなたの機関が商品を受け入れることに合意してくれたならば、彼のビジネスがあなたのサービス事業所を支援していると広告してもよいかどうかと尋ねてきました。あなたの事業所のマネジャーはスタッフのミーティングにこの申し出を提示しました。そして、マネジャーは、若者には既にこのサービスを受けることについて話し、彼らはその提案を受け入れることを熱望していると述べました。また、あなたは資金提供に関する契約のなかで、マネジャーが地域のビジネス機関とパートナーシップを形成していることを示さなければならないというプレッシャーを受けていることを知っています。
>
> 　サービスを利用している若者に売れ残ったパン製品を提供するというパン屋さんの申し出を受けようとしているマネジャーの提案から生じる倫理的ジレンマについて討議しなさい。

　先に述べたように、上記の実践例は実際の事例に基づくものである。そこでは、サービス事業者は支援の申し出を受け入れるかどうかについてかなりの議論が続いた。提案に賛成している人は、サービスを使っている若者の多くはしばしば飢えており、提供される食物の質は低いとしても、若者が食べている物に匹敵しているか、それよりもよいものであると主張した。彼らはまた地元の地域ビジネスとのパートナーシップの重要性を強調した。提案に反対している人は、その提案を受け入れることは、サービスを利用している若者の人間としての尊厳を傷つけるものであり、我々は、社会正義を達成し、サービス利用者

の人間としての尊厳の認識を高めるというサービスの使命に一致する支援の提供のみを受け入れるべきであると主張した。また、彼らはビジネスとのパートナーシップは支持できないと主張した。その理由は、それは若者を大切な市民としては見ておらず、慈善の対象として見ていることが根底にあるからであった。そして、その提案は破棄された。

政策過程におけるコミュニティとのパートナーシップ

　政策過程への市民参加はポリシー・エキスパートによる参加にとどまるものではない。ロチャ（Rocha, 2007, p.33）は、参加を「政策によるインターベンションのための目標と戦略の意思決定において、我々が代弁する人々を慎重に参加してもらうこと」と定義している。政策立案実践における市民参加は、あらかじめ決められた問題に対する意見について協議をするだけでなく、さらに、市民の言葉で問題を明確にすること、既存の政策的対応の代替策を開発すること、そしてそれらに影響を与えている既存の政策を事後評価することを包含している。

　政府が行っている多くのサービス分野において、市民には政策の開発と事後評価に対して発言する権利があることがますます広く認められてきている。事実、政策のいくつかの分野において、政府は市民や特定のステイクホールダーのグループと、提案された政策がどのように影響しているか協議せざるを得なくなってきている（Althaus et al., 2007）。政府が法律に基づいて義務的に市民と協議することとは別に、市民が政策立案にかかわることは多くの実益をもたらすことになるであろう。政策立案実践はコミュニティがかかわったり、支援したりすることでより効果的なものとなる。というのは、そのようなかかわりはより適切な政策提言につながり、参加者は政策過程の主役になれるからである。政策立案者が政策形成にサービス利用者の参加に十分な注意を払わず、サービス利用者から政策目的の達成の実際的な障壁について学ばなかったことが原因となって政策立案に失敗した事例が多数ある（Chapin, 2007）。

　サービス利用者の政策立案への参加もまた「人間の尊厳と価値、ヒューマニティのためのサービス、そして社会正義」を助長していくというソーシャルワー

カーの価値と一致している（Banks, 2006, p.47）。我々は、サービス利用者とコミュニティのメンバーが、彼らの生活形成に非常に強く影響する政策に関して意見を言えるようにすることによって、彼らの人間としての尊厳と価値を認めている。我々は政策を展開することで、社会の周辺に追いやられた人々が社会に参加するために必要な資源を利用できるようにする、例えば教育訓練を利用しやすくするために活動をしている時にこそ、我々は社会正義を推進しているのである。ソーシャルワーク実践を導いている多くの理論的視点は、ほとんどの場合、ソーシャルワーカーとサービス利用者やコミュニティメンバーとの協働を重視している。ストレングス基盤アプローチは我々に対して、政策過程によって、あるいはそのなかで表現されるサービス利用者とコミュニティメンバーの強さと能力を認めるように要求している（Chapin, 2007）。批判的アプローチは、政策立案過程のあらゆる段階において現れてくる権限の違いから生じる問題に敏感であるよう求めている。批判的及びストレングス基盤の視点は、ともに、不利益や排除を個人の失敗のエビデンスとして見るのではなく、サービス利用者の生活に影響を与えているシステムを変えることの必要性を示すエビデンスとして認識した上で、サービス利用者のニーズを理解することを含んでいる（Chapin, 2007）。また、これらの視点は、我々がサービス利用者にとってのチャンスとなるシステムの変化を作り出す際に、彼らの持っている能力を認め、またそれを築き上げることを要求している。

　政策立案実践にかかわるソーシャルワーカーは、サービス利用者とコミュニティメンバーが政策過程にかかわる上での難題を心にとどめておくことが必要である。その1つは、コミュニティメンバーとサービス利用者が政策過程から疎外されているという気持ちを持ってしまうかもしれないということである。彼らにとって政策立案はポリシー・エキスパートがする領域であり、自分たちがサービス利用者として直面している毎日の苦労とは隔たりがあるものと見ているかもしれない。加えて、サービス利用者は、政策過程に参加するために必要な専門的知識と技能を学ぶ術を欠いているかもしれない。例えば、政策過程で広く使用されている用語は、公式の政策過程にかかわった経験のない人々には説明されることが必要であるかもしれない。さらなる難題は、政府と保健福祉サービス機関は、事実上、サービス利用者の一部の人たちが政策過程で発言

権を持つ権利があるのかどうかについてはどちらとも決めかねているのかもしれないことである。例えば、児童保護サービスの制度では、親が政策立案に参加することの承認に関しては、政府はどちらとも決めかねているように見える。なぜならば、親は政策立案におけるパートナーというより、むしろ、部分的には虐待やネグレクトの加害者とみなされているかもしれないからである（Dumbrill, 2010）。

これらの難題に打ち勝つために、我々の政策立案実践のアプローチを民主的、包括的なものとして、そしてコミュニティメンバーの政策過程に参加する能力を築き上げるようにすることが必要である（Rocha, 2007）。我々は政策立案過程の諸段階にかかわっていくためのスキルを考えようとしているので、どうすれば、我々はソーシャルワーカーとして、この過程にサービス利用者を巻き込むことができるようになるのかを検討していきたい。

政策立案過程の諸段階

多くの社会政策のテキストでは、政策過程あるいは「政策サイクル」の明確に区別される諸段階への言及がされている（Althaus et al., 2007; Fawcett et al., 2010; Jansson, 2008）。使われる用語にはバリエーションがあるが、これらの政策過程の類型学は、たいてい、政策過程の始まり、中間、及び終わりの段階を区分し、政策立案の仕事の時間要因に言及している。政策立案の段階、あるいは政策立案のサイクルについて言及することは、しばしば直線的でない過程におけるさまざまなポイントにおいて必要な広範な知識とスキルを理解させるために使用される体験的な工夫であることは広く認められている（Fawcett et al, 2010）。言い換えると、政策過程はしばしば複雑で、込み入っているが、これらの過程について説明するために、我々は区別される諸段階に言及することが必要なのである。読者は、実際には、これらの段階は、明確に区別され、直線的に進んでいくものではないことを理解しておかなければならない。私は今から、実践者が政策立案過程の6つの段階に他者を参加させ、参加を促進するのに必要なスキルについて説明する。

図8.1は、本章の残りの部分で考察していく政策過程の段階についての概要

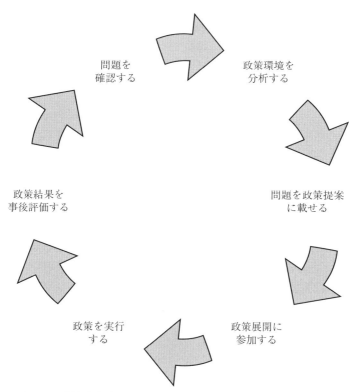

図8.1 政策立案実践にソーシャルワーカーがかかわっていく段階

である。焦点は、最前線にいる、あるいは専門職ソーシャルワークの実践者であるあなたと、サービス利用者あるいはコミュニティが参加する機会を持てそうな政策立案過程に当てられている。ポリシー・エキスパート、すなわち政策実践を専門とするワーカーは、より広範な政策活動にかかわる。すなわち、彼らは関係者の提案を調整したり、それらの提案と他のエキスパートのアドバイスを総合したりして、政治的リーダーにアドバイスをしている（Althaus et al., 2007; Rocha, 2007）。

すべてのソーシャルワーカーは、政策を実行するという役割を持っているために政策過程に参加しているが、ソーシャルワーカーが政策の展開と政策の改革に公然と参加することがいつも可能であるというわけではない（Chapin,

2007)。例えば、ワーカーのなかには、雇用条件として彼らの所属する機関や資金提供団体による外部からの公的な監視を受けることにつながる政策活動には直接参加をしないことが強制されている人もいる。あなた自身は政策過程に直接的に参加ができないとしても、政策立案過程の諸段階を理解し、ソーシャルワーカーとサービス利用者の参加が最も影響力を発揮できるのを知っておくことは、あなたが所属している組織内の人々や保健福祉サービスに従事している人々と協働して仕事をしていくのに役立つであろう。というのは、彼らは政策立案の仕事にフォーマルな責任を持っているからである。例えば、あなたは所属機関内のポリシー・エキスパートや、次のコミュニティ協議会の過程で、パブリックコメントを行う提案の準備にサービス利用者を巻き込むために政策アドボカシーネットワーク内のポリシー・エキスパートとともに仕事をすることになるかもしれない。1つの例として、ソーシャルワーカーとして若いホームレスの親のための支援サービスで働いていた時、私は若い親を政策アドボカシーワーカーに紹介した。彼らは親の生活経験を基盤にして、脆弱な若い親のための手ごろな家賃の住宅を提供する制度の改善に向けて代弁活動を行ってくれた。

> **次はあなたの番です…**
>
> 本章の残りの部分では、政策立案過程のそれぞれの段階の目的と、ソーシャルワーカーがそれらの段階に参加するために必要となるスキルについて概説します。私は、ここで、文化的にも、言語的にも多様な背景を持っているサービス利用者のための精神保健サービスをうまく利用することを探究しているソーシャルワーカーの実例を使用する予定です。
>
> 我々は政策立案の諸段階に取り組もうとしているので、あなたには、自分が文化的、言語的に多様な背景を持っていて、地域に住んでいる人々を支援するための非政府機関で働いているソーシャルワーカーであるとイメージしてください。あなたのサービスを利用している個人と家族の大部分は、アジアとアフリカ（中東からの人々はわずかな割合である）の多様な文化的集団の出身です。サービス利用者のおよそ半分が難民です。

彼らは、自分の国での出来事、あるいは難民キャンプでの体験のどちらによっても傷つけられている状態で、彼らの多くが定住するために待機しています。

あなたのサービス事業所のケースワーカーは、サービス利用者の自国あるいは定住の過程のなかで経験したトラウマと悲しみに対して支援的なケースマネジメントとグループワークプログラムを提供しています。しかしながら、最前線のソーシャルワーカーは、自分にはサービスを受けにやってくる難民の大部分が経験している心理的トラウマに応じるための力がないと感じています。彼らは、また、2つの主な理由のために、彼らが専門の精神保健サービスを利用するのには大きな困難があると報告しています。1つは、適切な値段で利用できる精神保健の専門家が利用しにくいという問題です。したがって、公的資金で設置されている精神保健サービスを利用するには、数カ月待つことになります。次には、サービス利用者が適切な治療や支援を探すのに必要な通訳者の不足があります。したがって、個人や家族がサービスを利用できる場合であっても、彼らには自分たちのニーズを説明するために通訳者がサービス事業所に同伴することが必要です。

政策立案過程の各段階を考察する前に、以下の質問に対する回答を書きとめてください。

1. この状況において、ソーシャルワーカーが政策立案実践に携わることはなぜ重要なのでしょうか。
2. もしあなたがこのグループのソーシャルワーカーであったならば、彼らとともに、また彼らのために、あなたが政策立案実践に携わる上で直面すると思われる課題はどのようなことでしょうか。

段階1：問題を確認する

政策立案実践の第一段階は、政策立案者の立場で、サービス利用者や市民が直面している問題を確認することである。この段階において、我々はサービス利用者が直面している「個人的」な問題を、どの程度まで社会的な問題として考えてよいのかを検討し、探究していく。チャピン（Chapin, 2007, p.120）によると、問題を個別対応ですますのではなく、政策的な対応をしていくためには、「少なくともかなり多くの人々に、インターベンションが必要な問題やニーズが存在していることを納得させることが必要である」。我々が実際に出会っ

ていて、社会政策問題として認識されている問題の多くは、最初はプライベートな問題と考えられていた。例えば、家庭内暴力と児童虐待、そして施設での虐待がそうであった。その問題に名前をつけ、そしてそれに関する情報を集めることによって、我々はその問題を社会的な問題として可視化し始める。

　この段階において、政策立案者が政策の改革が必要だと考えるようになったならば、我々は問題の範囲と、特に影響を受けている人々の数についての情報を彼らに提供することが必要になる。機関が少数の人々のみに影響していると思った問題は、政策の改革ではなく、むしろ機関においてケースバイケースベースで対応するか、あるいは専門職の判断によって対応する方がよいかもしれない。また、我々は問題によって影響を受ける人々の特徴を確認することが必要である。もしあるグループの人々が既存の政策によってシステムとして排除されていたり、不利益を被っていることが証明できるのであれば、政府や機関の意思決定者は政策の改革の必要性について納得するであろう。そういった場合、問題の確認は特定のグループの人々に対する既存の政策の差別の、あるいは無対応の特質に集中することになる。例えば、我々のケースに言及すると、我々は文化的、言語的に多様な背景を持つ人々は、システムとして精神保健サービスから排除されていると主張するであろう。というのは、そのサービスは通訳サービスを取り入れていないからである。

　問題の範囲を確認すると、次に、我々には市民、あるいは、特別に、政府当局やサービス機関の援助を受けている人々が問題によってどのような影響を受けているのかを確認することが必要になる。ここで、我々、そして我々と協働している人々は、既存の政策がサービス利用者の生活全般とサービス成果の達成にネガティブに影響している道筋について、直接的、間接的な方法で確認したり、念入りに詳しく調べるかもしれない。例えば、我々の事例研究に言及すると、我々は、この特別な市民グループがサービスを利用できないことは、自傷や自殺といった重大な精神保健に関連した事件の発生率が高いことと関連していると主張するであろう。

　サービス利用者と他の関係者を政策による解決に主体的に関与させたいのであれば、彼らが問題を確認する段階にかかわることが重要である（Chapin, 2007）。問題を確認する段階において、ソーシャルワーカーがサービス利用者

の参加を促進する方法は多くある。1つのアプローチは、政策に関連する実際の経験をしているサービス利用者をプロジェクトのレファレンスグループに参加するよう招待する方法である。レファレンスグループはデータの収集先やその過程で収集された情報の解釈に関してアドバイスができるのである。レファレンスグループは彼らの生の経験に基づいて、ワーカーが事実を解釈し、政策にかかわる問題を明確に説明するのを助ける（Wadsworth, 2011）。別の方法は、参加型のアクションリサーチ過程を使用して、データ収集、分析、実行のそれぞれの段階にサービス利用者を巻き込む方法である（Kindon et al., 2007; Wadsworth, 2011）。3番目の選択肢は、政策立案のさまざまな時点で、ソーシャルワーカーが、例えば、コミュニティフォーラム、コミュニティ調査を行って、コミュニティへのフィードバックをするための機会を持つことである。この選択肢の利点は、個々のコミュニティメンバーに負担をかける時間や濃度がそれほど過重でなく、また、問題の確認により多くのコミュニティメンバーに参加してもらえることである。よくない点は、ソーシャルワーカーが政策立案過程にコミュニティメンバーの参加を促進することに躍起となり、コミュニティメンバーの政策結果に対する当事者意識を低下させるかもしれないということである。

　我々が特定の政策上の問題から影響を受けている人々と、市民生活に対する問題の影響の特質に関する情報を得るために頼れる情報源がいくつかある。政策にかかわる問題の範囲と特質を明確化する際に、我々は信頼できると広く認識されている情報源や、我々が影響を及ぼそうとしている聴衆が知っている情報源を活用することが重要である。人口データについての信頼できる情報源には以下のようなものがある。

- 国勢調査。
- 年次報告などのような政府報告書。年次報告は、受給者数あるいは政府基金サービスが進めようとしている情報を含んでいるかもしれない。
- 保健福祉サービス機関の報告書。

　政府や保健福祉サービス機関の年次報告書のような行政報告書は、機関の援

助を受けている人々の数、サービス提供の成果と不充足ニーズの今後の見込みについての情報を明らかにしているであろう。

　政策にかかわる問題を確認し、明確化する時に、我々はまた人々がいかに問題の影響を受けているかや、サービス利用者が経験している特別の問題を悪化させている社会環境のなかにある諸要因を明らかにすることが必要である（Jansson, 2008）。例えば、我々は、難民キャンプで生活していた等の問題で心が傷つけられる出来事を経験した人々は、複雑な精神保健状態になるリスクを抱えており、これらの状態が実質的に新しい国の居住環境に順応する力を妨げていると主張するであろう。人々が政策にかかわる問題でどのように影響を受けるのかを理解することは、政策立案者に対してその問題を提示する時に役立つ。我々が政策にかかわる問題の影響を理解するために依拠できる情報（あるいはデータ）にはいくつかのタイプがある。

- **機関の記録の分析**：我々は機関のデータの分析を企画して、サービス利用者のなかには文化的、言語的に適切な精神保健サービスが利用できない人がいることが、いかに彼らが現在住んでいるコミュニティに順応したり、参加したりすることの難しさと関連しているのかを分析する。
- **ケーススタディ**：我々は問題の経験を持っている人々を巻き込んで、政策にかかわる問題が彼らの生活に実際にどのような影響をもたらせているのかを確認する。
- **参加型アクションリサーチ**：我々はサービス利用者を巻き込んで、彼ら自身と他のサービス利用者の経験してきた政策にかかわる問題を分析する。

　我々の実践例に戻って、政策にかかわる問題を確認するなかで、次に関する情報を集めて、分析してみよう。

- 我が国と我々のサービスが対象としている地域の亡命希望者と難民の人数。
- 彼らが話している言語も含めて、それらの人々の特徴。
- 政府とサービスの記録。例えば、彼らが直面している精神保健の問題の記録。
- 彼らがサービス提供を求めた時にした経験と、サービスの提供が遅れたり、

不適切なサービスであった結果として彼らが経験した難題。

段階2：政策環境の分析をする

　この段階における我々の目的は、確認された問題との関連において、これまでの政策と現在の政策を分析することである。この情報が重要なのは、過去の政策の失敗の繰り返しを避けるためと、これまでうまくいったことの理解と、同様の政策の改革を探求している個人やグループとのパートナーシップに基づいて、信頼される政策の代替策を構築するためである（Rocha, 2007）。

　ソーシャルワークの価値観は我々が政策環境を分析する時には、中心に据えられるほど重要である。それはちょうどこれらの価値観が他のすべてのソーシャルワーク実践においても、アプローチの中核に据えられているのと同じである。チャピン（Chapin, 2007, p.133）はストレングス視点に基づいて、「我々は、サービス利用者とコミュニティがニーズを満たすのを妨げている構造的な障壁に焦点を合わせることによって分析を始めることと、我々のアプローチが自己決定と社会正義という基本的なソーシャルワークの価値観を反映するべきである」と示唆している。ソーシャルワークは価値観を基盤としている専門職なので、我々は政策環境の分析において、我々を導いている価値観について明確に説明できることが重要である。

　我々が政策環境の分析を行うのは、これから取り組む行動に影響を及ぼすためである。したがって、我々の分析は、過去と現在の政策に関する知識を基盤にして、さらなる政策展開に情報を提供することを目的としていなければならない。我々の政策環境の分析に役立つ質問は次のような質問である。

- 既存の政策アプローチは問題に取り組むのにどのように貢献しているのか、あるいは失敗しているのか。
- その問題に関連して、過去にどんな政策的対応が行われたのか。また、それらはなぜ別の政策に取って代わられたのか。
- また、現在、誰がこの問題に取り組んでいるのか。
- その問題に対する取り組みに失敗した場合にかかる費用と、別の政策アプローチを行った場合に削減される費用はどれくらいか。

●改革に対して、抵抗が起こったり、それが支援されたりするポイントはどこか。

　ここで、私は実践のなかでこれらの質問をどのように使用できるのかを考えることにする。

　ソーシャルワークの実践者として、我々はサービス利用者とともに政策環境と直接交渉してきた経験を持っているので、サービス利用者の抱えている特定の問題の形成につながっている政策環境をしばしば洞察してきている。ソーシャルワーカーとしての実践において、我々は、政府、あるいは機関のレベルで既存の社会政策がサービス利用者の直面している問題と難題を悪化させていること、また少なくとも、問題への対応に失敗していることをしばしば知っている。しばしば、問題は政策の意図にあるのでなく、実行過程において、政策立案者がこれらの問題を適切に、検討できなかったことのなかにあるのかもしれない。したがって、実際には、政策のなかには、サービス利用者の人々に対して否定的で、意図しなかった結果をもたらしたり、単に成果を達成できなかっただけのものもあるかもしれない（Rocha, 2007）。例えば、我々のケース研究に関してであるが、精神保健サービスの利用資格が亡命者と一部の難民に提供されているとしよう。しかし、通訳サービスのための政府資金には限界があるので、それらの人々がサービスを活用できないことに気づくかもしれない。

　政策環境の分析において、我々は問題に直接取り組む政策と、政策目的の達成を間接的に支援する政策の両方を考えることが必要である。我々の実践例との関連でいうと、直接的に政策問題に影響を及ぼす政策とは、文化的、言語的に多様な背景を持つ人々（特に難民と亡命希望者）に対する精神保健政策の利用可能性と適切さに関係する政策である。これらの政策のなかには、精神保健サービスの利用資格と精神保健サービスの提供範囲に関する声明も含まれるであろう。また、亡命希望者が精神保健サービスを利用することに関係する政策問題を間接的に形成している政策のなかには、通訳サービス、公共交通機関に関する問題が含まれる。そして、政策上の問題を経験している人々が直面しているストレスを強くしている亡命希望者や難民を申請している人々への対応が含まれるのも当然である。

　信頼される政策の代替策を考えるに当たって、我々は、また、以前の政策に

よる解決策を理解していることを示し、すべての新しい政策の提案は以前の政策の成功を基盤にして、過去の失敗経験を避けるようにするべきである (Rocha, 2007)。最低限、我々の政策のレビューは、数10年間の政策問題と関連する主要な政策の転換を認識して行うべきである。そして、過去10年間の政策については、より細かい理解も示すべきである。例えば、精神保健サービスの提供について、我々は施設サービスから地域基盤のサービスへの移行を検討するであろう。また、亡命希望者と難民の精神保健ニーズへの早い段階での政府の対応（と、その失敗）と、これらの政策の長期的な肯定的な結果と逆効果といった政策の成果を検討するであろう。

既存の政策アプローチのコストと別のアプローチで達成できる費用の節約の分析は、政策立案者と組織的なリーダーに対して政策改革の必要性を納得させる強力な方法であるかもしれない。ソーシャルワーカーとして、我々は挑戦しようとしている既存の政策アプローチの経済的コストと同時に、社会的コストも明らかにするべきである。さらに、我々は、既存の政策アプローチの短期的及び長期的コストにも注意を向けることが必要かもしれない。例えば、短期的なコスト削減という手段をとると、脆弱な人々や、納税者として広範な保健福祉サービスに資金を提供している一般の人々の長期的な負担を増やすことにつながると主張できるかもしれない。我々の実践例に戻ろう。心を深く傷つけられた経験から生じた複雑な精神保健ニーズをもつ亡命希望者と難民への適切な精神保健サービスを提供することに失敗した結果として必要になった社会的コストには、これらの人々と彼らの家族の不必要で、長引く問題が含まれているかもしれない。もし政府がタイムリーで適切な方法でこのような政策問題に対応しなかったならば、経済コストにはこのような人々に対するより高い入院精神科治療の費用が含まれるようになるかもしれない。彼らは複雑な PTSD に罹患するリスクが高いのである。

段階3：政策議題に問題を位置づける

これまで我々は政策問題を確認してきた。次に、我々はフォーマルな政策立案者に対して、問題を政府あるいは団体による対応が必要な政策問題として認識させることが必要になる。私は「政策議題に問題を位置づける」という用語

を使用して、政策や組織が政策による対応が必要な問題を認識してもらう段階に言及する。問題が既に認識されていて、政策立案者がその問題に関してコミュニティと協議するための仕組みが既に存在している場合には、この段階はしばしば省略されている。問題を政策議題に位置づけてもらうために、我々は問題としている政策、あるいは政策の分野に対して責任を負っている政府の部門や保健福祉サービス団体を確認することが必要である。複数の部門や機関がかかわっているかもしれない。もし我々が改革のための努力を集中する1つの機関が確認できたならば、政策の改革の達成をより成功させやすくなるであろう。

政策形成にかかわるフォーマルな立場にいる政策立案者に接触をすることは、しばしば政策議題に問題を位置づけるための第一歩である。理想的には、我々は政策立案者と協働的に仕事をし、我々の考えている政策にかかわる問題を認識してもらい、サービス利用者の利益になる政策の改革をともに進めていこうと考えている。ヤンソン（Jansson, 2008, p.94）は、以下のように述べている。

　　政策実践者は、説得力と提携を構築する力を使用することが必要である……彼らは、問題が彼らの信念にかかわっていること、政策に重大な脅威があることと、チャンスがあること、あるいは信頼できる人々がその問題に対して関心が持っていることについて他の人々に確信を持たせることが必要である。

私の経験では、政策立案者が政策問題によって直接影響を受けるサービス利用者やその他の市民と会う機会を作ることは、政策立案者に対して政策問題が存在していることと、その重要性に確信を持たせるための強力な戦略となる。

我々が政策問題として確認してきた問題を政策立案者に認識してもらうまでには多くのバリアに遭遇するかもしれない。1つのバリアは、政府や保健福祉サービス団体が問題を政策問題であるとは認めず、個人あるいはプライベートな問題であり、政策上の配慮は必要ないとするかもしれない問題である。政策立案者に確信を持たせるためには、我々は、その問題が政策立案者の責任を負うべき人々にいかに影響を及ぼしているかや、既存の政策による対応ではその

問題に対して適切な対応ができていないことを示すことが必要である（Chapin, 2007）。例えば、我々は亡命希望者の大半が、それ以外の人々以上に、拷問とトラウマの経験にさらされたために、何らかの精神保健問題に直面していることや、現在の政策による対応は、彼らのニーズに対する人道的で、効果的な対応ができていないということを示すこともできるであろう。

　また、政策立案者は確認された問題は政府部局や団体の責任の範囲外にあると主張するかもしれない。したがって、政策問題を確認する際に、この問題がいかに我々が言及している政府や団体の問題に関連しているか、あるいは重要問題でさえあるかを示すことが必要である。例えば、我々は、精神保健の政策立案者がなぜ亡命希望者のような人々に関連する政策を展開するべきであるのか、その理由を示すことが必要かもしれない。というのは、彼らは、移民に責任を持っている機関のような他の政府機関の責任とみなされているかもしれないからである。

　政策問題の存在に合意がなされているところでさえも、政策立案者は他の政策問題と比較して、その問題の優先順位は低いとみなすかもしれない。再び、政策問題を系統立てて明確にする際、我々は政府や保健福祉部局に対して、なぜ政府、あるいは保健福祉サービス団体がその問題に注目することが必要なのかを示すことが必要である。我々が段階1と2で集めたデータは、政策立案者がこの情報をもとに問題を認識し、行動するよう勇気づけるためにも重要となる。ヤンソン（Jansson, 2008, p.93）は「現在に関するデータが問題の重大さを指摘し、傾向に関するデータが時間経過にしたがって問題を追跡している時、政策立案者は、そのデータはすぐに注意を向けることを要求していると信じる傾向にある」のように述べている。要するに、我々が示すデータは政策立案者に対して、政策問題に対する行動が失敗した場合のコストを明らかにするべきなのである。また、タイミングも問題への認識と行動を奨励するのに重要である。例えば、もし我々の組織が、例えば通訳サービスのための資金を増やすといった特別な問題に取り組むために、政府予算の増大を求めているのであれば、我々は年度予算が発表されている時期にではなく、むしろ政府の年度予算が発表される数カ月前に、この問題に関するキャンペーンを行うであろう。また、我々は公開の場で行われるイベントが作り出してくれるキャンペーンの機会を

把握する準備をしていることが必要である（Jansson, 2008）。例えば、精神病院への入院患者が突然急増したことに対するメディア報道がなされた時は、亡命希望者と難民のためのよりよい精神保健政策に向けての我々のキャンペーンに対して政府の目を向けさせるチャンスとなるであろう。

　我々が確認した政策問題を知ってもらおうとする取り組みに対して継続した抵抗に出会う状況では、政策立案者に対して外部から圧力をかけてもらうことが必要かもしれない。この取り組みのなかには政府機関のケースでは直接的に政治家に、あるいは非政府団体サービスの場合には理事会に対して、我々の考えている政策問題を提示することも含まれているであろう。いくつかの事例では、我々はメディアを巻き込んで、例えば手紙を書くキャンペーン、我々の政治的な立場に賛同しているエキスパートの意見の公表、そしてジャーナリストにお願いして政策問題を強調する記事を書いてもらうことも行うであろう。市民を一般的なキャンペーンに巻き込んだり、特にメディアとともに仕事をしたりするためのガイドブックが何種類かある。そしてこれらには、政策キャンペーンにメディアを巻き込む前に当たっておくべきである（Bensley and Brookins-Fisher, 2009）。この話題についてはあまり書けなかったが、ソーシャルメディアはコミュニティとコミュニケーション、ソーシャルキャンペーン、そして公開されている場でコミュニティの関心を高めるための重要な場となっている。

段階 4：政策展開に参加する

　政策立案者と政策リーダーが政策によって対応することが必要な社会的な問題があることを確信させられると、次に、彼らは開かれた協議の過程に着手していくであろう。いくつかの脈絡において、政策立案者は、例えばフォーマルな協議の過程を通して、政策過程への参加を促すかもしれない。また別の状況では、政策立案者はフォーマルな協議過程は経ないで政策を展開することを選ぶかもしれない。どちらの場合でも、ソーシャルワーカーは一緒に仕事をすることになるサービス利用者やコミュニティに寄り添って働き、政策過程への彼らの参加を促進することが重要である（Chapin, 2007）。このセクションにおいて、我々はフォーマルで、開かれた協議の過程（コミュニティ協議とも呼ばれている）に、他者をどのようにして参加してもらうかと、参加をどのように

して促進するのかについて注意を向ける。

　開かれた協議は、例えば政府の代表者が市民に会い、政策問題について議論したり、例えばパブリックコメントや地域の人々の意見具申を求めたり、あるいは市民調査を行ったりして書面による意見提出によって行われている。政府と他の機関は、開かれた協議活動を実施する情報を提供するためにさまざまな方法を使用するであろう。そして、これらのなかには、開かれた協議についての新聞の広告、政府や機関のウェブサイト上の情報提供も含むであろう。そしてめったに行われない方法であるが、政策提言により最も影響を受けそうな市民に対して直接手紙を送付する方法もある。政策立案活動にかかわろうとしているソーシャルワーカーとして、政府や他の機関でサービス活動を行っている領域において、コミュニティの協議活動の情報をどのようにして広めていくのかを確認することは重要である。また、その政策が関係する市民に影響を与える部局や機関の範囲を確認しておくことも重要である。例えば、あなたがホームレスの家族を援助しているとすると、広範な政府の部局、例えば住宅、児童保護、雇用そして所得保障にかかわる部局のすべてが、このようなクライエントに影響を与える。したがって、あなたがこれらの分野の政策展開に参加するための機会を知ることが重要である。一部の州と中央政府は、オンラインコミュニティ協議登録のような形で、今後開催されるコミュニティ協議の情報の登録制度を持っている。また、政府機関や地域のアドボカシー協会に登録して、今後開催される協議会活動があればeメールで連絡してもらうことも可能である。

次はあなたの番です…

　我々の実践の例について考えてみましょう。我々は政府の政策が文化的、言語的に多様な背景を持つ人々、特に難民や亡命希望者に対する精神保健サービスの配分において公平な結果を確実に達成してくれることに関心を持っています。そこで、あなたとあなたが援助しているコミュニティに対して、このような市民グループにも影響を与える開かれた協議の場を持つことをどのようにして知ってもらいますか。その方法を考えてく

ださい。文化的、言語的に多様なコミュニティ出身の人々全般の精神保健ニーズにかかわる保健と社会政策領域のリストを作ってください。そして、その後、特に難民と亡命希望者にかかわる同様のリストを作成してください。そして、あなたが援助している人々に関連して、政府やその他のサービス機関が最近行ったり、今、企画している協議会にはどんなものがあるかを知るためにオンライン検索を行ってみましょう。

　開かれた協議の活動に効果的に参加してもらうためには、準備が重要である。それが公開のミーティングであるか、書面での意見具申であるかにかかわらず準備は重要である。我々が行う準備のなかには、協議する範囲についての理解も含まれる。このなかには、協議のために委任された事項（Terms of Reference：TOR）の理解も含まれる。TORとは、検討されるべき事項と協議で提案された結果のことである。もし我々がそれらの協議事項が協議のTORにかなっていることを示すことができたならば、我々の取り上げている問題が承認され、解決が促進される可能性が高くなる。文化的、言語的に多様なコミュニティ出身の亡命希望者の精神保健に取り組んでいる我々の事例を使って、我々は、このような人々に奨励して、他の社会政策分野、例えば公営住宅政策のコミュニティ協議会に参加してもらうかもしれない。その際に、我々は公営住宅という資源が亡命希望者の精神保健にとっていかに重要かを示すであろう。
　TORを利用するだけでなく、我々は、また協議に責任を持っている団体によって提示されているあらゆる政策文書と公式声明書に習熟しておくべきである。再び、協議を指導している人々が政策問題をどのように見ているかを理解しておくことは、我々がより効果的に我々の関心を伝えるための助けとなる。
　我々の準備には、我々が求めている資源に対する関心と、それらの資源を求める基礎となっている原理が含まれているべきである。チャピン（Chapin, 2007, p.131）は、「政策立案者は、たとえニーズがあることに合意しても、そのニーズに充足するだけの値打ちがあるかどうかについては必ずしも合意しないかもしれない……資源を創設しなければならないという強い要求が必要である」と述べている。これらは我々の政策提案を、既存の、あるいは相反するアプローチより好ましいとする根拠である。これらの根拠のなかには次のものが

含まれている。

- **価値観を基盤とした主張**：我々は、我々の主張の枠組みとして、ソーシャルワークを導いている自由で人道主義的な価値観について言及するであろう（Jansson, 2008）。例えば、我々は既存の社会政策は不公平であると主張するであろう。というのは、それらの政策は、広範に利用できるサービスや資源を利用しようとしても、一部の人々には、それらの人々と比べて利用しにくくしているからである。価値基盤の主張が最も力強くなるのは、我々が政策を改革してほしいと要求している相手、例えば政府や団体の機関とともに共通の価値基盤をアピールする時である。
- **費用対効果の主張**：我々は、また既存の政策と我々の提案した代替策に関する費用対効果の比較について言及するであろう。政府と保健福祉サービス団体は、公的資源を効果的に使用していることを示すようかなりのプレッシャーを受けている。したがって、既存の政策の社会、経済的なコストと、別の解決策によるコストの削減と高まった利益を示すことができたならば、我々は我々の提案に対する関心を高めることができるであろう（Chapin, 2007）。例えば、亡命希望者とともに、精神保健サービスの初期インターベンションの改善を支持して、我々はこれらのサービスがいかに精神保健の改善、長期的な人間の苦悩と費用がかかる入院サービスの減少を促進するのかを示すであろう。
- **権利義務基盤の主張**：我々の提案によって政府や保健福祉サービス団体がよりよく自分たちの義務を履行できるようになることを示すことで我々の政策提案を主張できるであろう。それらの義務とは現行法下の義務、あるいは署名をしている国際条約に対する義務である。例えば、亡命希望者に対する精神保健サービス提供への初期インターベンション・アプローチは、「難民の地位に関する1951年国際連合条約」にしたがった難民に対する国家の義務と一致している（UNHCR, 1951）。

既に述べたように、公開ミーティングはソーシャルワーカーとしてのあなたと、ともに実践する市民が政策過程のなかでそこに参加するかもしれない

フォーラムの1つである。公開ミーティングは、人々が関心を持っている問題について議論するようすべての市民が招かれるミーティングのことである。公開ミーティングは大規模なものとなるかもしれない。例えば、人々全般に影響を与える問題についてのミーティングの場合、数百人もの人が参加するかもしれない。一方、特定の保健や福祉の問題に取り組む地域基盤の協議会に参加する市民の数はかなり少なくなる傾向がある。例えば、交通インフラの改革に関する中央政府の協議会はかなり多くの人々の関心を引くであろう。それに対して、地方自治体レベルで行われる脆弱な地域住民の精神保健ニーズに関して行われる地域の協議ミーティングは小規模なものとなるであろう。ロチャ（Rocha, 2007）は、公開ミーティングの準備として以下のことを目指すべきであると示唆している。

- 政策問題について、あなたと関心を共有している市民の出席を最大化する。
- 参加してくれそうな政治家や政策立案者を見つけ出し、彼らに対してあなたの主張を申し述べる。
- あなたとあなたの支持者グループが理解してほしいことのキーポイントを確認する。そして、協議会の状況に適した仕方でこれらのポイントをあなたが表明する。
- あなたとあなたが協働している人々がどれくらいの時間を使って、あなたのケースを述べるのかについて調べておく。
- あらかじめ、あなたのスピーチや話のポイントを準備しておく。

公開された協議の過程において、あなたは書面化されたコメントを提出する機会が持てるかもしれない。書面化されたパブリックコメントを提出できることの利点は、あなたが通常の公開ミーティングでできる以上に、より詳細な形で要求していることの根拠や政策の代替案を提出する機会が持てる可能性が高いという点である。不利な点の1つは、あなたの提出した案は多くの案（ことによると数千の案）のうちの1つかもしれないことである。それ故に、あなたは、政策立案者の目にとどめてもらうために、他に多くの意見が競争しているという脈絡のなかで、インパクトを与えるためのチャンスを最大限に活用する

ことが重要となる（Chapin, 2007）。私は別のところで、パブリックコメントの提出について書いている（Healy and Mulholland, 2007参照）。ここでは、そこで書面化されたパブリックコメントを提出してインパクトを与えるための要点を簡潔に見直しておきたい。我々の提出したパブリックコメントが政策立案者にインパクトを与え、そしてあなたのアイデアと、あなたが援助している地域の人々を政策展開の過程に巻き込むチャンスを最大限にするために、我々は以下のことをするべきである。

- **積極的に取り組む**：市民とともに、そして市民のためにアドボカシー活動をする時、政策立案者である聞き手のハートとマインドをとらえようとするべきである。我々の提案は、政策問題に直接遭遇している市民の生の経験を確実に伝えるべきである。ポリシー・エキスパートは、感情的に中立のトーンを採用しようとするかもしれないが、最前線にいるワーカーとして、我々は我々が援助している特定のコミュニティが直面している問題の人間的な側面を明らかにする権利を持っているし、おそらく責任も持っている。
- **聞き手を知る**：我々の聞き手は政策立案者になるであろう。そして、他の効果的な形式の書類で提出する場合と同様に、我々は政策立案者の考え方の枠組み、特に彼らが解決したいと思っている政策上の難題を理解していることを示すべきである（Jansson, 2008, Ch. 8）。我々は改革を擁護しつつも、既存の政策アプローチの利点と成功の可能性もバランスよく認めることで、聞き手は我々のメッセージを受け入れやすくなるであろう。
- **確実さ**：これの意味するところは、我々は、国家統計的局の出しているデータのように、認められているデータ源からの事実に基づく情報を組み込むべきであるということである。さらに、我々の主張は論理的で、関連する事例によって支えられているべきである。これらの事例には、政策問題を直接経験している市民の生の体験談に基づく根拠も含むかもしれない。これらの市民は、最低限、彼らの経験がこのような脈絡で伝えられることの許可を与えなければならない。そして、可能な場合には、市民は彼らの経験を直接伝えるべきである。
- **簡潔性**：政策立案者は多くの提案に目を通すかもしれないので、中心的な政

策問題に焦点を当て、可能な限り簡潔に我々の主張を伝えることが大事である。
- **実行可能性**：もし我々の政策提言を採用すると、少なくとも既存の政策アプローチと同じくらい効率的で効果的なやり方で、政策立案者は彼らの政策目標を達成できるようになるということを示せたならば、我々の提案が政策立案に組み込まれるチャンスが高くなる。その提案は政府や保健福祉サービス団体の協議文書に示されている時間と費用基準に照らし合わせて実行可能であることが重要である。例えば、政府が次の1～3年間で精神保健サービスの新しくて、革新的なアプローチを実行しようとしていると言っているのであれば、我々の提案はこの時間枠と一致しているべきである。

段階5：政策を実行する

協議の過程が完了すると、次に、政府と団体は政策目標と目的を決めていく。彼らは、それらの目標と目的を達成していくために、サービス機関とコミュニティに対して助力を求めるであろう。ソーシャルワーカーは政策の実行において果たすべき重要な役割を持っている。例えば、彼らはサービス提供やコミュニティ形成活動のために、政策の目的とサービス利用者やコミュニティメンバーの願いを統合する実践を基盤としたプロジェクトをデザインするかもしれない。この段階において、我々は、サービス提供者として、新しい政策活動の下で、事業資金を申請することで政策の実行に参加する機会を得るかもしれない。

ソーシャルワーカーが、政策目標の実行に参加する方法にはさまざまなものがある。ソーシャルワーカーは、彼らの所属する機関あるいは資金提供者によって、彼らがソーシャルワーカーとしてやって来た仕事のやり方を変えて政策目標を達成するよう指示されるかもしれない。例えば、機関が、サービスを文化的、言語的に多様な背景を持つ人々にとって利用しやすく、またうまく対応するように求められるかもしれない。政策目標を達成するための指示が出ると、サービス提供の方法や、コミュニティディベロップメントの過程の取り組み方もしばしば必然的に変化する。サービス提供の最前線において、ソーシャルワーカーは雇用主や資金提供者からの指示に対応して、新しい政策目標達成に向け

て、サービスの再方向づけをどうするかについて、さまざまな程度に判断をすることになるであろう。このようなことにもかかわらず、政策転換によって我々の直接的サービス活動に受けた影響についてのエビデンスを集めることによって、我々は管理者と政策立案者に影響を及ぼすための基盤を入手するチャンスを増大させるであろう。

　政府が政策目標を実行する別の方法は、それらの目標達成に向けて資金を提供することである。この過程において、政府は非政府機関（営利と非営利）と、そして場合によっては、政府内のサービス提供機関に対して、政策目標と目的の達成につながっている資金を申請する機会を提供するかもしれない。もし政府が政策目的の実行方法を厳密に決めたいのであれば、政府はサービス機関に対して、明確に示された条件の下でサービスを提供するための「契約」をするであろう（Coley and Scheinberg, 2008）。対照的に、もし政府が直接的サービス機関に対して、より柔軟で、地域に適したアプローチを創設して、政策目標を達成することを望んでいるのであれば、政府は「補助金」を提供するであろう（Coley and Scheinberg, 2008）。契約と補助金の違いは次のとおりである。すなわち、契約では、サービス提供者機関は要求された政策目標を達成することが強いられるだけでなく、資金提供者によって厳密に決められた方法でそうすることを強いられるのである。一方、補助金の受取人は、要求された政策目標の達成を目指して努力しなければならないが、それらのサービスの達成方法については柔軟性が与えられている（Coley and Scheinberg, 2008; Healy and Mulholland, 2007）。

　助成金の申請書の書き方の戦略とスキルに関しては多数の文献がある。もし我々が資金を受ける契約や補助金を受ける機会があるのであれば、それらの文献を参考にするべきである（Coley and Scheinberg, 2008; Healy and Mulholland, 2007; Jansson, 2008）。要するに、もしあなたが次のような状態になっているのであれば、あなたはあなたの提案に対して、資金、その他の資源が関心を持ってくれる高いチャンスを持っていることになるであろう。

- **政策問題に対して、適切で効果的な対応策／解決策を提示している**：それは提案されている政策の方向と一致していることが必要である。

- **実行可能なプロジェクトとプロジェクトの計画を持っている**：ロチャ（Rocha, 2007, p.19）は、「最少のコストで、最も利益をもたらす可能性の高いインターベンションを選ぶべき」であることを示唆している。また、我々のプロジェクトは明確な目的と、それらの目的を実現するための現実的な計画を持っていることを示すべきである（Jansson, 2008）。
- **革新的なアプローチを持っている**：政府と保健福祉サービス団体は、既存のプログラムの強みと限界に気がついているであろう。そして、もしその革新策が政策問題に対する既存の対応策の弱点に取り組んでいるのであれば、その問題に取り組む新しい方法を試みようとするかもしれない。
- **インクルーシブな提案を持っている**：多くの社会政策問題が社会的排除とつながっているのであれば、政府と保健福祉サービス団体は積極的にコミュニティメンバーをインクルージョンする提案を好むであろう。事実、いくつかの脈絡で、政府あるいは資金提供団体は、サービスやコミュニティディベロップメント活動から排除されがちな人々を包み込むようなサービスの提案を要求している。
- **あなたの所属団体が合意された政策目標を達成するのに都合のよい団体であることを示す**：例えば、我々の政策例では、我々の団体はサービスを提供してきた歴史を確立しており、政策が取り組んでいるコミュニティや人々と強い結びつきを持っていることを強調するであろう。

最前線のソーシャルワーク実践者は、政策目的を実践において達成する方法を形成する上で重要な役割を果たしている。直接的実践を行うソーシャルワーカーとして、我々はしばしば政府と建設的な話し合いを行っている。その議題は、我々のサービスが確実に地域の状況と政府の政策目的に対応するようにするために、地域コミュニティにおいて、政策目的をどうすれば達成できるかである。政策目標を達成するための既存の、そして以前の活動の事後評価は、新しい政策を、社会政策の成果を達成するのに何が役立ったかについての利用できるエビデンスに一致させるのに役立つ。

段階6：政策結果を事後評価する

　政策サイクルの一部として、政府と保健福祉サービス団体は社会政策の結果を事後評価しようとする。事実、彼らは、政策の結果の事後評価を法律によって要求されている。そうしないと、彼らは政策の結果の効果や効率を示せという限りない社会的プレッシャーに直面するかもしれない。政策の事後評価は、既存の政策が望まれた目標や目的を達成した範囲についての情報を政策立案者に知らせることに役立つ。政策の事後評価を知らせるために広範なデータが使用されるであろう。そのなかには、政策による影響を受けているサービスと人々に関する厳密な実証的研究、非公式な観察、そしてサービス管理データが含まれている（Jansson, 2008）。

　ソーシャルワーカーは、最前線のサービス提供者としての経験はもとより、サービス利用者とコミュニティメンバーの経験と意見が政策の事後評価に確実に含まれるようにするためにも果たすべき重要な役割を持っている。この役割が重要なのは、政府と保健福祉サービス団体が財政的な効率の提示などの運営目標を重視しているかもしれないからである。両方の目標、すなわち政策立案者の目標とクライエント（そしてコミュニティメンバー）双方の目標がセットで考えられることが必要である。さらに、クライエントと他のコミュニティメンバーの経験と意見が政策の事後評価に組み入れられなければ、我々はサービス利用者とコミュニティメンバーにとって対応できていない、不適切な政策に加担してしまうという危険をおかしてしまうであろう。サービス利用者とコミュニティメンバーの目から見て、どの政策がうまくいっているかを理解していることは、効果的な政策を保持し、発展させる方向で政策立案者を擁護するのに我々が強い立場にいることになる。

　チャピン（Chapin, 2007）は、もしステイクホルダーの観点を政策の事後評価に意味を持たせて含むべきであるならば、政策の立法化の過程の早い段階で、クライエントとコミュニティメンバーの意見を取り込む方法について考えておくことが重要であると述べている。クライエントとコミュニティメンバーの意見を事後評価政策に組み込むための方法はいくつかある。

　まず、政策立案者と、クライエントや他のコミュニティメンバーの間で、彼

らに影響のある社会政策によって達成された結果についての合意を形成しておくことが役に立つであろう（Chapin, 2007）。例えば、政府は入院精神科ケアに関連するコストを削減したいという目標を持っているかもしれない。一方、クライエントは地域基盤の初期インターベンションに出会うことを望んでいるかもしれない。政策立案者とクライエントは一緒になって、入院治療率の削減と地域基盤の精神保健サービスの自主的な利用増大という目標に合意するかもしれない。

　第二に、ソーシャルワーカーは、政策目標の達成のための意味ある測定方法を開発するために、コミュニティメンバーとともに、そして彼らのために働くべきである。チャピン（Chapin, 2007, p.169）は「政策立案者の目標と同時に、クライエントの目標も含んでいる結果の測定方法について考えることは重要である」と述べている。例えば、精神疾患を抱えて生活している人々のための地域基盤の初期インターベンションサービスの重要な結果は、特定の精神保健の問題だけでなく、全般的な生活の質の改善に焦点が当てられるであろう。一方、政府の政策立案者は新しい政策インターベンションの費用対効果のエビデンスを求めるかもしれない。したがって、財政的な費用対効果の指標と同時に、社会的なつながりの増大に関する測定方法のような、生活の質の測定も含むことが重要である。政策実施の着手時に用いられ、「ベースライン尺度」と呼ばれている測定方法は、合意された政策目標の達成とかかわっているインターベンションの範囲を測定するためにも重要である（Chapin, 2007, p.170）。さらに、倫理的な観点から考えると、我々が行っているインターベンションが、合意された目標を達成するために援助している人々を助けているかどうかを絶えずモニタリングすることが重要である。というのは、インターベンションには効果がないことや、さらにひどいのは、サービス利用者やコミュニティメンバーの状況をさらに悪化させることに寄与していることをモニタリングが明らかにしている例もあるからである。これらの効果をモニタリングして、我々は、我々の実践を改善して、我々のインターベンションが害を引き起こす機会を少なくすることができる。

　第三に、サービス利用者とコミュニティメンバーには、政策と事業の事後評価に参加する機会があるべきである。最低限、政策の影響を受けるサービス利

用者とコミュニティメンバーは直接それらの政策を批評する機会を持てるべきである。さらに望ましいのは、ソーシャルワーカーが、政策の実施の着手時から、より積極的に、政策の事後評価にサービス利用者とコミュニティメンバーを巻き込む戦略を組み込むことである。政策実施の全期間を通じて、サービス利用者とコミュニティメンバーに積極的にかかわってもらおうとすることは、事後評価を実施するために１つのポイントを選ぶよりも、政策に対してより適切で、有益なフィードバックが得られるであろう。というのは、サービス利用者とコミュニティメンバーが政策過程のさまざまな段階で、何が役立ったかや、何が役に立たなかったかについてよく考える機会が持てるからである。

　何人かの社会政策分野の研究者が、サービス利用者とコミュニティメンバーを、政策と他の形の直接的な保健福祉サービスのインターベンションについての事後評価に巻き込むための「参加型アクションリサーチ」の重要性の概略を示している（Kindon, et al., 2007; Wadsworth, 2011）。参加型アクションリサーチの原則に基づいて、ウォズワース（Wadsworth, 2011）は、事後評価者が、事後評価にサービス利用者と排除されたコミュニティメンバーの意見を確実に取り入れるために、「批判的レファレンスグループ」の開発を進めることを擁護している。批判的レファレンスグループは、政策インターベンションの対象ではあるが、彼らの声はフォーマルな事後評価の過程では聞いてもらえない比較的無力なメンバーから構成されている。例えば、もし我々が亡命希望者や難民に対する地域基盤の精神保健サービスを改善することを目的とする政策インターベンションの事後評価を行うのであれば、我々は批判的レファレンスグループにこのような人々に参加してもらうであろう。批判的レファレンスグループはしばしば事後評価を導いている運営委員会に似ている。しかし、批判的レファレンスグループは、事後評価者に対してアドバイスをする基盤として、専門家としての意見よりも、彼らの政策問題に対する生の経験を使うことが運営委員会とは異なっている。運営委員会のように、批判的レファレンスグループに参加する人の人数は、問題に関して定期的なグループ討議に、意味ある貢献ができる人数に制限することが必要である。また、グループは、事後評価の進行状況に対応して、事後評価者に対して情報提供していくので、数度のミーティングを開催することが必要になる。事後評価の過程に、積極的に政策問題

によって直接的な影響を受けている人々を巻き込むことにはいくつかのメリットがある。そのなかには、政策の対象となっている人々の生の経験に対する事後評価結果の適切さを高めるというメリットがある。そして、政策を実行するなかで隠された問題に政策立案者の目を向けさせ、そうすることで政策の効果の改善につながるというメリットもある（Wadsworth, 2011）。

結論

　本章において、私は政策立案実践を定義し、専門職ソーシャルワーク実践におけるその重要性について議論をしてきた。ポリシー・エキスパート、すなわち政策立案の仕事を専門とする実践者になるのはほんの少数のソーシャルワーカーだけであるが、すべてのソーシャルワーカーが政策過程にかかわっている。私は政策過程の6段階の概要を示してきた。そこでは、直接的実践を行っているソーシャルワーカー、サービス利用者そして、その他のコミュニティメンバーが社会政策立案の過程にかかわっているであろう。最低限、ソーシャルワーカーは政策の遂行にはかかわっている。しかしながら、我々は、また、政策問題の確認、政策実行のための戦略の形成、そして政策結果の事後評価のなかに、サービス利用者とコミュニティメンバーを巻き込むことによって、政策の改善に貢献することができる。社会政策は、我々が援助する人々が利用できる資源を決定するだけではなく、政府や保健福祉サービス団体が直接的ソーシャルワーク実践の合法的な範囲を決めることによって、ソーシャルワーカーとしての我々の実践の形成にも強い影響を与えるのである。

振り返り問題

1.「ストリートレベル官僚」という用語は何を意味していますか。
2. 本章で示された政策過程の6つの段階とは何ですか。
3. あなたは、自分の政策提案のための財源や他の資源を獲得する可能性を高めるためにどのような戦略を使用しますか。

批判的熟考問題

1. 有力な生態学視点は、ソーシャルワーカーが個人とサービス利用者の生活を形成している制度との間の相互作用を高めることを要求しています。あなたは、サービス利用者と制度の間の相互作用を改善するための基本である政策立案実践に対して、ソーシャルワーカーはどの程度までかかわっていくべきだと思いますか。
2. あなたは、政策過程のすべての段階に、サービス利用者を巻き込むことのメリットと難題は何だと思いますか。

第9章
結論：改革の脈絡を作る

　本書で、私は多様なソーシャルワークの実践方法の歴史、現在行われている議論、そしてスキルを紹介してきた。この最終章で、私は本書を支えているソーシャルワークの方法とスキルに関する中心的なメッセージのアウトラインを示し、ソーシャルワーク実践の組織的脈絡の改革を行うための戦略を議論する。

　本書では、ソーシャルワークの実践方法の多様性が強調されてきた。ソーシャルワーカーの理論的姿勢、実践の脈絡、そして活用する実践の方法は多様である。実践方法の多様性が専門職内の緊張関係の源になっている。それは批評家たちが実践に対する多様な理論と方法によるアプローチの適切さについて議論をしていることに見られるとおりである（Gray and Webb, 2009;Healy, 2005参照）。しかし、基盤となる理論と方法が多様であるということは、実践者、サービス利用者、そしてコミュニティのメンバーにとって必要な資源が豊富にあるということでもある。総合的な方法があることによって、ソーシャルワーカーはサービス利用者とコミュニティメンバーが直面している難題に対して柔軟に、また創造的に対応できるのである。しかし、ソーシャルワーカーがいつでも本書で概略を示した広範な実践方法を展開できる立場にいるわけではない。例えば、我々の実践にかかわる組織的脈絡やフォーマルな仕事上の役割によって、特定の方法に焦点を当てざるを得なくなったり、他の方法の使用には限界が生じるかもしれない。それにもかかわらず、我々が多様な実践方法の利用と限界についてしっかりと理解をしていれば、サービス利用者の特定のニーズを充足するのに最善の方法を取り入れているサービス機関に利用者を送致することもできるであろう。例えば、法律と関連してトラブルを起こしている若者を援助している法令ソーシャルワーカーは、若者の反社会的行動の原因となっているかもしれない葛藤に取り組むために、その若者と家族を家族療法士のもとに送致する一方で、自分はその若者が直面している法律問題の処理に焦点を置

いて取り組めるであろう。また、病院ソーシャルワーカーは、新しいスキルを身に着けさせ、社会的ネットワークを推進するためにグループとコミュニティの方法を展開しているコミュニティ・サポートサービスに高齢者を送致することで、彼らが自分の社会的な孤立の問題に取り組むのを援助することができるであろう。本書の中心的なメッセージは、多様なソーシャルワークの方法を使用することで互いに足らないところを補足し合えるし、我々が1つの方法やアプローチでできること以上に、サービス利用者とコミュニティのためによりよい成果を達成することが可能になるというものである。

専門職者が多様な方法を使用できるということは強さではあるが、それは弱さの原因でもある。というのは、我々は使用する方法を排他的に所有しているわけではないからである。多様な分野の実践者が人間関係にかかわる仕事、家族援助、グループワーク、コミュニティワーク、そして政策立案の取り組みを行っている。これらの方法を排他的に所有していないため、それらのすべてにおいてソーシャルワーカーが持っていると言われている専門的な熟練のレベルが議論される原因になっているのである。例えば、我々の方法の基盤に幅があるために、すべてのソーシャルワーカーにカウンセリングをする資格があるのか（Sedan, 1999）、あるいは児童保護サービスをする資格があるのか（Healy and Meagher, 2007）、そして人間関係的な形のソーシャルワークはコミュニティワーク実践と両立するのか（Reisch, 2005）といった議論がある。管理主義的改革が、特定領域の実践力を持っていることを証明しようとしている専門職にプレッシャーをかけるにつれて、これらの議論がますます確立され、深められていくかもしれない（Healy, 2009）。我々が多様なソーシャルワークの実践方法を維持していけるかどうかは、この多様性を、我々が一緒に仕事をする雇用者、資金提供団体、サービス利用者、そしてコミュニティのようなステイクホールダーに対して説明し、正当化できるかどうかにかかっている部分もある。

本書では、いくつかの共通するテーマにおいてソーシャルワークの実践方法が広範なことを支持してきた。1つのテーマは、サービス利用者やコミュニティメンバーと協働して仕事をするソーシャルワーカーの重要性である。すべての実践方法を通じて、ソーシャルワーカーはサービス利用者とコミュニティメン

バーに働きかけて、彼らが直面している難題を明確にし、それらの難題を解決するために彼らが持っている強さと力を確認し、彼らに寄り添って変化を作り出すことを追及するべきである。我々は、サービス利用者やコミュニティメンバー以上に「よく知っている」だけの専門的なエキスパートになることは拒否することが必要である。しかし、我々は個人、家族、グループ、そしてコミュニティとともに変化を推進するための実践方法には熟練していることは認めるべきである。サービス利用者に寄り添って援助するというテーマは人を尊敬するという専門的な価値観の実践的な表現である。この価値観が重要なのは、我々は、専門職インターベンションの対象を援助しているのではなく、仲間に寄り添って援助していることを認識しているからである。また、ソーシャルワークサービスを受けているサービス利用者も、それ以外のサービスを利用している人も、インターベンションの計画作成に参加している人ほどそれから利益を得ているというエビデンスもある（Reid and Epstein, 1972; Trotter, 2006）。それは、そのようにして作成された計画はよりサービス利用者に適したものになるし、またサービス利用者やコミュニティメンバーが計画を「自分のものにする」からである。

　本書を支えている2番目のテーマは我々の実践の事後評価の重要性である。我々の実践の何がよかったかや、何が改善されたかを知ることは、我々が絶えず仕事の質を改善するのに役立つ（Trotter, 2004）。各々の実践方法を考察してきた時、我々はそれらの方法に関係させて我々の実践をどう事後評価するのかも議論してきた。実践の事後評価をすることは専門職としての責任である。すなわち、我々の実践の脈絡のなかで可能な限り最善の実践を行うことが基本である。それは管理主義が進行する状況下で専門職ソーシャルワークが生き残るためにも重要である。ソーシャルワーカーはますます実践の有効性と効率性を証明することが求められているのである。

　3番目のテーマは、実践について批判的に熟考することに対する専門職としての我々の責任についてである。それは本書で説明した多様な実践の方法を結びつけるものである。批判的熟考によるアプローチは、我々がフォーマルな知識を大きく変え、実践において新しい知識を構築していることを認識している（Fook and Gardiner, 2007）。批判的に熟考することによって、我々は自分自身

と我々の実践について明確に述べることができるようになるし、例えば、フォーマルな事後評価や調査研究のエビデンスといった実践における別の形での知識構築を補足することもできるようになる。批判的な熟考が重要な理由の1つは、ソーシャルワークは置かれている脈絡によって多様に変化する活動だからである。我々の実践方法についての調査研究に基づくエビデンスが利用できる場合であっても、我々がどの方法を使用するかは、サービス利用者はどういう人たちかや、実践が行われる制度的な脈絡によっても異なってくる。このような多様性があるということは、我々は知識を受け身的に利用するだけではすまないし、実践のなかで積極的に知識を構築しなければならないということでもある。

　4番目のテーマは、ソーシャルワーク実践における文化的な多様性の認識であり、これは本書において考察したコミュニケーションスキルと実践方法を支えている。文化的多様性の認識には、我々が自分のものとは違う文化的脈絡を持っている人々を援助する時に、ソーシャルワーク実践のすべての側面に文化的な違いが影響を与えることを知り、またそれを尊重することが含まれている。例えば、もし異なる文化を持つ人々やコミュニティと効果的な仕事上の関係を作ろうと思うのであれば、我々は異なるコミュニケーションの仕方に敏感になることが必要である（第2章参照）。また、我々は自分とは異なる文化を持つ人や、言語を話す人について、何らかの思い込みをしていたり、広範囲にわたる一般化をしないようにすることが必要である。我々は、援助している人との実際のコミュニケーションに気をつけたり、文化的に、あるいは言語的に異なるメンバーと相談をすることによって、文化に対応した実践をするための力を身につけたり、改善したりすることができる。

　方法の多様性を認識することは、専門職内の専門分化に反対することではない。精神保健、保健サービス、児童保護、刑務サービスといった多くの分野で行われている実践はそれぞれに複雑なため、それぞれの実践分野に専門的に取り組むことなしには身につけることが困難な深いレベルの知識が必要である（Healy and Meagher, 2007）。さらに、それぞれの分野のソーシャルワークの複雑さは、ソーシャルワーカーが実践する分野内の一連の特別な方法の深い熟練性を身につけることを要請している。特定分野と特定の実践方法の熟練性の重要性を認めることは、幅広い基盤的な方法を維持し続けているソーシャル

ワーカーの重要性を否定することではない。

　私はソーシャルワークを、脈絡としても、方法としても多様性を持つ専門職として提示してきた（Healy, 2005も参照）が、多様な方法を活用しようとしているソーシャルワーカーが、今、共通して脅威に直面していることについても認めたい。今日の専門職が直面している難題の1つは、豊かで、多様な方法を使用するという我々の基盤を新自由主義と管理主義の攻撃から守り続けるという難題である（Healy, 2009; McDonald, 2006; McLaughlin, 2007）。管理主義は、社会サービスとコミュニティワーク活動の大多数に資金を提供している政府は「舟を漕ぐのではなく、操縦をするべきである」と考えている。言い換えると、政府はサービスを指導(direct)するべきであり、サービスを提供(provide)するべきではないということである（Osborne and Gaebler, 1993, p.25）。すなわち、サービスをどう提供するかや、誰が提供するかについての意思決定は、サービスを実際に提供する人や、サービスを受け取る個人やコミュニティとはほとんど、あるいはまったく相談することなく、運営当局が行うということである。管理主義への改革はソーシャルワーク実践を諸活動のユニットへと断片化し、個々のソーシャルワーク活動の最終的な成果を数量化することの重要視とつながっている(Annison et al., 2008参照)。例えば、管理主義がフィニッシュ地域精神保健サービスに与えた影響をレビューした、サリオとステニー（Saario and Stepney, 2009, p.27）は次のように述べている。

　　専門職の仕事は、「個別セラピー」、「緊急時カウンセリング」、「家庭訪問」としてまとめられるようになった。あるいは、それらは経済的な価値とともに表示されるようになった。AHO［精神保健の監査ツール］は、高度に選別するやり方で実践者の仕事を可視化するのを助けている。しかし、正確に言うと、実践者が自分の仕事と機能のすべてを可視化することは不可能である。というのは、すべての活動についての基準は存在していないからである。

　管理主義が社会サービスとコミュニティワーク機関に及ぼす影響の危険性の1つは、いくつかの基本的活動が監査ツールを作成した人の目には見えないという理由で軽視されるかもしれないことである。サービス提供者やサービス利

用者は、実践において何が重要なのかについてはほとんど意見が言えないのである。管理主義によって提案されているソーシャルワークの断片化が進んでいることは明らかである。そして、それは我々がともに取り組むサービス利用者やコミュニティに柔軟に、創造的に対応しようとしているソーシャルワーカーにとっては脅威となっている。

組織の改革を行う

　ここで、私はどうすればソーシャルワーカーが組織改革を行うことができるのかについて議論したい。特に、管理主義が直接的ソーシャルワークの多様な方法に及ぼす最もネガティブな難題について議論したい。ソーシャルワーカーとして、我々は組織的環境を批判的に意識することが重要である。そして、特に必要な場合には、その改革を推進することが重要である。というのは、組織環境によって、我々がどんな実践を行うかが決まり、サービス利用者が利用できる資源が決まるからである (Netting et al., 2008)。私は、最前線のソーシャルワーカー、特に新しく資格を取得したソーシャルワーカーは組織改革を行うためのフォーマルな権限はほとんど持っていないということは認識している。このように権限は限られているとしても、我々が総合的に無力だということにはならない。しかしながら、我々が改革に向けて取り組む時には、注意深くセルフケアを行うことが必要である。また、保健福祉サービス組織のなかで積極的な改革を行う時には、小さく、初歩的なステップであっても、それが進んだことを祝えるようになることが必要である。

　ここで私は方向を転換して、どうすればソーシャルワーカーは新自由主義と管理主義が保健と福祉のサービス組織に与える否定的で、幅広い影響にチャレンジできるのかを考えてみたい (Healy and Meagher, 2004; McDonald, 2006; Saario and Stepney, 2009)。管理主義は近い将来まで保健福祉の組織を形作り続けるであろうが、ソーシャルワーカーはその考え方の矛盾と弱点のポイントを理解することによっていくつかの要素にチャレンジし続けることができる。そのためには、ソーシャルワーカーがこの考えの特徴をしっかりと理解することが重要である。特に、その考えが何を高く評価し、何を周辺化しようとして

いるのかを理解することが重要である。管理主義はサービス活動を可視化し、数量化することによって、経済的な効率性に焦点を置くことを要求している（Meagher and Healy, 2003）。管理主義の考えはソーシャルワークの活動を総合的で、包括的なサービスを提供する形から、リスクのマネジメントに焦点を置く形に再構成しようとしている（McDonald, 2006）。このような焦点化は、簡単に数量化できないソーシャルワークの諸要素や、ソーシャルワーク活動をリスクのマネジメントとする狭い定義には重要でない諸要素が軽視されるおそれがある。

　ソーシャルワークは、管理主義の説明では軽視されている我々の実践の側面を可視化することによって管理主義の影響にチャレンジすることができる。本書を通じて、私は我々の実践を改善するために厳格な実践の評価をすることの重要性を強調してきた。しかし、それはまた別の形でも利用できる。すなわち、測定することは難しいが、サービス利用者とコミュニティにとっては重要な成果を可視化することである。管理主義は、専門職者がユニークな熟練を達成することや高い地位を要求することに対する管理職者の不信感と関係している。それで、他の専門職と同様に、今や、ソーシャルワーカーも我々の実践を支えている考えを明確に表現し、防衛しなければならない。その一部として、我々は実践に関する調査研究のエビデンスを行使して、例えば、ソーシャルワーカーとサービス利用者の協働がサービス利用者にとっての積極的な成果につながり、また子どもの安全の確保や常習犯の減少といった機関の目標達成につながることを証明することができる（Annison et al., 2008; Trotter, 2006）。また、我々は、実践を評価することによって、しばしば目には見えにくい実践の諸要素、例えば経済的で、効率的なやり方で実践の成果を達成するための総合的で、多方法によるアプローチの重要性にかかわって基盤的なエビデンスを確立することができる。

　管理主義による脅威に加えて、我々のサービスが援助しようとしているクライエントやコミュニティに対する使命を達成する方向で組み立てるように取り組むという永続的な難題がある。保健福祉のサービス組織は力動的であり、組織は時間がたつにつれて、使命を実行する組織力のなかに矛盾が生じたり、限界が出てくるような方向に進化していくかもしれない（Netting et al., 2008）。

さらに、ソーシャルワークには固有の道徳的、実践的な特質があるために（Parton and O'Byrne, 2000)、ソーシャルワーカーは組織的実践とともに個別的実践においても中核的な実践上の価値が達成できる範囲を批判的に熟考することが求められる。エリオット（Elliot, 2008, p.283）は次のように述べている。

　専門職が、支援の実践という脈絡において倫理基準を分析、批判、要求するという積極的な文化は、実践についての「道徳的な声」と、反道徳的な道具主義への流れを押しとどめようとする取り組みの間のバランスを維持する手段である。

ソーシャルワーカーとして、我々には、我々の組織がその使命をどこまで達成しているのかを批判的に熟考する責任がある。協働の精神において、我々は組織が表明している使命とその使命を達成する能力の適切さを継続的、批判的に熟考するための機会を作り、それに取り組むべきである。そのような話し合いは同僚との定期的なミーティングへと統合できるであろうが、新しい取り組みとして取り組めば、我々の組織がその使命を実現しているか、それとも使命から逸脱しているかを批判的に熟考する機会となるかもしれない。例えば、非政府組織のソーシャルワーカーは自分の所属組織内で、政府からの特定の活動補助金を受け入れることが、組織と組織の使命とは矛盾する社会政策と結びつけることになるのかどうか、あるいはそれによって受け入れられないにもかかわらず、我々がサービスを提供したり、コミュニティで仕事をするやり方を再形成してしまうのではないかについて関心を持つことが必要になる。

　同僚を組織の使命についての批判的熟考に取り組ませることはなかなかの難題であり、感情的になる可能性も高い。これにはいくつかの理由がある。すなわち、ソーシャルワーク実践はベストの実践に関するエビデンスがいろいろある不確実な領域だからである。このような確実性の欠如はソーシャルワークの必然的な特徴である。そして、理性的な議論が困難なのは、そのような議論をすると、実践に関する我々の立場が部分的で、不完全なことを認めざるを得なくなるからである。さらに、仕事自体に感情がからまる仕事なので、我々はしばしばひどく痛ましく、悲惨な形でサービス利用者やコミュニティと関係を結

ぶことが必要になるのである。自分自身の仕事をしている経験と、クライエントが実際にしている体験を目撃することによって、我々の考え方の正しさが強化され、次には、達成するのが困難な変化に対するさまざまな意見に心が開かれるようになるであろう。また、我々はさまざまな価値の枠組み（専門職として表明された価値に関する多様な解釈を含む）を持っているし、組織の使命を喜んで受け入れたり、それと自分のしたいことをどのレベルでバランスをとるかは人によって異なっている。例えば、あるアドボカシーグループは、専門的なアドボカシーサービスを確立するために政府に対抗しているにもかかわらず、政府部門からの資金は喜んで受け取るのに対して、他のアドボカシー団体は、そのような資金の受け入れを使命に対して許すことのできない妥協であると考えるかもしれない。

　それでは、我々はどうすれば組織の改革を達成するのに必要な同僚や管理職者との困難なコミュニケーションに取り組めるのであろうか。いくつかのポイントが重要である。

- お互いに尊敬し合いながら取り組める基盤的なルールを確立する（そして、それにしたがう）こと。すなわち、この意味は、組織改革という課題に焦点を当てるようにして、組織の使命についての意見や、その使命に基づいて仕事をする能力の違いを個人の責任にすることは回避することである。
- 組織がその使命を達成するに際して、何が役立ち、何が妨げになっているかについてのあなたの考えを確立すること。そのような意見はソーシャルワーク実践に関する調査研究文献やあなた自身の評価から組み立てることができる。
- 論理的な議論や調査研究の文献に基づくエビデンス、そして組織内で行われた評価を使用して、あなたの意見について同僚を説得することに焦点を当てる。あなた自身の立場を当然に上位だとみなすことはしないで、あなたの立場については論理的で、エビデンスに基づく説明をする。あなたの立場に対する気持ちが表れることは仕方のないことかもしれないし、本当に気を使っていることを示すかもしれないが、あなたと異なる意見を持っている同僚を遠ざけることは避けるべきである。

- その主張があなたの考えやエビデンスにチャレンジするものであることがわかった場合でも、同僚が表明する反対意見には心を開いておかれたい。そのような話し合いはあなた個人に対決するものになる場合があるかもしれないし、それがスーパーバイザーや（改革にはかかわらない）仲間とともに、あなたが経験している難題について批判的に熟考するのに役立つかもしれない。とはいっても、あなたの立場をすてなさいと言っているのではなく、むしろあなたの個人的に持っている意見のために、他者の主張のメリットが認識できなくなるようなことにならないようにしなさいと言っているのである。
- 特に意思決定がサービス利用者やコミュニティメンバーに何らかの影響がある場合、あるいは成果のエビデンスがどちらとも決めかねるような場合には、理にかなった妥協や取引をする準備をしておかれたい。
- 保健や福祉サービスの領域では、サービスを提供するほとんどの領域と同じように、幾分かは取引を含んでいる。というのは、人間のニーズは際限がないし、サービスシステムは不完全であるし、資源は限られているからである。交渉する余地のない領域はもとより、どんな妥協ができるのかをはっきりと認識するためには、おそらく、組織外の仲間やスーパーバイザーとともにあなたが自分の身につけてきている実践の枠組みを批判的に熟考することが重要である。もうどうしようもないし、組織に外的なプレッシャーをかけるためには、非倫理的な、あるいは非合法な実践を内部告発するしかないと感じたり、もう組織を離れるしかないと感じる時もあるであろう。それらは重大な意思決定であるし、サービス利用者やコミュニティへの影響も考えに入れて行うことが必要である。

保健福祉サービスの組織がサービスを提供しようとしているサービス利用者やコミュニティに対するミッションを実行できるようにする別の方法は、サービス利用者が組織のミッションの構築に参加できる道筋を作ることである。私はここでサービス利用者とサービス提供者が意思決定に参加できるようにする民主主義的な組織過程の発展について言っているのである。そして、そうすることで、この過程を重視するサービスが発展するのである。

組織のデザインへの市民参加の基盤は、組織のパートナーとしてサービス利用者を尊敬しているのを表現することである。尊敬していることの表現として重要なのは、サービス利用者を病理化する組織の政策とデザインを我々が認識し、チャレンジすることである。また、もし我々がサービス利用者をパートナーとして取り組みを進めようとするのであれば、人々の生活の現実に根ざした問題の明確化と解決を進めることが必要になる（Mullaly, 2007, p.323）。要するに、問題を明確化するためには、人々の生活にかかわる社会的、経済的、政治的な状況を知り、対応することが必要である。

　保健福祉のサービス組織を民主化する別の方法は、サービス利用者の参加に関する明確な政策や方針を展開し、サービス利用者とともに、その政策が組織の各レベルで実施されるように取り組むことである。当然であるが、ソーシャルワーカーとサービス利用者の間で自発的な取り組みが行われているところや、コミュニティのアイデンティティがよく発達しているところでは、そのような過程を進めることはかなり容易であろう。反対に、パートナーシップを組むということがソーシャルワーカーに与えられている法的な権限のために、あるいはサービス利用者がコミュニティに対して一体化していないことで困難になっている場合もある。保健福祉サービスの組織の改革にサービス利用者が参加できるようにする別の補足的な方法は、市民アドボカシー協会やその連合体の発展を支援する方法である。それによって、サービス利用者には集合的に声をあげ、共通の関心事に働きかける力が得られるであろう（Dumbrill, 2010）。

自分自身を守り、支える

　組織の外部からの支援を受ければ、我々が組織改革を行うのに役立つであろう。改革を志向している団体や連合体に参加することで、我々は改革活動を行うための外から見た判断基準を知ることができるし、バーンアウトに陥ったり、我々が追及している改革に反対している人々からの個人的な非難を受ける危険性を減じることもできる。保健福祉サービスの領域では、組織を改革しようとしているソーシャルワーカーにとって重要な組織外の組織的な支援には少なくとも3つの形態がある。

アドボカシーグループは組織改革の活動に対して支援を提供できる。なお、そのグループには市民主導のグループと専門職主導のグループがある。我々が援助活動を行っているサービス利用者とコミュニティにとっての社会正義を推進するために設立された市民アドボカシーネットワークは組織改革活動に対する1つの形の支援が提供できる。幅広い保健福祉の領域において、アドボカシーネットワークとその連合体が発展してきており、例えば、ケアを受けることから自立しようとしている若者や、障害や精神疾患を抱えて生活している人々のようなサービス利用者のニーズと利益を表明したり、守ったりするための集団的な基盤を提供している（Healy, 2005）。しばしば、これらのネットワークはサービス利用者になったことのある人々や、サービス利用者のコミュニティと深くつながっている専門職者を含んでいたり、そのような人々によって指導されている。別の形のネットワークの1つは、調査研究ネットワークである。それは特定の実践領域において、最善の政策を立案し、実践が行えるようにするために、調査研究によるエビデンスを生み出そうとしている。このような調査研究ネットワークは児童保護や青少年の裁判といった広範な保健福祉の領域に存在している。そのようなネットワークは学際的で、多制度協働による調査研究を行う機会を提供しているし、それによってアカデミックな調査研究者が政策立案者、評価研究者、そして実践者とコラボして、改革のためのエビデンスを作り出せるようになる。アドボカシーグループとネットワークは、サービス利用者が我々のサービスに何を望み、何を必要としているかを我々に伝えることによって、また他の保健福祉サービスの脈略においてうまくいった政策や実践についてのエビデンスを提供することによってソーシャルワーカーを支援できる。

　*労働組合*も組織改革活動に別の側面から支援を提供できる。労働組合は、ソーシャルワーカーとして我々が何らかの形で組織改革に参加し、必要な場合には、組織外に改革のための支援を依頼する民主的な権利を守る上で重要な役割を果たしている。さらに、ソーシャルワーカーや、他の保健福祉サービスのワーカーを代表している労働組合は、しばしば、それらの専門職が基盤としている人道主義的な価値観を共有している。価値基盤を共有しているので、ソーシャルワーカーの労働組合はワーカーの仕事上の権利を守るだけでなく、管理主義の進出

に対して専門職の大切さとサービス利用者の権利を守る上でも重要な役割を果たしている（Healy and Meagher, 2004）。

　最後に、*専門職団体*も組織改革活動を支援することができる。他の分野と同じように、ソーシャルワークにおける専門職団体の中心的な責任は、自分たちの専門職を推進し、専門職としての実践における能力不足な実践や非倫理的な実践から人々を守ることである。専門職団体が実際に人々を守るという目的を達成しているのかどうかや、専門職団体への加入要件がエリート主義を助長しているのではないかといった強い意見があることは事実である（Briggs et al., 2007; Healy and Meagher, 2004; McDonald, 2006参照）。このような議論があるにもかかわらず、専門職団体は組織外からの判断基準を示しているし、専門職実践を導く価値観を表明することによって我々の組織改革活動を支援している。より一般的に、専門職団体は、社会サービス機関の再専門職化を擁護する上で中心的な役割を果たしている。これは決定的に重要である。というのは、ソーシャルワークの人道主義的な価値観に基盤を置くことにアイデンティティを持たないと、その時の政策立案者が適切だと考えることを超越して「当然守るべきであるし、また原則とするべきアイデンティティを欠落した現場実践になってしまう」からである（Elliott, 2008, p.282）。

　専門職団体が産業別の労働組合化している程度は国際的にかなりの多様性がある。例えば、スカンジナビア諸国では、ソーシャルワークの専門職団体は同時に労働組合でもある。この点はオーストラリア、イギリス、そしてアメリカとは異なっている。それらの諸国では、ソーシャルワークの専門職団体と労働組合は協働しているかもしれないが、それぞれ別の責任を持っている。専門職団体と労働組合が分かれている国々では、ソーシャルワーカーが批判的に、そして創造的に実践を行うのに必要な仕事場の条件を守っていくためには、両者が提携することが重要である。

結論

　ソーシャルワーク実践は、社会が本来複雑なので複雑である。ソーシャルワーカーたちは人々の状態がグレーな領域において実践をしている。そのような領

域で、我々はサービス利用者とコミュニティメンバーが生活しているなかで抱えている解決困難な個人的、社会的な難題にしばしば直面する。このような難題は単純で、単一の解決方法では解決が不可能である。多様な方法を駆使するための基盤を身に着けることは簡単ではないし、大変である。しかし、もし我々が個人、家族、グループ、そしてコミュニティとともに柔軟に、しかも創造的に実践しようと思うのであれば、それが必要である。この最終章で、組織改革を行うためには、ソーシャルワーカーがいかに組織の内外で協働することが必要なのかを考えてきた。そのような改革は、我々がサービス利用者と、我々が実践の場としているコミュニティとともに、またそれらのために最善の成果を達成することを支援してくれるような組織環境を創設する方向を志向するものである。

　専門職実践の多様な基盤を紹介するなかで、私はあなた、すなわち読者の方が自信を持ってソーシャルワークの分野で前進していくための基盤が提供できていることを願っている。他のすべての専門職者と同じように、ソーシャルワーカーも誤りをおかしてきている。そして、専門職者は時に意図せず、また時には故意に、我々に頼るべきであった人々の苦痛と困難の原因になることもあった。しかし、ソーシャルワーカーはともに実践をしてきた個人やコミュニティと社会正義の共有を達成することにも貢献をしてきている。ソーシャルワーカーは人々、特に傷つきやすく、社会的に排除されている人々の生活の積極的な変化をもたらすことに取り組んでいる。これが我々のドライブの目標である。またそれには大変な責任も伴っている。私はあなたがこの重要で、チャレンジングな専門職の一員としてすばらしい旅をされることを願っている。

人名索引

あ行

イーガン　89
ウィリアム J. リード　83
ウォズワース　253、292
ウォルシュ　158
エプスタイン　89、100、101
エリオット　302
エリクソン　226
オーマー　223、248、251
オーム　155

か行

キレン　62
クルシェッド　155
クライトン・ヒル　170
クラゴ　159
コートニー　79、86

さ行

サリオ　299
ジェーン・アダムス　225
ジェラード・イーガン　39
シェルドン　6、21、77、86、104、109
ジェンセン　185
ジャーメイン　81
ジョンソン　41
シロンスキー　121
スー　44
スクセ　43
ステニー　299
ステプニー　227
スペクト　79、86
セデン　87、116

ソール・アリンスキー　226

た行

ダグラス　158
タックマン　185
チェン　43
チャピン　258、272、276、283、290、291
ディマシ　223、248、251
ディヤング　132
トゥエルブトゥリーズ　217、221、227、245
トゥルネン　218
トーマス　231
トレシビック　60
トロッター　61、131、139、157

は行

バーグ　132
バーサ・カペン・レイノルド　84
パーシースミス　235、236、242
ハーティン　235、236、242
パールマン　86
パウロ・フレイル　223、226
バトラー　42
バニアン　224
ハン　43
ハリー・フォグソン　48
バンクス　15、25
ピンカス　23
ファウセット　259
フィッシャー　81、82
フック　85、88、91
フランク・ハンキンス　23
プレストン・シュート　194
ヘレン・ハリス・パールマン　82
ヘンダーソン　231

ボイル　53、55
ポプル　227

ま行

マクダーモット　196、197
マクドナルド　16、21、86、104、109
マックマスター　198、199、202
マハトマ・ガンジー　226
マレンダー　193
ミドゥグレイ　226
ミナハン　23
ミラー　156
ムンチ　41
メアリー・リッチモンド　22、75、76、81
メイター　157

や行

ヤンソン　259、279、280

ら行

リード　88、89、100、101
リバーモア　226
リプスキー　263
ロスマン　220、221、225
ロチャ　267、285、289

わ行

ワーグナー　121
ワード　193

事項索引

あ行

アイコンタクト 42
アイスブレイカー 203
アイデンティティを基盤としたコミュニティ 218
アセスメント 26、93、168
アソシエーション型コミュニティ 218
アドボカシーグループ 306
安全のサインアプローチ 136
言い換え 51、52
5つのコミュニティワーク実践 219
インサイダー 194
インターベンション 27、102、135
エコシステム視座 23
エコマップ 100
エンゲージメント 26、125
オウム返し 51、52
オープンなグループ 179

か行

解決思考アプローチ 88、132
外見 45、46
解散期、終結期、閉鎖期 190
解散段階 185
カウンセリング 78
核家族 149
拡大家族関係 150
家族 149
家族会議 153
家族グループカンファレンス 153
家族ケースワーク 152
家族支援 154
家族療法 152
価値観を基盤とした主張 284

観察 47
管理主義 299
機関の記録の分析 275
規則 260
機能段階 185、189
規範形成段階 185
規範形成と機能の段階 189
急進的ケースワークアプローチ 99
共感的傾聴 34
協議のために委任された事項 283
協働的アプローチ 193
銀行貯金モデル 223
クライエントの考え方の変化 103
クライエントの自己決定 115
グループ 168
グループカウンセリング 182
グループ心理療法 182
クローズドグループ 179
形成前期 186
形成段階 185、186
ケーススタディ 243、275
ケースマネジメント 78
ケースワーク実践への批判的アプローチ 91
ケースワークに対する議論 87
原家族 150
現金給付 259
現在の家族の脈絡 150
権利義務基盤の主張 284
合意モデル 223
行動の変化 104
行動変容グループ 182
コーピング・クエスチョン 56
異なるグループ作り 207
コミュニケーションスキル 32
コミュニティ 218
コミュニティオーガニゼーション 221
コミュニティ教育 222

311

コミュニティサービス　219
コミュニティ調査　239
コミュニティディベロップメント　220
コミュニティディベロップメントモデル　223
コミュニティに対する脅威　247
コミュニティにとってのチャンス　247
コミュニティの強さ　247
コミュニティの弱さ、あるいは難題　247
コミュニティフォーラム　239
コミュニティプランニング　221
コミュニティプロファイル　235
コミュニティプロファイル作成　233、237
コミュニティメンバーとのミーティング　233
コミュニティワーカー　217
コミュニティワーク実践　218
コンティニュウム　206
混乱期　188
混乱段階　185

さ行

サービス　260
サポートグループ　183
参加　267
参加型アクションリサーチ　275
参加促進方法　245
参与観察による調査　239
ジェノグラム　100、164
刺激となる素材　205
資源　235
自己決定の支援　15
自己紹介エクササイズ　203
事後評価と終結　27
事後評価の計画立案　250
事後評価データの分析　254
システム理論　22、23
実践の制度的脈絡　18
社会正義　115
社会政策　258
社会のためになる視点　61

シュアスタートプログラム　227
終結段階　106
終結と事後評価　106
住民ミーティング　246
主題の分析　243
熟考的アプローチ　194
真実性　17
親密なソーシャルワーク実践　48
心理学的アプローチ　76
心理教育的グループ　183
心理療法　78
SWOT分析　247
スケーリング・クエスチョン　56
ストリートレベル官僚　263
ストレングス基盤アプローチ　88
ストレングス視点　276
ストレングスの視座　24
政策　259
政策立案実践　259
セツルメント運動　225
セルフヘルプグループ　183
専門職団体　307
ソーシャルアクショングループ　184
ソーシャルケースワーク　75、76、78、79
ソーシャルケースワーク実践　76、77
ソーシャルワーカーの専門職倫理綱領　25
ソーシャルワーク　301
ソーシャルワーク実践　86
ソーシャルワークの目的　23
ソシオグラム　100
SOLER　39

た行

対人距離　44
対立基盤モデル　224
直接的な実践　78
地理的コミュニティ　218
沈黙　43
TOR　283

データ収集　241
適切な共感　17
同性間の、あるいは異性間の相互作用　44

な行

ナラティブの伝統　98
ニーズ　235

は行

非言語的コミュニケーション　38
非支配的な暖かさ　16
批判的熟考　12、13
批判的熟考アプローチ　13
批判的ソーシャルワーク　21
批判的ソーシャルワーク実践　88
批判的ソーシャルワークの伝統　88
批判的レファレンスグループ　292
表情　42
費用対効果の主張　284
ファシリテーション　34
ファミリーソーシャルワーク　76
フォーカスグループ　239
ブレインストーミング　204
プレ計画　231

ベースライン尺度　291
方法とスキルの力動学モデル　11
法令に基づくケースワーカー　113、117、119
法令に基づくケースワーク　112、118
ポジティブ　198
ポリシー・エキスパート　262

ま行

マクロな方法　9
ミクロな方法　9
ミラクル・クエスチョン　57、98
明確化　52
メゾな方法　9
目標に関する指標　250
問題解決アプローチ　88
問題の探索　95

ら行

臨床ソーシャルワーカー　79
臨床ソーシャルワーク　79
例外探しのクエスチョン　56
労働組合　306
ロールプレイ　205

【監訳者】
　杉　本　敏　夫（すぎもと　としお）
　　1949年生まれ
　　同志社大学大学院修士課程修了
　　社会福祉の現場、PL学園女子短期大学、岡山県立大学を経て、現在、関西福祉科学大学教授
　　主要著訳書
　　　『福祉カウンセリング入門』（訳）久美出版　2000年
　　　『社会福祉援助技術論』（編著）保育出版社　2004年
　　　『ソーシャルワークとは何か』（訳）晃洋書房　2004年
　　　『高齢者福祉論第3版』（編著）ミネルヴァ書房　2006年
　　　『コミュニティワーク』（訳）久美出版　2006年
　　　『ソーシャルワークスキル』（監、共訳）みらい　2008年
　　　『ソーシャルワーク理論入門』（監、共訳）みらい　2011年　ほか

　熊　谷　忠　和（くまがい　ただかず）
　　1954年生まれ
　　龍谷大学大学院博士後期課程単位取得退学　博士（社会福祉学）
　　医療ソーシャルワーカー歴23年、九州保健福祉大学を経て、現在、川崎医療福祉大学教授、英国ボーンマス大学客員教授
　　主要著訳書
　　　『ソーシャルケースワークの基礎』（訳）トムソンラーニング／成美堂　2002年
　　　『ソーシャルワークの固有性を問う』（編著）晃洋書房　2005年
　　　『援助を求めないクライエントの対応』（共訳）明石書店　2007年
　　　『医療ソーシャルワーク』（訳）晃洋書房　2008年
　　　『改訂　保健医療ソーシャルワーク実践2』（共著）中央法規　2009年
　　　『ソーシャルワーク理論入門』（共訳）みらい　2011年
　　　『これからのソーシャルワーク実習』（監、共訳）晃洋書房　2012年
　　　『英国の貧困児童家庭の福祉政策』（共訳）明石書店　2013年　ほか

【訳者紹介及び翻訳分担紹介】（五十音順、※は監訳者）
　※熊　谷　忠　和　川崎医療福祉大学教授……………第4章・第8章
　※杉　本　敏　夫　関西福祉科学大学教授……………謝辞・はじめに・パート1まえがき
　　　　　　　　　　　　　　　　　　　　　　　　　　第1章・第6章・第9章
　　武　内　陽　子　川崎医療福祉大学助教……………パート2まえがき・第3章
　　九十九　綾　子　神戸学院大学講師…………………パート3まえがき・第5章
　　宮宇地　雄　介　川崎医療福祉大学助教……………第2章
　　米　澤　美保子　神戸親和女子大学講師……………パート4まえがき・第7章

ソーシャルワークの方法とスキル
―実践の本質的基盤―

2016年4月15日　初版第1刷発行

著　　者	カレン・ヒーリー	
監訳者	杉　本　敏　夫	
	熊　谷　忠　和	
発行者	竹　鼻　均　之	
発行所	株式会社みらい	

〒500-8137　岐阜市東興町40番地　第五澤田ビル4階
電話　(058) 247-1227 ㈹
http://www.mirai-inc.jp

印刷・製本　西濃印刷株式会社

ISBN978-4-86015-382-3 C3036
Printed in Japan　　　　乱丁本・落丁本はお取替え致します。